泛定制旅游行业产教融合共同体指定教材

现代旅游门店运营与管理

主　编◎刘瀚哲　张　力　徐　璐
副主编◎龙　睿　尤肃川　罗　飞　李丛崚
参　编◎王炜烨　曹　承　董颜宏　徐　涛　苏国强

内容提要

本书紧扣文旅融合与数字化转型趋势，以“项目引领、任务驱动”构建教材体系。全书涵盖 9 大项目、24 个任务，系统解析门店开设、人员管理、产品销售、客源拓展（含新媒体引流与私域运营）、营销策划、数据复盘及风险评估等全流程。融入定制旅行、直播转化、顾客生命周期管理等行业热点，突出实操性。由校企双元开发，旨在助力培养懂旅游、会销售、精运营、通素质的复合型门店人才。

本书可作为高职院校旅游管理、酒店管理专业旅游类课程的专业教材，也可作为旅行社门店管理者及店长储备人员，以及相关企业员工的培训教材。

图书在版编目（CIP）数据

现代旅游门店运营与管理 / 刘翰哲，张力，徐璐主编. -- 上海：上海交通大学出版社，2025. 9. -- ISBN 978-7-313-33121-2

Ⅰ. F590.654

中国国家版本馆CIP数据核字第2025TJ2030号

现代旅游门店运营与管理

XIANDAI LÜYOU MENDIAN YUNYING YU GUANLI

主　　编：刘翰哲　张　力　徐　璐
出版发行：上海交通大学出版社
地　　址：上海市番禺路951号
邮政编码：200030
电　　话：021-64071208
印　　制：常熟市文化印刷有限公司
经　　销：全国新华书店
开　　本：787mm × 1092mm　1/16
印　　张：13.75
字　　数：342千字
版　　次：2025年9月第1版
印　　次：2025年9月第1次印刷
书　　号：ISBN 978-7-313-33121-2
定　　价：58.00元

序

2000年，在时代浪潮以前所未有的力量推动各行业变革之际，我从外贸行业转入旅游业领域。自此，我开启了对旅游业的深度探索历程，有幸见证并深度参与了旅游业的巨大变迁。

回顾行业发展初期，旅游业呈现出前店后厂的一体化模式，产品设计开发与面向消费者的销售均在一个相对封闭且整合的体系内完成。随着市场需求增长与行业竞争加剧，这种模式的局限性逐渐显现，于是，产销分离的专业化分工模式应运而生，极大提升了旅游行业的运营效率，使不同环节的专业优势得以充分发挥。起初，在线旅游（online travel agency，OTA）与传统线下门店在行业中形成竞争态势。OTA凭借便捷的线上预订系统、丰富的产品展示及强大的信息传播能力，迅速吸引了大量追求高效的年轻消费者；而传统线下门店则依托多年积累的客户资源、面对面的服务体验以及对本地市场的深入了解，坚守自身市场地位。随着市场发展，双方逐渐认识到彼此并非完全对立，而是具有互补性，进而从竞争走向融合。时至今日，随着自媒体和人工智能的蓬勃发展，旅游行业业态变得更加丰富多元。智能推荐系统可根据消费者的浏览历史和偏好，精准推送旅游产品；自媒体博主的分享激发了众多消费者对旅游的兴趣。这些新技术的应用，使旅游服务能够更便捷、智能地触达消费者。

在行业持续变革与创新的背景下，旅游门店这一传统业态依然展现出强大的生命力。截至2024年底，全国旅游门店数量达到49 000多家，占旅行社零售份额的80%。究其原因，我个人认为旅游线路产品，尤其是长线出境旅游产品的复杂性是关键因素。此类产品涉及签证办理、航班选择、酒店预订、行程规划等诸多细节，消费者在预订过程中往往需要专业人士的指导，以确保选择到符合自身需求的产品。此外，我国老龄化进程的加快也为旅游门店的发展提供了机遇。中老年消费者在旅游消费中更倾向于面对面的沟通交流，旅游门店能够较好地满足他们的预订需求，为其提供贴心服务。

尽管旅游门店持续存在，但也在不断演变。门店经营模式始终紧跟社会科技进步及消费者行为的变化而发展。过去，旅游门店主要依靠等客上门和维护老客户获取客源，经营方式较为被动单一。如今，门店获客渠道已拓展至店面获客、私域流量获客和公域流量获客三个维度。门店售卖的产品类型也从原来单一的出发地跟团游发展到目的地参团、私家团、包车游、定制游、主题游等多种旅游类型，以满足消费者的个性化需求。在门店销售过程中，业务工具也发生了巨大变化，从传统的记录本、展示小黑板，发展到如今功能强大的交易系统、客户关系管理（CRM）系统、营销小程序，甚至借助自媒体工具开展直播和内容传播，大幅提升了销售效率和服务质量。

在旅游零售行业多年的从业经历中，我深刻体会到传统门店服务与现代技术融合所产生的巨大能量，这为门店业态发展注入了持续动力。这也是携程作为OTA在技术、产品类型以及经营理念上赋能门店经营能够发挥出巨大优势的地方。我们拥有先进的技术平台，可为门店提供高效的预订系统和精准的数据分析；丰富的产品资源，有助于门店满足不同客户的需求；创新的经营理念，能够引导门店在激烈的市场竞争中取得优势。

当得知徐璐院长计划将门店经营管理的经验整理成书，为旅游院校师生提供行业知识时，携程渠道事业部全体成员深感荣幸，并积极参与到这项具有重要意义的工作中。我们在实践中积累的经验和思考，蕴含着宝贵的知识财富。我们衷心希望，这些知识能够为热爱并致力于旅游零售领域的师生及业界人士提供有益的参考，助力行业持续发展，共同推动旅游门店和旅游零售行业迈向新的高度，书写旅游行业更加辉煌的篇章。

张　力

携程渠道事业部CEO

前　言

近年来，随着国家“文旅融合”战略的持续推进和消费者旅游方式的不断多元化，旅游门店作为旅游服务链条中最贴近用户的一环，其角色和功能正发生深刻变化。特别是在数字技术和移动互联网的推动下，现代旅游门店正从传统的“票务+咨询”及跟团游等，逐步转型为集“内容输出、产品策划、流量运营、用户管理”为一体的综合服务平台。门店不再只是一个物理空间，更是品牌形象与服务体验的结合体，是连接线上线下的重要纽带。

在此背景下，文旅行业对具备综合服务能力、营销运营思维与数字工具应用能力的复合型人才提出了更高要求。新一代旅游从业者不仅要懂产品、懂销售，更需要掌握新媒体传播、数据分析、客户关系维护、危机应对等全方位技能。因此，院校旅游管理类专业课程体系也必须顺应产业变化，从“知识传授”转向“能力培养”，从“理论主导”迈向“实战引领”。

《现代旅游门店运营与管理》正是在这一教育改革和产业升级的双重驱动下应运而生。全书以真实岗位任务为基础，采用“项目引领、任务驱动、实操强化”的编写思路，共设置9个项目、24个典型任务，构建出一套贴近市场、系统科学的门店运营能力培养体系。

本教材内容涵盖现代旅游门店的完整运营流程，包括门店认知、选址与开设、人员招聘与培训、产品销售、订单处理、售后服务、顾客关系维护、社交媒体引流与转化、营销活动策划、门店数据复盘与风险预警等内容，紧扣行业趋势，突出实用性和操作性。尤其将“定制旅行”“新媒体流量运营”“顾客全生命周期管理”“旅游直播转化”等前沿热点融入教学模块，使学习者在完成任务的过程中，逐步构建系统的门店运营思维和岗位胜任力。

本教材适用于高等院校旅游管理、酒店管理、市场营销、电子商务等相关专业，也可作为文旅企业员工培训和岗位提升的参考资料。希望本书能够为广大读者搭建起从课堂走向岗位、从知识走向能力的桥梁，为新时代文旅人才的成长赋能。

本教材由重庆海联职业技术学院，携程旅游学院，携程门店学堂合作完成。特别感谢冯国群，吴本南，郭星琦，孔文捷等共同参与校对工作，对上海交通大学出版社编辑张勇，倪华的辛勤付出表示感谢！由于编者水平所限，差错疏漏之处在所难免，真诚地请专家、读者指正。

目　录

项目一　现代旅游门店概论

项目导读

本项目主要比较现代旅游门店与传统旅游门店的异同，通过分析现代旅游门店的发展趋势，了解现代旅游门店的个性化、定制化、智能化等特点，了解旅游新媒体，为门店各项业务的开展及销售额等的增加奠定基础。

学习目标

知识目标

掌握现代旅游门店的概念、熟悉现代旅游门店的分类及功能、掌握现代旅游门店的业务分类、现代旅游门店的发展趋势。

能力目标

具备区分不同类型门店的能力、区分需要为顾客提供跟团游或自由行等业务范围的能力。

具备根据门店业务类型为顾客提供最合适路线和产品的能力。

素质目标

熟悉现代旅游门店的发展趋势，具备定制化、个性化及智能化等思维方式。

情感及思政目标

对现代旅游门店充满好奇，愿意按照现代旅游门店发展趋势为顾客提供个性化的和超出顾客期待的各类旅游产品和服务。

项目任务描述

任务一：现代旅游门店概述

通过分析旅游市场最新获客途径及旅游人群、市场发展趋势及走访市场排名靠前的旅游门店，了解现代旅游门店概念、类型、功能、运营模式与发展趋势。

任务二：现代旅游门店业务概述

通过分析目前旅游市场业态及走访各品牌市场排名靠前的旅游门店，了解和掌握现代旅游门店业务类型。

岗课赛证要求

（1）熟练掌握现代旅游门店跟团游、自助半自助游、定制游及单项资源购买的业务类型。

（2）熟练掌握现代旅游门店个性化、定制化及智能化发展趋势。

任务一 现代旅游门店概述

任务导入

什么是现代旅游门店？现代旅游门店与传统旅游门店的异同是什么？现代旅游门店的最大特点与发展趋势是什么？

知识准备

- 旅游门店
- 旅游门店功能
- 旅游门店类型
- 现代旅游门店特点

任务实施

通过线上或实地走访5～6家市场头部旅游门店，如携程三品牌（携程、去哪儿及百事通门店），了解现代旅游门店功能、类型、特点及发展趋势等。

一、现代旅游门店定义

现代旅游门店是旅游行业发展中的重要组成部分，随着旅游市场的不断发展，旅游门店的形态和功能也经历了从传统实体店到线上线下结合的转变。特别是近年来，随着科技的发展，现代旅游门店逐渐走向智能化、个性化，并通过多元化的渠道满足消费者的不同需求。

（一）现代旅游门店的功能

现代旅游门店不仅是传统的产品销售点，还承担了以下几个关键功能。

1. 旅游信息传递与咨询服务

旅游门店为消费者提供旅行咨询，帮助他们了解目的地的旅行信息、签证办理、航班安排、旅游保险等，增强消费者对旅游产品的信任和选择意愿。

2. 旅游产品销售

传统旅游门店通过面对面的方式，为游客提供如跟团游、自由行、定制旅游、机票、酒店预订

图1.1　携程旅游门店

图1.2　去哪儿旅游门店

等综合性旅游产品和服务。近年来，随着线上旅游平台的兴起，门店也开始提供线上线下融合的产品。

3. 旅游产品虚拟体验

现代旅游门店通过展区、VR体验、互动设备等创新手段让消费者提前体验旅游目的地的景观与活动。通过沉浸式的旅游体验增强顾客的购买欲望。

4. 旅游售后服务与支持

为顾客提供售后服务，包括行程变更、退款、投诉处理等。通过高效的顾客服务提升顾客的满意度和忠诚度。

（二）现代旅游门店的类型

根据功能和业务模式的不同，现代旅游门店可以分为以下几种类型。

1. 传统旅行社门店

这些门店通常位于商业区、商场或旅游景点附近，主要为消费者提供标准化的跟团游、机票、酒店等服务。虽然线上旅游平台逐渐取代了部分业务，但这些门店依然能通过个性化的服务吸引特定顾客群体。

2. 定制旅行门店

定制旅行门店为顾客提供个性化的旅行规划服务，根据顾客的需求量身定制旅游路线、交通、住宿等内容，成为现代旅游市场中的重要组成部分。

3. 线上线下结合门店（O2O模式）

随着互联网的普及，越来越多的旅游门店开始采用O2O（Online to Offline）模式，即线上提供旅游产品和信息，线下提供咨询、体验和售后服务。顾客可以在线选购产品，门店为其提供进一步的咨询和体验支持。

图1.3 智慧旅游门店

4. 智能旅游门店

智能化旅游门店利用大数据、人工智能和物联网技术，提供更加个性化和高效的服务。例如，通过AI技术进行智能推荐，根据顾客的喜好和历史数据推荐适合的旅游产品；或者通过VR技术让消费者提前“游览”目的地，提升决策的准确性和满意度。

按门店地理位置等不同，又分成景区门店、社区门店、商超门店、主题门店及异业门店等。

二、现代旅游门店运营模式

现代旅游门店的运营模式逐渐多元化，主要包括以下几种。

（1）B2C模式（商家对消费者）。这种模式是最传统且最常见的旅游门店模式。门店直接向消费者提供各种旅游产品，包括机票、酒店、门票、签证等。门店通常通过与供应商合作来获得旅游产品，最终将其销售给消费者。

（2）C2B模式（消费者对商家）。随着定制化需求的增长，许多旅游门店采用C2B模式，即消费者提出需求，门店根据需求进行个性化的服务和产品设计。例如，定制旅游公司就采用这种模式，为游客量身定制旅行计划。

（3）B2B模式（商家对商家）。少部分旅游门店有时还扮演着批发商的角色，向其他旅行社、门店或企业提供旅游产品或服务。在这一模式下，门店的角色类似于供应链中的中介，负责为其他业务提供产品。

（4）O2O模式（线上到线下）。这种模式是近年来兴起的融合线上与线下的经营模式。消费者通过线上平台（如网站、App等）进行预订和查询，线下门店提供咨询、体验、售后服务等，线上线下互为补充，提高顾客的便捷性和满意度。

三、现代旅游门店发展趋势

（一）数字化转型

随着技术的不断进步，旅游门店正逐步向数字化、智能化发展。通过移动应用，社交平台，VR、AR等技术的应用，旅游门店可以提供更加精准和个性化的服务。消费者的预订、咨询和付款都可以通过手机完成，大幅提升了消费者的便利性和满意度。

（二）个性化和定制化服务

现代消费者对于个性化的需求越来越高。旅游门店除了提供传统的标准化服务外，还将定制化旅游产品作为重要的业务拓展方向。通过与顾客的深入沟通，为其量身定制专属的旅游路线和服务，满足其独特的需求。

（三）社交化营销

社交媒体在旅游消费决策中的作用越来越大，旅游门店通过社交平台与顾客互动，开展互动营销和推广活动，吸引更多潜在顾客。例如，通过微博、抖音、小红书等平台进行旅游产品的种草，吸引用户的关注和购买。

（四）综合服务平台化

现代旅游门店不仅提供旅游产品和服务，还逐渐成为多元化的服务平台。除了传统的机票、酒店、景点门票预订外，旅游门店还拓展到旅游保险、接送服务、旅行向导等一体化服务，为顾客提供更加便捷的全方位旅游体验。

图1.4　现代旅游门店社交化营销

综上所述，现代旅游门店是指依托数字化技术、智能化管理和全渠道营销模式，为游客提供个性化、便捷化、一站式旅游产品和服务的线下实体店或线上线下融合店，与传统旅游门店相比，其有以下6个方面的显著特征。

（1）数字化运营。利用大数据、人工智能及SaaS管理系统进行智能推荐、顾客管理和数据分析，提升运营效率。

（2）线上线下融合（O2O）。结合线上预订（App、小程序、官网）与线下体验，提供沉浸式旅游咨询和服务。

（3）个性化定制。根据用户需求，提供定制化旅游方案、自由行、跟团游及深度体验游等产品。

（4）社交营销与直播推广。借助短视频、直播、社交媒体进行产品推广，实现流量转化。

（5）沉浸式体验空间。部分现代旅游门店结合AR/VR技术、智能交互屏、实景沙盘等，为顾客提供更具吸引力的沉浸式旅游体验。

（6）全方位服务。提供签证办理、保险推荐、机票预订、酒店预订、交通接驳、导游推荐等一站式综合旅游服务。

任务拓展

（1）深入了解新媒体平台如小红书、抖音等平台在现代旅游门店运营中的作用。

（2）了解小红书及抖音平台在旅游产品推广及营销方面的规则。

（3）尝试开设小红书或抖音平台账号。

（4）了解门店特色化经营的思路。

任务二　现代旅游门店业务概述

任务导入

小王所在的行业不景气，最近准备转行。他看准了旅游行业，加上他积累的销售经验，故计划创业开一家旅游门店。但是，对于一个从未从事过旅游行业的“小白”，他想知道现代旅游门店的主营业务范围是什么？

知识准备

- 跟团游业务知识
- 定制游业务知识
- 碎片化旅行服务知识

任务实施

现代旅游门店的业务范围比较广泛，通常涵盖了多个与旅游相关的服务和活动。除了常规的招徕、组织、接待旅游者参加团队旅游活动外，还可以根据顾客的需求，提供个性化的定制服务，以及预订机票、酒店、景点门票等碎片化旅行服务，也可提供机票+酒店+接送机等组合旅行服务。另外签证服务也是旅游门店的主要业务范围之一。

一、跟团游业务概述

跟团游也被称作散客拼团，是旅游行业中极为普遍的一种旅游形式，目前也是旅游门店的主要业务，是门店的主要收入来源。跟团游产品由供应商旅行社（旅游批发商）提供，门店主要承担销售职责，不需要设计、开发旅游线路、产品，也不需要负责团队出游的具体执行，只需要将供应商提供的产品售卖给顾客即可。

目前市面上的跟团游产品按照参团地点可以分为两种，一种是出发地参团，一种是目的地参团。

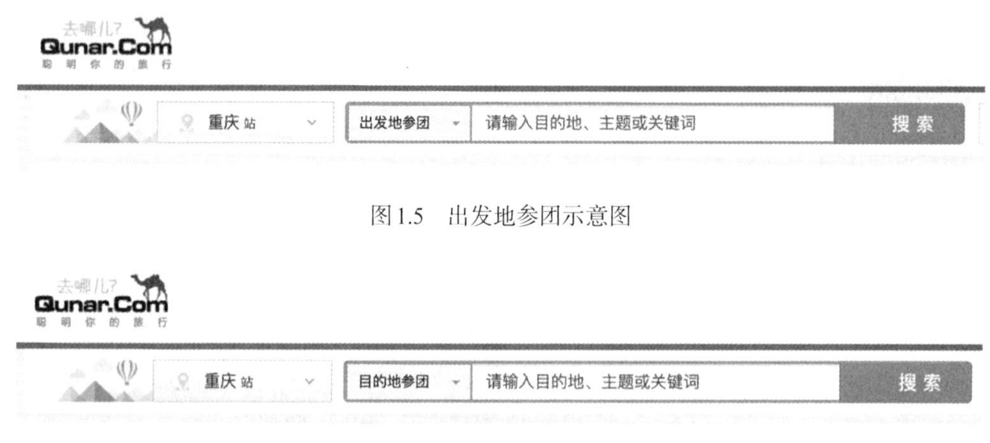

图1.5 出发地参团示意图

图1.6 目的地参团示意图

（一）出发地参团

出发地参团是指游客参加旅行社组织的旅游团，从自己所在的城市出发前往旅游目的地。其主要特点是包含游客所在地到旅游目的地的大交通（机票、火车票、汽车等），游客无需自行规划行程和预订大交通，只需选择适合自己的旅游团并支付费用即可，节省了时间和精力。同时，因为旅行社有团队票的优势，游客能够享受到更优惠的价格。这种方式适合喜欢轻松，不愿自己做出行攻略的游客。

但是，随着目的地参团和自由行游客的增多，出发地参团产品的劣势也逐渐显现出来，如团期少、不能成团等因素导致游客的出行选择比较少。

（二）目的地参团

目的地参团是旅游行业最近几年衍生出的一种新兴旅游模式，指的是游客自行到达旅游目的地城市后，再参加当地的旅游团进行游览。游客需要自行购买机票或火车票等其他交通方式到达目的地城市，然后可以选择由当地的地接社接机，或者自行前往集合地或酒店，再参加旅游团的行程。

这种参团方式的主要特点是自由度高、团期多、线路丰富，故适合自主能力强、旅行中有其他安排或个性化需求的游客。

图1.7　出发地参团（包含大交通）

图1.8　目的地参团（不包大交通）

二、定制游业务概述

定制游是一种根据游客的个性化需求，以游客为主导进行旅游行程设计的旅游方式。旅游门店根据旅游者的具体需求，如出行人数、出行时间、出行喜好、出行目的、预算安排等，量身定制的旅游行程。定制游根据出游人数的多少一般分为家庭定制游、小包团定制游、单位团队定制游。

现在很多旅游门店为了避免直接竞争，提高利润，选择优质供应商切位、包团，然后适当调整产品内容，和市面上常规产品有一定的差异化，再面向市场招徕游客参团，这种门店为其游客自组团的方式也算是定制游的一种。

（一）定制旅游服务内容

定制游的服务内容通常包括但不限于以下几个方面。

（1）酒店住宿。提供符合游客需求的酒店住宿选择，包括星级、位置、设施等。

（2）交通方式。根据游客的需求和预算，提供合适的交通方式，如飞机、火车、汽车等。

（3）景点游览。根据游客的兴趣和时间安排，选择适合的景点进行游览。

（4）主题游览。根据游客的主题需求，如亲子游、蜜月游、探险游等，设计相应的游览路线。

（5）专车专导。提供专属的用车和导游服务，确保旅途中的舒适和安全。

（6）餐食安排。根据游客的需求，推荐当地特色美食、特色餐厅。

（二）定制游的特点

目前，随着游客对旅游品质的要求不断提高，定制游这种出行方式越来越受到更多游客的喜爱，相对于跟团游这种标准旅游产品，定制游的主要特点体现在其个性化、灵活性、专业性、高品质等几方面。

（1）个性化。定制游能够满足游客对行程的特定需求，提供独一无二的旅行计划。

（2）灵活性。游客可以根据自己的时间安排来决定出发和返回的时间，以及选择想去的目的地、活动和停留时间。

（3）专业性。通常由经验丰富的定制师或团队操作，具备丰富的资源和专业知识。能够应对突发情况并提供24小时管家式服务。

（4）高品质。定制游通常提供更加舒适的住宿、交通和餐饮服务，确保旅途中的高品质体验。

（三）定制游的开展方式

对于定制游业务，门店可以通过以下两种方式开展。

（1）可以通过门店系统操作。以携程门店系统（TDS）为例：在携程门店系统（TDS）中的定

图1.9 去哪儿TDS系统定制版块界面

制游板块，根据内容提示填写游客需求（如出发地、目的地、出发时间、返回时间、人数、预算等），然后选择定制师及需要其提供的服务内容为其提供定制产品及报价。

（2）可以选择线下供应商，详细告诉其游客需求，让供应商提供相应的定制方案及报价；门店也可以根据游客的需求自行设计出行线路，然后发给相应供应商询价。

定制游也有一定的局限性：因为其出行人数一般较少，品质要求较高，产品差异化等原因会导致成本比较高，故定制游的旅行费用通常会比跟团游的费用高。同时，因为定制游需要根据不同游客的需求进行产品设计和资源整合，所以门店接待定制游的时间成本相对于跟团游来讲也更高一些。

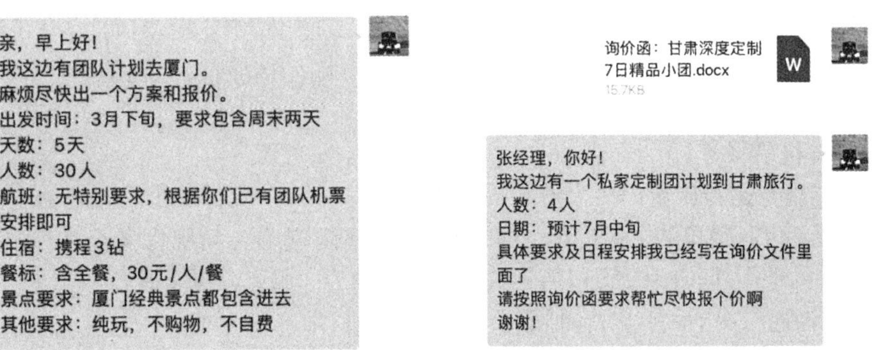

图1.10　供应商询价方式一

三亚行询价表

序号	项目	规格	数量	单位	单价	小计	备注
PART1 机票及酒店							
1	往返机票（三亚）	经济舱	30	位			去程海航HU7350 3月6日 11:35-13:50 返程海航HU7339 3月8日 18:35-20:50
2	美高梅度假酒店	标间/单间	30	间/晚			入住时间：3月6日-3月8日2晚 2晚共计60间 3月8日希望可提供延迟退房服务
小计金额(元) Subtotal (RMB)						¥0.00	
PART 2 餐饮及娱乐							
3	6日晚沙滩BBQ		30	人			划定专属区域，不包场
4	7日美高梅酒店中餐厅晚宴		4	桌			需要单独宴会厅，提供投影屏幕
小计金额(元) Subtotal (RMB)						¥0.00	
PART 3 摄影摄像及车辆							
5	专业摄影全程跟拍		3	人			两天全程跟拍及旅拍摄影，2名摄影、1名摄像
6	旅游大巴及导游	45座	3	天/辆			包含全程1位导游
小计金额(元) Subtotal (RMB)						¥0.00	
PART 4 其他及酒水							
7	沙龙地点		1	项			希望沙龙地点在三亚海中海高尔夫球会附近，且具有一定特色 使用时间：3月7日下午3点-6点 包含投影屏幕、矿泉水及纸笔
8	沙龙下午茶		30	位			沙龙期间提供下午茶歇
小计金额(元) Subtotal (RMB)						¥0.00	

图1.11　供应商询价方式二

三、碎片化旅行服务概述

碎片化旅行服务是旅游业为适应现代游客需求变化而衍生的一种新型服务模式，其核心在于将传统的“打包式旅游产品”（如固定线路的跟团游）拆解为独立的、可灵活组合的旅行要素，让游客根据个人偏好、时间安排和预算自由选择和定制行程。

碎片化旅行服务有着高度灵活性，游客无需购买完整行程包，可自由搭配组合。例如：仅预订热门景点门票+特色民宿，或单独购买小众徒步路线服务。同时还能满足游客个性化需求，尤其吸引自由行游客、年轻群体及注重深度体验的旅行者，解决了传统跟团游“行程僵化”的痛点。

碎片化旅行服务的本质是“将选择权交还给游客”，通过精细化运营和数字化手段，将旅游服务从“标准化产品”转变为“个性化解决方案”。对旅游门店而言，这既是应对市场变化的策略，也是提升顾客黏性的关键。

（一）代订机票服务

代订机票服务是指旅游门店为游客提供机票查询、预订、支付及售后管理的全流程服务。代订机票服务不仅是简单的“代下单”，而是通过专业资源整合与精细化服务，帮助顾客实现成本、效率、体验的平衡，同时为旅游门店创造差异化竞争力。服务流程如下。

（1）需求沟通。明确顾客出行时间、预算、舱位偏好、常旅客计划等。

（2）方案制定。筛选航班组合（直飞/转机、航司品牌、积分适用性等）。

（3）确认与支付。提供预订链接或代付服务，保障支付安全。

（4）售后支持。持续跟进至行程结束，处理突发问题（如航班取消后的紧急改签）。

小贴士：代订机票利润低、风险高，所以一定要特别谨慎。订票时，务必仔细核查日期、时间、航班号、乘机人姓名、证件号码，否则改签和退票的损失较大。如果是大团队，建议2人及更多人仔细核对信息。

（二）代订酒店服务

代订酒店服务是旅游门店或专业代理机构为游客提供酒店搜索、预订、协商及售后支持的一站式服务，旨在通过专业资源和个性化方案帮助顾客匹配最优住宿选择，同时提升旅行体验。代订酒店服务不仅是“订房”，而是通过资源整合能力与精细化服务，将住宿从“标准化商品”转化为个性化体验载体。对顾客而言，它节省时间、降低成本并提升旅行品质；对旅游门店而言，则是增强竞争力、深化客户关系的重要抓手。服务流程如下。

（1）需求分析。明确入住时间、房型偏好（大床/双床）、设施需求（泳池、健身房）、预算范围等。

（2）方案筛选。综合比价后推荐3～5家备选酒店，标注核心差异（如位置便利性、用户评价）。

（3）预订确认。代顾客与酒店确认细节（如无烟房、连通房），完成担保或预付。

（4）行前支持。发送酒店周边攻略（餐饮、交通）、入住注意事项（如押金政策）。

（5）售后跟踪。入住后回访满意度，处理投诉等。

（三）代订景区门票服务

代订景区门票服务是旅游门店或专业代理机构为游客提供景区门票查询、预订等服务。代订景区门票服务不仅是简单的“购票”，而是通过资源整合能力与全流程服务，将门票转化为个性化旅行体验的起点。对顾客而言，它意味着省时、省力与更多权益；对旅游门店而言，则是增强顾客黏性、拓展收入维度的核心抓手，同时为后续碎片化服务（如餐饮、交通）的销售奠定基础。服务流程如下。

（1）需求沟通。明确游玩日期、景区名称、票种类型（如学生证优惠）、特殊需求（如轮椅通道）。

（2）方案匹配。推荐门票组合（如景区联票、含接驳交通的套票），标注价格差异与权益对比。

（3）确认与支付。发送预订单供顾客确认，完成支付并同步核销方式（如电子码使用说明）。

（4）行前提醒。提供景区开放时间、交通路线、禁带物品清单等实用信息。

（5）售后保障。全程跟进核销情况，处理临时变更或投诉。

（四）代办签证服务

代办签证服务是旅游门店或专业代理机构为申请人提供签证材料准备、递交申请、进度跟踪及风险规避的专业化服务，旨在凭借熟悉各国签证政策与流程的优势，帮助顾客高效、合规地完成签证办理，降低拒签风险并节省时间成本。服务内容如下。

1. 政策咨询与方案制定

根据顾客出行目的（旅游、商务、探亲等）及目的地国家，解读最新签证政策（如材料清单、有效期、入境限制），制定个性化方案：推荐适合的签证类型（如单次/多次往返）、预估办理时长及费用。

2. 材料准备与审核

指导顾客准备基础材料（护照、照片、在职证明）与补充材料（如银行流水、行程单、邀请函），预审材料完整性、合规性，规避因文件错误导致的拒签风险。

3. 申请递交与跟踪

代填签证申请表、预约使领馆或签证中心递签时间，协助完成生物信息采集（如指纹）。实时跟踪申请进度，处理补件要求或使馆调查。

4. 面试辅导与风险应对

针对需面试的国家（如美国、申根），提供面签问题模拟与应答技巧，制定拒签申诉方案（如补充解释信、调整行程计划）。

5. 增值服务

组合销售相关产品：境外旅行保险、机票预订单、酒店预订凭证（用于签证材料）。提供长期签证规划：如通过多次往返签证积累信用，提升后续签证通过率。

（五）碎片化组合服务

碎片化组合服务是旅游行业通过将分散的旅行要素（如交通、住宿、景点、签证等）按需灵活搭配，构建个性化行程的新型服务模式。其核心理念是打破传统跟团游的“固定套餐”限制，赋予游客高度自主权，同时依托专业资源整合与技术支持，实现“自由行体验+团队游便利”的平衡。

图1.12 去哪儿旅游门店TDS系统

碎片化组合服务的本质是“将选择权与便利性同时最大化”,游客可以像拼乐高一样设计行程,同时享受专业保障与无缝衔接。对行业而言,它推动旅游服务从“产品中心”转向“用户中心”,重构产业链价值分配;对消费者而言,则标志着旅行从“标准化商品”进化为“可编辑的生活体验”。未来,随着技术成熟与消费升级,碎片化组合服务将成为旅游市场的核心增长引擎。

(1)随着交通、信息的快速发展,游客出游的方式越来越多样化,请深入思考现代旅游门店未来的业务发展方向如何才能更好地满足游客的出行需求?

(2)深入思考,在目前大环境竞争比较激烈的情况下,旅游门店应该如何经营,才能在竞争中赢得先机。

项目小结

1. 整体任务实施

本项目通过分析旅游市场最新获客途径及旅游人群、市场发展趋势及走访市场排名靠前的旅游门店,了解现代旅游门店概念、类型、功能、运营模式与发展趋势;了解和掌握现代旅游门店业务类型。

2. 课后测试与练习

(1)现代旅游门店的定义、功能与类型?

(2)现代旅游门店区别于传统旅游门店的显著特征?

(3)旅游新媒体在现代旅游门店运营与管理中的作用?

(4)现代旅游门店的业务范围有哪些?

(5)碎片化服务和组合有哪些?

(6)产品设计—碎片化服务组合方案

要求:针对“‘95后’自由行情侣”客群,利用门店系统或者结合供应商资源设计一套“周末自驾游”碎片化服务组合(住宿+门票)。

(7)角色扮演——顾客需求转化

要求:模拟门店顾问角色,根据顾客提供的模糊需求(如“想带孩子去有教育意义的地方”),推荐跟团游/定制游/碎片化服务方案。

项目二　现代旅游门店开设

项目导读

现代旅游门店开设是旅游行业运营与管理的重要组成部分，直接关系到旅游服务的市场竞争力与可持续发展。随着旅游业的快速发展和消费者需求的多样化，科学选址、合理装修以及规范办理证照成为旅游门店成功运营的关键环节之一。本项目通过对现代旅游门店开设的三个核心方面——选址、装修与证照办理的系统学习，帮助学生掌握开设旅游门店的基本理论与实践技能，培养其综合运用知识解决实际问题的能力，为未来从事旅游服务行业奠定坚实基础。

学习目标

知识目标

掌握旅游门店选址的基本原则与方法，理解客源主体、竞争情况、经营目标、地理位置、人流量、市场竞争等因素对选址的影响，熟悉选址分析的基本工具与流程。

了解旅游门店装修的设计理念与规范，能根据品牌授权方的要求，掌握空间布局、功能分区、装修风格选择的基本知识，熟悉装修预算编制与材料选用的要点。

掌握旅游门店开办所需的各类证照（如营业执照、税务登记证、旅游经营许可证等）的办理流程与法律法规要求，理解合规经营的重要性。

能力目标

能够根据目标市场和经营定位，进行选址调研与分析，制定科学合理的选址方案。

能根据门店定位、运用市场调研（观察法、问卷调查法）方法，对顾客群体、客流量，以及居民消费能力进行分析，选择合适的门店位置。

能根据门店经营目标，结合门店定位、人流量、市场变化及发展需求，合理确定和调整门店的容量和工位数。

能够结合旅游门店的功能需求与品牌形象，设计合理的装修方案，并具备初步的预算编制与装修实施监督能力。

能够独立完成旅游门店证照办理的基本流程，具备与相关部门沟通协调的能力，确保门店合法合规开业。

素质目标

逻辑思维与分析能力：通过选址分析与装修设计，培养逻辑思维与数据分析能力，提升其解决复杂问题的综合素质。

实践操作能力：通过证照办理与装修规划，增强动手实践能力与执行力。

团队协作与创新意识：在项目学习中，培养在团队合作中分工协作、集思广益的能力，同时激发其在门店开设中的创新思维。

情感及思政目标

通过学习现代旅游门店开设的过程，激发学生对旅游服务行业的热爱与责任感，树立服务社会、满足人民旅游需求的职业情怀。

结合证照办理的合规性要求，引导学生树立法治意识与诚信经营理念；通过选址与装修的环保设计，培养学生的绿色发展意识与社会责任感，将社会主义核心价值观融入职业素养中。

项目任务描述

任务一：现代旅游门店选址

根据目标市场和经营定位，进行选址调研与分析，制定科学合理的选址方案。

任务二：现代旅游门店装修

根据品牌授权方对装修及相关设施设备的要求，制定装修预算，确保软硬装顺利完成并通过品牌授权方的验收。

任务三：现代旅游门店证照办理

以当地工商行政管理相关办法及品牌授权方证照办理规定，在第一时间内办好门店营业执照等手续，确保门店如期开业。

岗课赛证要求

（1）确保现代旅游门店选址达到或超过各项预期目标。

（2）确保现代旅游门店装修顺利进行并通过品牌授权方验收。

（3）确保现代旅游门店各项证照顺利办理并如期开业。

任务一　现代旅游门店选址

选址是旅游门店成功运营的第一步，需平衡“客流触达”“成本可控性”与“品牌形象匹配”三大核心矛盾。本章主要剖析商圈潜力评估模型、竞合关系策略及政策风险预判，引导从“经验直觉”转向“科学决策”，掌握现代选址“黄金三角法则”（可见性、可达性、可盈利性）。

任务导入

小王已经确定在重庆解放碑开一家旅游门店，接下来就是确定门店的地址。门店的选址是一个复杂但至关重要的决策过程，因为它关系到门店的客流量，影响到门店是否能为小王带来收益。他想知道如何来选择门店的地址？

图2.1 携程旅游门店形象店展示

知识准备

- 门店选址的原则
- 门店选址的策略
- 门店选址的步骤
- 门店选址的其他注意事项

任务实施

现代旅游门店的选址是一个至关重要的决策过程，它直接关系到门店的客流量、经营效益以及长期发展。本节内容我们主要从选址原则、选址策略、选址步骤、选址注意事项等几个方面来对现代旅游门店选址进行详细分析。

一、门店选址原则

（一）人流量原则

旅游门店的主要目的是招徕游客，所以在选址时，人流量是首要考虑因素。要选择人流量较大的地段，如商业区、购物中心、旅游景点周边、交通枢纽（如火车站、机场）等。这些区域通常拥有较高的潜在顾客数量，可以增加潜在顾客的曝光度，有利于吸引游客和当地居民，提高门店的知名度和客流量。同时在选址时，也要考察该门店不同时间段的人流量，了解高峰期和低谷期，以便调整营业时间和营销策略。人流量评估方法如下。

1. 数据采集

（1）线下。工作日/周末分时段人工计数（早10点～晚8点，每2小时记录）。

（2）线上。百度地图热力图、大众点评商圈人流预测。

2. 转化率测算

（1）进店率。商圈门店约1%～3%，写字楼门店依赖预约（转化率可达20%+）。

（2）成交率。定制游约15%～30%，标准化产品约5%～10%。

3. 需求预测模型

（1）公式。日均接待量=商圈日均人流量×进店率×成交率

（2）示例。某商业街日均人流10 000人，进店率2%，成交率8%。根据公式得

$$10\,000（人）\times 2\% \times 8\% = 16（单）$$

则日均成交16单。

（二）交通便利原则

旅游门店的交通状况对顾客的流量有很大影响，选址时应尽量选择交通方便的地方，确保门店位置便于游客到达。如靠近公共交通站点（如地铁、公交站）或门店附近有充足的停车位。

（三）竞争环境原则

选址时，要充分了解周边竞争对手的位置和数量，分析竞争对手的规模、主要顾客群体、服务情况、价格、品牌影响力等，确定自己的定位和寻找市场空缺及潜在合作机会，制定差异化竞争优势策略。如果你可以在一个有较少直接竞争对手的地方开店，那么你可能会获得更多的市场份额；但是，如果你的产品或服务在市场上独一无二，那么你也可以选择在有较多竞争对手的地方开店，因为这样可以让更多人知道你的产品和服务。

（四）成本效益原则

租金是选址的一个重要因素。所以，在选址时要了解门店所在地段周边租金行情，考虑租金、装修等成本因素。选择性价比高的地方，降低开店成本并提高盈利能力。同时，与房东争取优惠租金和合理租期，考虑租金上涨幅度和潜在风险，确保长期稳定经营。

（五）市场需求原则

选址时，要根据门店的业务范围和经营特色，明确目标顾客群。门店的成功经营，需要有足够的顾客来支持，没有目标顾客群，即使位置再好，也难以经营成功。所以，目标顾客群体是门店得以成功经营的基础。在选址过程中，要考虑目标顾客群的规模和特点，以及他们所处的位置；同时，要分析目标顾客群的需求和偏好。例如：如果目标群体是外地游客，那么在选址时应该选择外地游客比较集中的地方，如商业区或热门旅游景区/景点等。

（六）可持续发展原则

选址时，要考虑门店的可持续发展和扩张，选择有潜力和发展空间的地方，可以为未来的发展打下基础。

1. 容量计算

面积计算公式：门店面积=核心功能区+弹性预留区。

2. 功能区标准

（1）咨询工位：每个工位8～12平方米（含洽谈桌、资料柜）。

（2）体验区：目的地展示需20～30平方米。

（七）安全合法原则

选址时，要考虑安全和合法因素，确保门店符合当地法律法规的要求。需要确保有权在选

定的地点经营，并获得所有必要的法规和许可。

二、门店选择策略

门店选址时应根据门店的经营目标以及顾客目标群体来选择合适的经营地址。

（一）景点周边

旅游城市的景点是游客必去的地方，选择在景点周边开设门店，客流量有保障；结合景点特色，提供与景点相关的旅游产品或服务；主打“目的地服务”（如景区直通车、导游服务）、短途游产品，目标客群为观光型游客。

1. 景点周边开设门店优势

（1）高精准客流量。直接触达旅游核心消费人群（游客），转化率高，尤其适合销售门票、当地体验、短途游等即时性产品。

（2）品牌曝光度高。景区人流密集，门店招牌、宣传物料易被关注。

2. 景点周边开设门店劣势

（1）租金成本高。核心景区商铺租金昂贵（如迪士尼周边、古镇主街），压缩利润空间。

（2）季节性波动大。淡旺季客流量差异显著（如北方滑雪场门店冬季火爆，夏季冷清）。

（3）同质化竞争。同类门店扎堆（如多家旅行社售卖相似线路），易陷入价格战。

（二）商业街区

商业街区是游客和当地居民购物、餐饮、娱乐的主要场所；选择在商业街区开设门店，可以获得丰富的客源，同时便于与其他商家合作；主打高频次、大众化产品（如周边游、签证代办），目标客群为本地家庭、年轻消费者及游客。

1. 商业街区开设门店的优势

（1）高客流量与曝光度。位于城市核心商圈（如步行街、购物中心），人流密集，品牌曝光率高，适合吸引本地居民与外来游客。

（2）消费场景多元。与餐饮、娱乐业态联动，顾客处于“休闲消费”状态，易激发旅行冲动需求（如周末短途游、节日出行）。

（3）品牌形象提升。高端商圈的门店位置（如奢侈品店旁）可传递品牌高端化定位，吸引品质客群。

2. 商业街区开设门店的劣势

（1）租金成本极高。核心地段租金占营收比例较高，需高坪效支撑。

（2）竞争白热化。同类门店扎堆（如多家旅行社、OTA体验店），价格战频繁，利润率压缩。

（3）目标客群分散。人流虽大但精准度低，需强促销吸引（如现场抽奖、限时折扣）。

（三）特色街区及社区

如有特色的文化街区或美食街区，可以结合当地特色或者不同季节的旅游主题，开设具有独特风格的主题门店，提供具有地方特色的旅游产品或服务，吸引游客和当地居民。

1. 主题门店的优势

（1）精准定位客群。通过垂直主题（如亲子研学、户外探险、蜜月旅行）吸引高黏性顾客，建立品牌忠诚度。

（2）差异化竞争力。主题化装修与服务（如露营装备展示区、VR探险体验）形成记忆点，避开同质化竞争。

（3）高客单价潜力。主题产品溢价空间大（如高端定制南极游、私密海岛婚礼策划）。

2. 主题门店的劣势

（1）受众范围窄。依赖细分市场容量，需持续教育顾客（如推广小众旅行方式）。

（2）运营复杂度高。需深度整合主题资源（如与专业机构合作科考旅行），供应链管理难度大。

（3）初期投入高。主题场景打造（如沉浸式展厅）需要较高的装修与设备成本。

（四）交通枢纽附近

如火车站、机场等交通枢纽附近，人流量大，便于吸引游客和当地居民，可以提供便捷的旅游咨询服务和预订服务。

1. 交通枢纽附近开设门店的优势

（1）稳定且庞大的客流量。机场、高铁站、长途汽车站每日吞吐量大，覆盖差旅人群、长途游客等。

（2）即时需求明确。顾客处于“出行状态”，对目的旅游产品的需求强烈。

（3）品牌信任背书。枢纽门店常被视为“官方服务点”，易建立信任感。

2. 交通枢纽附近开设门店的劣势

（1）租金与合规成本高。枢纽商铺租金高昂，且需符合严格管理要求（如安检、营业时间）。

（2）消费决策时间短。顾客行程匆忙，需快速成交，复杂产品（如定制游）转化难度大。

（3）同质化严重。产品以本地标准化旅游产品为主，差异化空间小。

（五）写字楼

写字楼适合主要以新媒体、电商等方式招徕顾客的旅游门店类型。

1. 写字楼里门店的优势

（1）租金成本较低。相比临街商铺，写字楼内租金可降低30%～50%，适合预算有限的门店。

（2）精准触达企业客户。临近企业集中区，便于开发团体订单（如公司团建、商务考察）。

（3）私密性与专业性。办公环境传递专业形象，适合服务高净值顾客（如高端定制、签证疑难办理）。

2. 写字楼里门店的劣势

（1）自然流量匮乏。依赖主动拓客（如企业拜访、线上推广），初期获客成本高。

（2）场景适配性弱。顾客处于“工作状态”，休闲消费意愿低，需要强需求引导。

（3）品牌曝光度低。隐蔽位置难以吸引散客，依赖口碑与老客户复购。

（六）异业合作

1. 异业合作门店的优势

（1）低成本获客。借助合作方现成流量（如银行VIP厅、酒店大厅），降低独立拓客成本。

（2）场景互补性。精准触达潜在顾客（如健身房会员→健康旅行；书店读者→文化主题游）。

（3）资源协同效应。联合营销（如“购车送旅行券”）提升双方顾客黏性。

2. 异业合作门店的劣势

（1）品牌主导权弱。作为“附加服务”存在，易被合作方主业稀释关注度。

（2）客群匹配风险。若合作方客群与旅游产品不契合（如社区超市客群→高端定制游），转化率低。

（七）商超门店

1. 商超门店的优势

（1）稳定多元客流。依托商场日常人流（家庭、银发群体），适合推广大众化产品（如周边游、专列等）。

（2）消费场景延伸。与餐饮、娱乐业态联动（如“购物+旅行”一站式消费），提升停留时长。

（3）品牌形象提升。商场环境标准化（如灯光、卫生），增强顾客信任感。

2. 商超门店的劣势

（1）随机消费为主。顾客以闲逛为主，需强促销吸引（如现场抽奖、限时折扣）。

（2）竞争注意力分散。与商场内其他业态（如影院、餐厅）争夺顾客时间，转化难度高。

图2.2 携程旅游门店形象展示

表2.1 总结对比表

门店类型	核心优势	主要劣势	最佳客群	经营目标适配性
景区门店	高转化率/场景化消费	租金高/季节波动性大	观光游客/即时需求	目的地服务、短途产品
商业街区门店	高曝光/多元消费场景	租金高/竞争激烈	本地家庭/年轻游客	高频次周边游/签证服务
特色/主题门店	高黏性/差异化溢价	受众窄/运营复杂	垂直兴趣群体	高端定制/细分市场深耕
交通枢纽门店	稳定人流/即时需求转化	租金高/决策时间短	差旅人士/中转游客	标准化服务
写字楼门店	低租金/企业客户触达	自然流量少/依赖主动营销	企业客户/高净值人群	高端定制/企业差旅解决方案
异业合作门店	低成本获客/资源协同	品牌弱化/匹配风险	合作方重叠客群	精准引流/跨界合作
商超门店	稳定客流/品牌形象	随机消费	本地家庭、年轻群体	大众化产品、高频次消费

三、门店选址步骤

（一）市场调研分析

在选址前对目标区域的潜在顾客、竞争对手、市场趋势等进行充分的市场调研，分析目标顾客群的需求和消费习惯，了解当地市场需求和竞争情况。

（二）确定目标顾客群

根据市场调研结果，确定门店的目标顾客，包括他们的需求、消费习惯、购买能力等。

（三）确定选址标准

根据目标顾客和门店的定位，确定选址的标准，包括店铺位置、交通便利性、周边环境、竞争对手情况等。

（四）寻找合适店铺

根据确认的经营目标与门店定位，按照选择标准，在目标区域内寻找符合条件的店铺。

1. 经营目标

确定主营业务（如高端定制、碎片化服务、签证代办）；核心客群画像（年龄、消费力、需求痛点）；盈利模型，高客单价低流量（定制游）或低客单价高流量（周边游）。

2. 门店定位匹配

高端定制游写字楼/主题门店（私密性+专业形象），容量小（2～3独立洽谈室）；大众周边游：商业街区/商超门店（高曝光），容量大（开放式工位+体验区）；碎片化服务：交通枢纽/景区门店（即时需求），容量适中。

（五）评估店铺价值

对拟选定的店铺进行价格评估，包括店铺的租金、客流量、周边环境等。

（六）协商合同

与房东或物业方进行合同协商，包括租金、租期、违约责任等条款。

（七）办理相关手续

完成合同签订后，需要办理相关手续，如和旅行社总部签约、办理工商注册、税务登记等。

（八）装修布置

根据旅行社总部对门店的统一形象要求，对店铺进行装修布置。

（九）员工招聘、培训

根据门店经营需求和目标，招聘员工，并对员工进行培训，包括服务接待流程、旅游产品知识、销售技巧、TDS门店系统的使用、旅游相关法律等。

（十）开业准备

完成装修和员工培训后，进行开业前的准备工作，包括旅游产品资料的陈列、宣传推广等。

（十一）正式开业

选定开业日期，正式开业经营。

四、其他注意事项

（一）合规性检查

了解门店所在区域的商业法规、租赁法规和旅游行业的相关规定，确保门店选址符合所有法律法规要求，避免未来可能的法律风险。

（二）周边配套设施

考察门店周边餐饮、住宿、购物、娱乐等设施的完善程度。尽量选择周边环境整洁、安全的地方。如果周边有其他旅游相关的产业，如酒店、餐厅等，形成集聚效应，互相带动，也是不错的选择。

（三）安全性考量

了解周边治安状况，避免选择治安问题频发的区域。确保门店安全设施齐全，如消防设施等。

综上所述，现代旅游门店的选址需要综合考虑人流量、交通便利性、竞争环境、租金成本、目标顾客群定位等多个因素。通过科学合理的选址策略，可以为门店带来稳定的客流量和可观的利润，推动门店的长期发展。

表 2.2　门店选择评分表

<table>
<tr><td colspan="6">门店选择评分表
填表人：　　　　　　　　填表日期：</td></tr>
<tr><td colspan="3">审核项目标准</td><td colspan="2" rowspan="2">标准分值</td><td rowspan="2">评估分</td></tr>
<tr><td>选址地点</td><td>店铺地址</td><td>评　判　标　准</td></tr>
<tr><td rowspan="3">交通状况</td><td>交通</td><td>□主干道　□次干道　□有隔离带　□无隔离带</td><td rowspan="3">15</td><td>5</td><td></td></tr>
<tr><td>状况</td><td>路宽________米，距离站台________米，公交________路</td><td>5</td><td></td></tr>
<tr><td>地址属性</td><td>□商业区　□半商业区　□社区　□校园</td><td>5</td><td></td></tr>
<tr><td rowspan="5">店铺结构</td><td rowspan="2">室外</td><td>主楼高________层，楼龄________年，出入口宽________米</td><td rowspan="5">25</td><td>5</td><td></td></tr>
<tr><td>店铺在________楼，门前空场________平方米</td><td>5</td><td></td></tr>
<tr><td rowspan="3">室内</td><td>室内平面形状：□正方形 □长方形 □不规则形状</td><td>5</td><td></td></tr>
<tr><td>使用面积：________平方米，深________米，宽________米，高________米</td><td>5</td><td></td></tr>
<tr><td>卷帘门：□有 □无　玻璃门：□有 □无　卫生间：□有 □无</td><td>5</td><td></td></tr>
<tr><td rowspan="3">租赁</td><td rowspan="3">条件概括</td><td>租期________年，每月租金________元，押金________元，免租期________天
租金调幅：□租期内不调　□每年上调________% 转让费________元</td><td rowspan="3">15</td><td>5</td><td></td></tr>
<tr><td>店主已经经营________年；先前租户从事________行业</td><td>5</td><td></td></tr>
<tr><td>截至租期：________年________月________日</td><td>5</td><td></td></tr>
</table>

（续表）

<table>
<tr><th colspan="3">审核项目标准</th><th colspan="2" rowspan="2">标准分值</th><th rowspan="2">评估分</th></tr>
<tr><th>选址地点</th><th>店铺地址</th><th>评　判　标　准</th></tr>
<tr><td rowspan="9">商圈分析概况</td><td rowspan="2">临街商铺概况</td><td>左起五家店铺类型依次为：</td><td rowspan="9">35</td><td>3</td><td></td></tr>
<tr><td>右起五家店铺类型依次为：</td><td>3</td><td></td></tr>
<tr><td rowspan="5">商圈分析</td><td>商圈主要消费年龄层：□18—28　□28—35　□35—55　□综合</td><td>3</td><td></td></tr>
<tr><td>交通情况（车流、停车）：□非常好　□好　□普通</td><td>3</td><td></td></tr>
<tr><td>人流量（营业时间内平均每小时人流量）：
□1 200人以上　□600—1 200人　□60—600人　□60人以下</td><td>3</td><td></td></tr>
<tr><td>大型超市：□无　□有，距离选择门店________米</td><td>5</td><td></td></tr>
<tr><td>学校：□无　□有
有______所学校（包含小学_______所，学生约_______人
距离选择门店________米）</td><td>5</td><td></td></tr>
<tr><td rowspan="2">竞争对手分析</td><td>竞争店：□无　□有，有________家，第一家距离选择门店________米，营销模式________，规模________平方米，运营状况：□优　□一般　□差</td><td>5</td><td></td></tr>
<tr><td>第一家距离选择门店________米，营销模式________，规模_______平方米，运营状况：□优　□一般　□差</td><td>5</td><td></td></tr>
<tr><td rowspan="2">营业时间及预估营业额</td><td rowspan="2">营业时间</td><td>（商圈内平均营业时间）
□12小时以上，□10—12小时，□8—10小时，□8小时以内</td><td rowspan="2">10</td><td>5</td><td></td></tr>
<tr><td>（预估营业额）　营业额
□120万以上，□90万—120万，□60万—90万，□30万—60万，□30万以下</td><td>5</td><td></td></tr>
<tr><td colspan="3">合　计</td><td>100</td><td>100</td><td></td></tr>
<tr><td colspan="5">五个大项：总分为100分：低于80分为不合格；80—90分为良；90分以上为优</td><td></td></tr>
</table>

相关链接

门店选址12个小秘诀

（1）金角银边垃圾腰，死角店铺不能要。

（2）天桥隔挡与车道，挡财挡运挡客流。

（3）人流不等于客流，旺街不等于旺铺。

（4）低租金高转让，咬咬牙能经营，就是投入不轻松。

（5）高租金低转让，短租期次商圈，有风险要可控，商业区耗多金，社区门店要中心。

(6) 阴阳街道要分清,西晒铺面要慎重。
(7) 同类品牌扼咽喉,商超负一不能行。
(8) 异形店铺谨慎选,社区店铺兼护理。
(9) 周边商家之形态,顾客交叉为最宜。
(10) 店铺前世与今生,转手原因要较真。
(11) 店铺门头避遮掩,低于2.5米需谨慎。
(12) 店铺产权要明晰,签约确权问房东。

任务拓展

(1) 尝试运用现代新兴技术(如AI、智能App),根据现代旅游门店的定位、经营目标、竞争情况等需求为门店进行选址。

(2) 请思考针对小众需求(如宠物友好旅行、无障碍旅行),如何选择低成本但精准的门店地址。

任务二 现代旅游门店装修

任务导入

小王的旅游门店已经在重庆解放碑选址并签约了,门店长、宽、高分别是10米、6米及3.3米,现在请围绕分区、装修风格、软硬件及物料等方面做一个设计方案和预算。

知识准备

- 现代旅游门店装修风格选取
- 装修设计
- 物料采购清单
- 预算方案

任务实施

门店长、宽、高分别是10米、6米、3.3米,围绕本门店给出两个方案:分区方案、装修方案(软硬装,含预算)。

现代旅游门店的装修设计不仅是为了提升店面形象,更重要的是创造一个能够吸引游客、提升品牌价值并提供舒适体验的空间。随着消费者需求的不断变化以及旅游行业的数字化转型,旅游门店的装修也逐渐趋向于多功能性、个性化、科技化和互动性,确保门店能够有效地展示品牌、吸引消费者并增强其购买欲望。

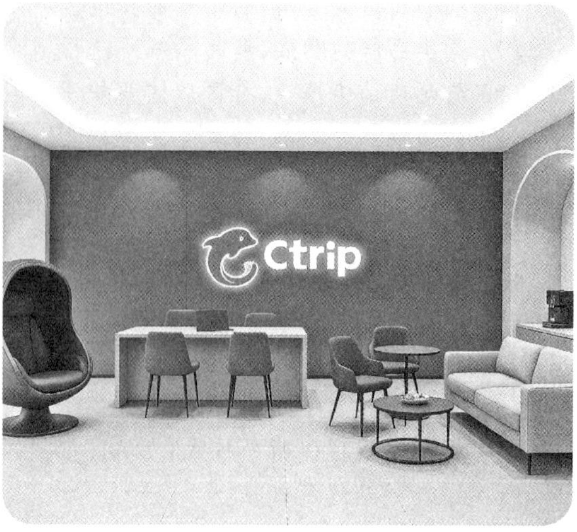

图2.3 现代旅游门店装修设计图

一、旅游门店装修要素

（一）空间布局

现代旅游门店的空间布局非常重要，一个合理的空间布局不仅可以让顾客感觉舒适，还能提升门店的运营效率。常见的布局要素包括：

接待区：作为顾客进入门店后的第一个接触点，需要设计得温馨且具有亲和力，可以通过大堂设计、迎宾台等来传递出专业和热情的服务态度。

产品展示区：这里是消费者了解和购买旅游产品的主要区域。该区域通常需要分为不同的

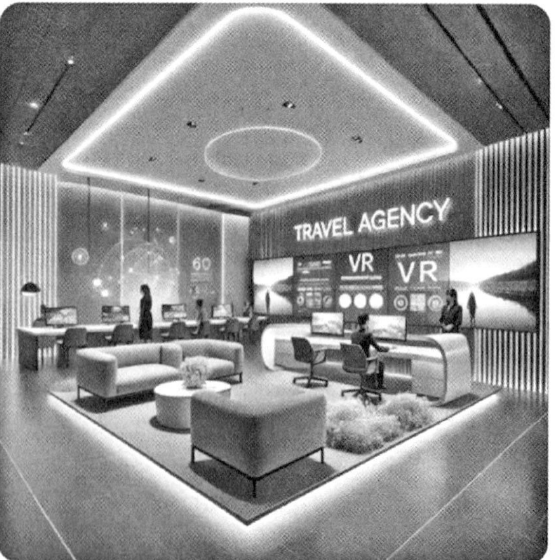

图2.4 现代旅游门店VR体验效果图

区域，如旅行线路展示、目的地推荐、定制旅游服务、签证和保险服务等，且设计要灵活，以适应不同产品的展示需求。

互动体验区：随着科技的进步，现代旅游门店越来越重视与顾客的互动。可以设立一些互动体验区域，利用虚拟现实（VR）、增强现实（AR）、触摸屏等设备展示旅游目的地，或提供一些模拟旅游体验，如虚拟游览、景区介绍等。

休息区与等候区：为了让游客在等待时感到舒适，可以设置休息区，加入舒适的座椅、绿植和舒缓的灯光设计，让消费者在等待时也能感受到轻松和愉悦。

（二）色彩与材质

色彩和材质的选择对营造门店氛围至关重要，旅游门店的装修通常会选择能够激发消费者情感的色彩，同时也要考虑舒适度与品牌形象的匹配。

1. 色彩选择

一般来说，旅游门店的色彩应该与品牌形象保持一致，常见的旅游门店色彩包括蓝色（象征自由、放松），绿色（代表自然、环保），以及黄色和橙色（激发激情、冒险精神）。色彩的搭配要注重和谐与视觉冲击力。

2. 材质选择

墙面、地板、柜台等的材质选择应注重耐用性和美观性。现代门店多使用木材、玻璃、金属等现代感强的材质，同时也会结合自然元素如石材、绿植来增添亲和力和自然感。

（三）品牌形象与文化氛围

现代旅游门店的装修应该充分展示品牌形象和文化内涵，通过墙面装饰、品牌标识、文化元素的融入，让顾客进入门店后可以感受到品牌的独特性与差异化。

1. 墙面设计

墙面可以通过使用大型海报、旅游目的地的高清照片、旅游文化墙等手段，展示不同旅游目的地的特色，增强顾客的沉浸感。

2. 品牌标识与理念展示

门店的设计中可以嵌入品牌理念的展示，例如“快乐旅行”“发现新世界”等，让顾客在门店内就能感受到品牌的文化和价值。

（四）科技应用与数字化装修

随着数字化和智能化的普及，现代旅游门店在装修设计中越来越多地融入了科技元素，提升顾客体验。

1. 数字化展示

通过触摸屏、投影设备、虚拟现实（VR）、增强现实（AR）等设备展示目的地的相关信息，给游客带来身临其境的感受，可以让游客通过模拟场景、互动游戏等方式提前体验旅行中的景点、活动等内容。

2. 智能设备与自助服务

智能设备的引入能够提升门店的效率和顾客体验。例如自助查询机、电子票务、智能化导览设备等，能够让游客更加便捷地获取信息和完成操作。

3. 移动支付与预约系统

门店内可以设置移动支付、电子发票和自助预订等系统，减少游客排队等待时间，提高整体服务效率。

（五）照明设计

照明在现代旅游门店的装修中扮演着至关重要的角色，良好的照明不仅能提升空间的氛围，还能突出产品的展示效果。

1. 主照明与辅助照明

通过合理的主照明和辅助照明设计，可以突出重要区域，营造出不同的氛围。例如，休息区的灯光可以设计得柔和，而产品展示区则使用明亮的聚光灯进行重点照明。

2. 氛围灯光

一些温暖的氛围灯光可以让游客产生放松和愉悦的感觉，特别是在接待区、等候区等需要营造舒适氛围的区域。

图2.5　现代旅游门店装修灯光效果图

（六）环境营造

现代旅游门店注重环境的综合营造，包括空气流通、温度控制和香氛设计等因素。

绿色植物：通过在门店内放置绿植或打造小型室内花园，增添自然气息，提升顾客的舒适感和放松感。

香氛设计：使用适宜的香氛能增加门店的氛围，改善顾客的购物体验。旅游门店常常选择一些与旅游相关的清新气味，例如大海、森林或花卉的香气。

二、旅游门店装修趋势

（一）线上线下融合

随着O2O（线上到线下）的发展，越来越多旅游门店采用线上线下融合的模式。门店装修将支持这一业务模式，通过设置线上预订区、自助查询设备等功能区域，为游客提供更便捷的服务。

（二）注重体验感

现代旅游门店更注重游客的体验感，设计更多的互动式空间，如虚拟游览、定制旅行体验区等,提升顾客的参与感和沉浸感。

(三) 强调可持续性与环保

绿色环保、可持续发展已成为现代旅游门店装修的一个重要趋势。许多旅游门店选择环保材料,减少对环境的影响,同时也通过宣传绿色旅游理念来吸引注重环保的游客群体。

现代旅游门店的装修设计已不仅是单纯的空间布局和外观装饰,它还涉及品牌形象、科技应用、用户体验和环保等多方面因素。通过合理的装修设计,旅游门店能够提升消费者的舒适度与信任感,打造独特的品牌魅力,同时推动旅游业务的高质量发展。

三、旅游门店装修施工方选择

装修分为硬装、软装两个部分,是一个系统且复杂的过程,专业的施工单位不仅可以保证施工质量、施工安全、施工效率,也可保证后期的质保维护,故多方比较寻找一家专业的有资质的施工单位是非常重要的事情,好的施工单位需要具备以下条件。

(1) 有良好的财务方面的管理制度并执行力强。

(2) 报价科学合理,无隐性消费。

(3) 服务态度良好,能主动积极沟通。

(4) 装修工艺良好,现场管理有序。

(5) 有良好的售后服务和口碑。

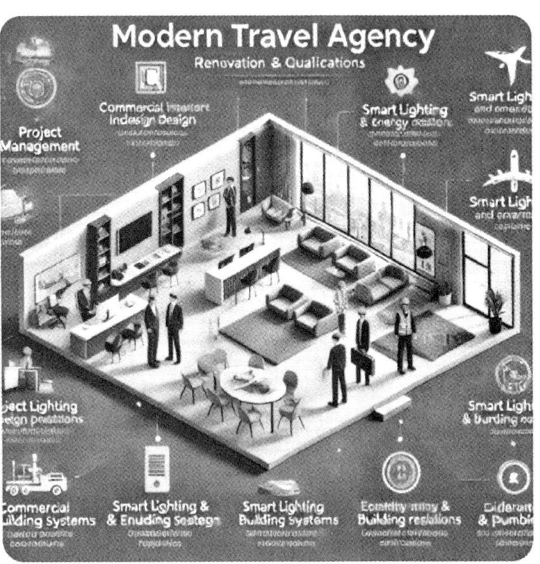

图2.6　现代旅游门店整体布局图

四、旅游门店装修方案设计

以即将进行装修阶段的重庆解放碑旅游门店为例,其定位为中高端旅游门店,目标顾客群体为高端商务人士、家庭游客等,预期的装修风格为现代简约兼具科技未来感,店面面积为60平方米,设置有VR体验区、接待区、洽谈区、咖啡桌。

(一)空间布局

1. 接待区(约10平方米)

位于入口处,设置简洁现代的接待台,背后可安装大屏幕显示器,播放品牌宣传片或旅游风景视频,营造科技感。

2. VR体验区(约15平方米)

紧邻接待区,设置独立的VR体验空间。采用玻璃隔断,既保证私密性,又不影响整体通透性。

3. 洽谈区(约20平方米)

位于店铺中部,配置舒适的沙发和茶几,供顾客与工作人员深入交流。

4. 咖啡休闲区(约10平方米)

靠近洽谈区,设置咖啡桌和高脚椅,供顾客休息或等待。

5. 辅助功能区(约5平方米)

用于储物或员工休息。

(二)设计元素

1. 色彩与材质

采用白色、灰色等中性色调,搭配金属和玻璃材质,营造现代感。

2. 照明设计

使用嵌入式灯具和LED灯带,营造明亮且富有层次的光环境。

3. 智能化设备

在接待区和洽谈区设置触摸屏,供顾客查询旅游产品信息。

(三)装修报价

门店装修报价,详见表2.3。

表2.3　重庆解放碑60平现代旅游门店装修报价表

序号	项　　目	数　量	单价(元)	总价(元)
1	基装(含水电和门头)	60平	1 000	60 000
2	照明(含灯带)	全店	3 000	3 000
3	VR体验区	一套	20 000	20 000
4	接待区(含电脑及打印设备)	一套	12 000	12 000
5	洽谈区(含沙发和茶几)	一套	6 000	6 000
6	饮品区(咖啡机)	一套	2 000	2 000
7	智能科技设备(触摸屏等)	6套	5 000	30 000
8	装饰设计费	一套	2 000	2 000
9	其他支出	全店	2 000	2 000
合计			137 000元	

(四) 装修效果

门店装修效果参见图2.7、图2.8。

图2.7　重庆解放碑旅游门店效果图一

图2.8　重庆解放碑旅游门店效果图二

任务拓展

典型案例　携程旅游门店装修标准

(一) 铺面选择

开店第一步最重要的是选择铺面，由于品牌门店的全国统一性，任何一个新品牌门店都会面临再装修的情况。如何选择一家合适的铺面至关重要，选择店铺的原始状态可以看出后期装修的难易程度，从而判断装修时间的长短及装修成本的高低。

(1) 毛坯，施工周期长、装修费用高。预算不充足的情况下不建议选择，花费预计在3 000～5 000元/平方米不等。

(2) 异业转租门店，改造难度大，施工周期较长、装修费用较高，特别是餐饮、物品销售。此类门店要做到标准，需要先拆除多余内容，根据拆除后的情况重新装修，成本无法预估，比毛坯还贵，并且费力又费时，最不建议选择。

(3) 无差别行业转租门店，施工周期短、难度小，装修费用低，是旅游门店的最佳选择。

(二) 门店硬装部分：门头

1. 门头材质

携程旅游门头材料一般选用上海吉祥牌铝塑板、电信兰(哑光)，拉丝不锈钢包边发光字(白色亚克力面)，见图2.9。

2. 门头实景

携程旅游门店的门头样式见图2.10。

图2.9 携程旅游门店全国统一标准门头材料
（品牌标准色+品牌标准logo）

图2.10 携程旅游门店门头

（三）门店硬装部分

1. 室内顶面

图2.11 海豚造型吊顶实景图

2. 门店必备软装项目

图 2.12　携程旅游门店实景图

表 2.4　携程门店相关设施设备

名　称	图　例	备　注
主 logo 背景	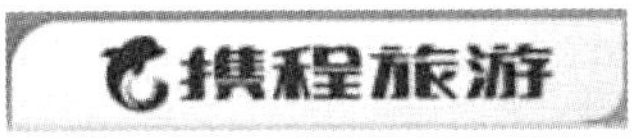	统一采购 （尺寸可定制）
吊顶造型	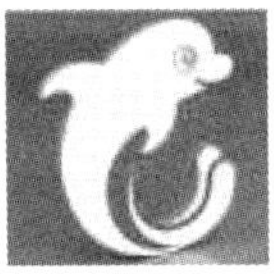	统一采购 （尺寸可定制）
品牌定制服务台	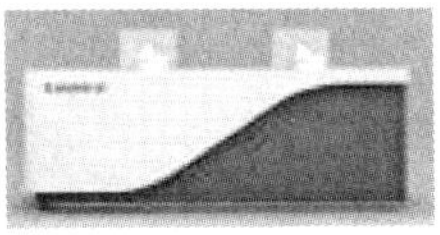	统一采购 （长度可定制）
品牌定制洽谈椅	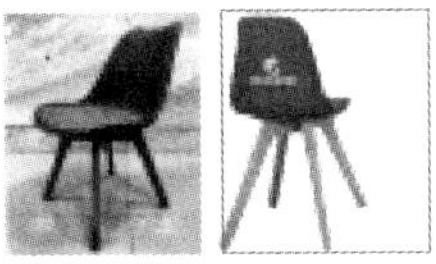	统一采购 （固定尺寸）
企业定制摄像头	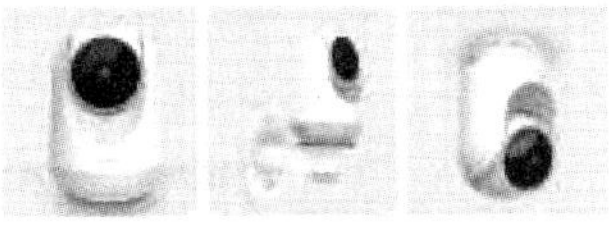	统一采购
六重保障灯箱	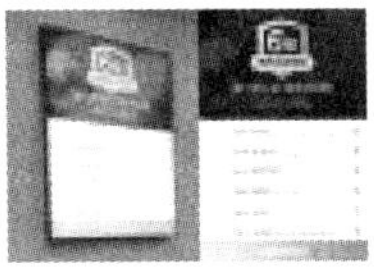	自行制作 600*900 mm （固定尺寸）

（续表）

名　　称	图　　例	备　　注
合同上墙		自行制作　宽1 200 mm （固定宽度，高度同比）
监控提示贴		自行制作　300*150 mm （固定尺寸）

3. 门店选配软装项目

表2.5　携程门店软装项目

名　　称	图　　例	备　　注
定制打印机柜		可统一采购也可自行按要求制作 （尺寸可定制）
储物矮柜		可统一采购也可自行按要求制作 （固定尺寸）
临街门店展示柜		可统一采购也可自行按要求制作 （固定尺寸）
商场门店展示柜 （单面）		可统一采购也可自行按要求制作 （固定尺寸）
商场门店展示柜 （双面）		可统一采购也可自行按要求制作 （固定尺寸）

（续表）

名　　称	图　　例	备　　注
衍生品展柜		统一采购 （固定尺寸）
衍生品展柜		可统一采购也可自行按要求制作 （固定尺寸）
DM墙面挂牌 （国内游/出境游）		统一采购 （固定尺寸）
宣传灯箱		自行制作 600*900 mm （固定尺寸，版权画面可选择）

任务三　现代旅游门店证照办理

任务导入

门店装修接近尾声或者最晚在通过门店品牌授权方验收后，须第一时间去工商等行政管理机关办理工商营业执照等新门店必备的证照，由于现代旅游门店一般是品牌授权加盟门店，如携程三品牌门店、中青旅等，故目前只需去工商行政管理部门办理营业执照，以确保门店可以如期开业。

知识准备

- 旅行社开设必备证照
- 普通公司开设必备证照
- 现代旅游门店开设必备证照

位于解放碑的携程旅游形象店已通过携程渠道事业部的验收，现需要在10个工作日内办好相关证照，请准备相关材料在第一时间内办好营业执照等证照，确保门店如期开业！

一、证照办理材料准备

去工商行政管理部门办理营业执照，需要准备的资料有：

【签约/开户材料】确定负责人，提供负责人身份证正反面照片、银行卡号及开户行、征信报告、常用电话。

【办理证照材料】营业场所产权证（租赁合同/房产证）、负责人身份证（原件）、品牌授权书（品牌授权方加盟合同）、委托人身份证（原件）、委托书等。

二、证照办理材料提交

办理渠道可以是线上也可以线下，以线上为例：

登录当地政府政务服务网（相关网上营业执照办理政府官方在线平台），提交营业场所产权证（租赁合同/房产证）、负责人身份证（原件）、品牌授权书（品牌授权方加盟合同）、委托人身份证（原件）、委托书等。

三、材料审核与领证

材料审核时间为0.5个至10个工作日不等，审核通过后，1～3个工作日内领取营业执照正副本（可选择电子执照）。

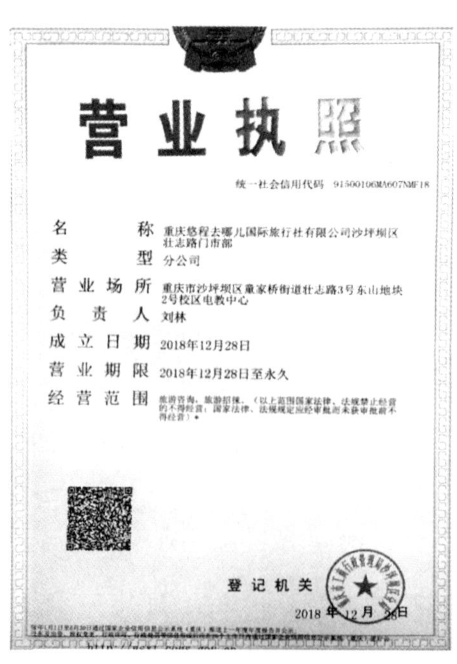

营业执照

统一社会信用代码 91500106MA607NMF18

名称 重庆悠程去哪儿国际旅行社有限公司沙坪坝区壮志路门市部
类型 分公司
营业场所 重庆市沙坪坝区童家桥街道壮志路3号东山地块2号校区电教中心
负责人 刘林
成立日期 2018年12月28日
营业期限 2018年12月28日至永久
经营范围 旅游咨询、旅游招徕。（以上范围国家法律、法规禁止经营的不得经营；国家法律、法规规定应经审批而未获审批前不得经营）*

登记机关

2018年12月28日

图2.13 去哪儿门店旅游执照

（1）了解携程三品牌门店在开业前的其他准备工作，如工装采购及系统开号等。

（2）了解开办旅行社所需要的资金、证照及办理流程。

（3）了解门店及旅行社入驻携程及飞猪等平台的流程和手续。

项目总结

1. 整体任务实施

本项目主要内容围绕现代旅游门店选址、装修及证照办理三个真实生产性任务开展，通过任务实施，分析不同类型门店的优劣势，结合门店经营目标及市场需求等因素，选择合适的门店位置；通过门店品牌授权方装修风格，结合现代旅游数智化发展趋势，确定科学合理的装修风格及装修预算，确保门店软硬装通过品牌授权方的验收；通过对加盟店证照办理材料的梳理，迅速办好门店的营业执照，为门店的顺利开业奠定坚实的基础。

2. 课后测试与练习

（1）现代旅游门店选址的原则是什么？

（2）现代旅游门店选址的步骤是什么？

（3）现代旅游门店的不同类型有哪些？

（4）现代旅游门店的数智化体现在哪些方面？

（5）现代旅游门店装修风格有哪几种？

（6）现代旅游门店装修趋势有哪些？

（7）门店正式营业前需要办理哪些证照，以及如何在最短时间内办理好，以确保如期营业？

（8）选址策略制定：针对“高端定制游门店”，根据选址原则和策略，提出一个选址方案。

（9）选址风险评估：给定一个拟选址案例（如某社区沿街商铺），识别其潜在风险点（政策、竞争、成本）。

项目三　现代旅游门店人员管理

项目导读

门店管理人员和销售人员是现代旅游门店能否实现各项经营指标的关键因素，在数字化、智能化、个性化的趋势下，对员工的招聘、培训、激励和考核提出了更高要求，除对传统的销售技能和相关经验等有要求外，还要求候选者掌握新媒体营销方法及在定制化旅行方面有一定的经验。通过招聘、培训、激励和考核机制，提高门店管理水平、消费能力，提升顾客满意度，从而增强门店整体竞争力。

学习目标

知识目标

了解现代旅游门店的人员需求及岗位职责。

了解旅游门店员工激励机制，包括薪酬激励、荣誉激励、成长激励等。

熟悉员工培训体系及方法，如岗位培训、技能培训、文化培训等。

掌握旅游门店员工招聘渠道、面试技巧、筛选标准。

掌握员工绩效考核的方法，如KPI、360度考评等。

能力目标

能根据人岗匹配原理，制定旅游门店员工招聘计划为门店挑选合适的人才。

能根据团队建设5P要素，管理员工队伍，组织并实施员工培训，提高团队专业水平。

能运用能级对应原理、要素有用和互补增值原理，制定科学合理的激励制度，提高员工积极性和增强员工稳定性。

能制定过程性评价和结果性评价相结合的绩效考核方案，并有效反馈考核结果。

素质目标

培养管理者严谨细致的工作态度，提升管理者的职业素养。

提高沟通能力、团队协作能力和组织能力。

情感及思政目标

树立以人为本的管理理念，关注员工成长与发展。

结合国家就业政策，理解企业招聘中的社会责任。

关注劳动法规，培养合法合规的管理意识。

倡导职业道德和团队精神，营造积极向上的企业文化。

项目任务描述

任务一：现代旅游门店员工招聘与排班

制定招聘计划（分析岗位需求、选择招聘渠道、撰写招聘信息）、组织面试筛选（面试流程、面试技巧、录用决策）和制定排班计划。

任务二：现代旅游门店员工激励、培训与考核

设计激励方案（薪酬奖励、职业发展、团队建设等激励措施）、制定培训计划（培训目标、培训内容、培训形式）、开展培训实施（技能培训、服务培训、团队文化培训）、制定考核指标（业绩考核、服务质量考核、行为规范考核）和实施考核反馈（数据分析、员工沟通、绩效改进）。

岗课赛证要求

（1）能招聘到优秀的员工和管理人员。

（2）能留得住优秀的员工和管理人员。

（3）能建设一支有竞争力的团队，能为门店各项目标的实现和可持续发展打下坚实的基础。

任务一　员工招聘与排班

任务导入

现代旅游门店的员工招聘是确保门店能够高效运作、提供优质服务的关键环节。旅游门店的员工招聘不仅要关注员工的专业能力和服务素质，还要符合公司文化和品牌要求。

知识准备

- 人岗匹配原理
- 招聘条件与招聘渠道
- 招聘流程
- 人员管理与人员培训

任务实施

位于解放碑的旅游形象店已通过品牌方的验收，营业执照等相关照证预计将于10个工作日后办理完毕，现请为本店的开业招聘销售三名及管理人员（店长）一名。

一、现代旅游门店员工招聘

（一）员工招聘的准备阶段

（1）招聘前，门店管理层需要评估和明确员工招聘的具体需求，如图3.1所示。

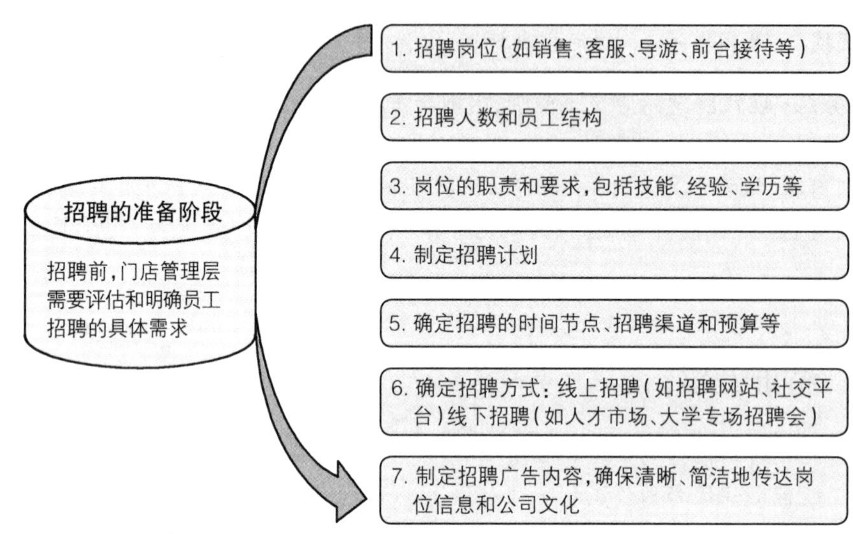

图3.1 员工招聘准备阶段

（2）编写岗位描述和招聘条件，具体如图3.2所示。

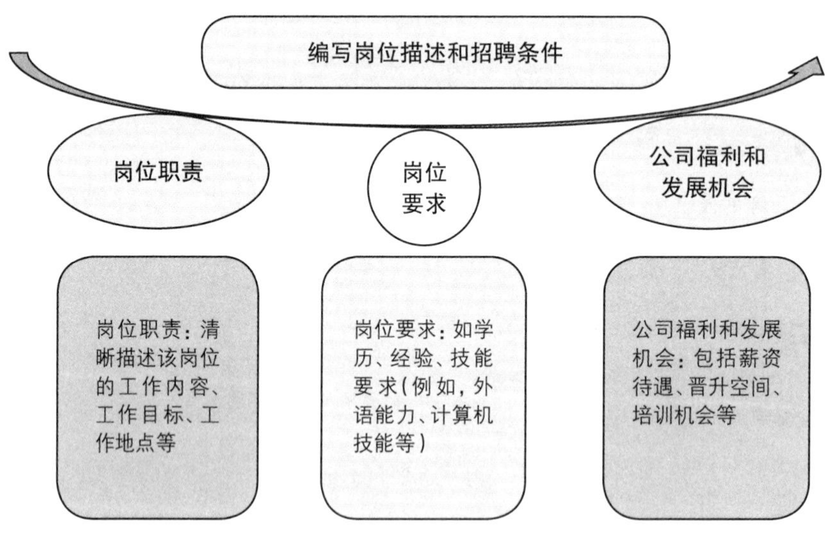

图3.2 岗位描述与招聘条件

（二）员工招聘的实施阶段

1. 发布招聘信息

根据招聘计划，通过合适的招聘渠道发布招聘信息，常见的渠道有如下几种。

（1）招聘网站（如智联招聘、前程无忧、猎云网等）。

(2) 社交媒体平台(如LinkedIn、微信招聘群等)。

(3) 线下招聘会,特别是大城市的行业招聘会,针对旅游行业的招聘。

(4) 企业官网,一些大型旅游公司会在自己的官网上发布招聘信息。

(5) 大学招聘,针对应届毕业生,特别是与旅游专业相关的院校。

2. 简历筛选与初步面试

(1) 简历筛选。根据招聘岗位的要求筛选合适的简历,确保候选人满足基本的资质要求。

(2) 初步面试。通过电话面试或视频面试进行初步筛选,了解候选人的沟通能力、职业动机和基本素质,可通过电话或在线平台(如Zoom、腾讯会议等)进行初步沟通。

(3) 笔试、面试与评估。此阶段为招聘的核心部分,通常包括:① 笔试准备(准备好笔试试卷);② 面试准备(准备好面试问题,涵盖技能能力、工作经验、职业素养等方面)。

3. 面试流程

面试分为多个环节,具体如下。

(1) 个人能力评估。通过行为面试、情景模拟等方式评估候选人的业务能力、服务意识等。

(2) 技能测试。对于一些技术性或专业性较强的岗位,如导游或客服岗位,需要进行专业知识测试(如旅游路线规划、顾客服务技能等)。

(3) 心理素质评估。通过心理测试或情境模拟,评估候选人对工作压力的应对能力、团队合作能力等。

(4) 多轮面试、背景调查、资质审核、体检、综合评估。

4. 第二轮面试

对通过笔试、首轮面试及心理测试的候选者进行第二轮面试,通过多个维度对候选人进行全面评估,结合各方面结果作出综合判断。

5. 背景调查

对于通过两次面试合格的候选人,根据实际情况考虑进行背景调查,主要包括:学历、工作经历核实,确保候选人提供的学历证书、工作经历等真实有效;信用、刑事背景调查。

(三) 员工招聘的录用与入职

1. 录用通知与岗位分配原则

(1) 录用通知。向通过面试和体检的候选人发出正式的录用通知,通知其入职时间、岗位及相关待遇。

(2) 录用时关于岗位分配的原则是人岗匹配原则,具体内容为:人岗匹配原理指的是根据员工的能力、性格、价值观等特征,将其安排到最适合的岗位上,从而实现员工与岗位之间的最优匹配,提升组织效能和员工满意度(见表3.3)。

人岗不匹配的后果有员工绩效不佳,工作倦怠;流失率增加,招聘成本上升;团队协作困难,组织氛围恶化;岗位空缺或冗余,影响业务运作效率。

(3) 人岗匹配的提升方法有:建立岗位说明书与岗位胜任力模型、使用科学测评工具(如MBTI、DISC、能力测试等)、借助大数据进行人才画像分析、适时进行岗位轮换与调整。

2. 薪资待遇确认

与候选人明确薪资待遇、福利、晋升空间等。

签订劳动合同,内容包括员工的岗位职责、工作地点、工作时间、薪资待遇、社会保险、试用期等相关条款。

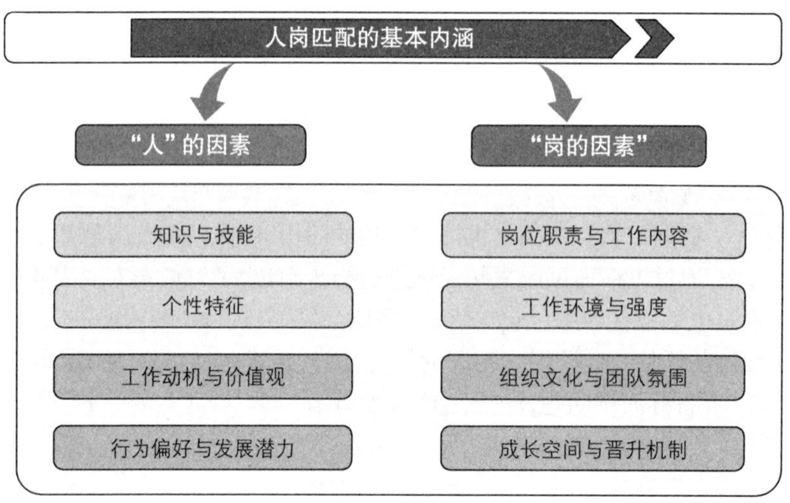

图3.3 人岗匹配的基本内涵

3. 合同签署

双方确认并签署劳动合同,确保双方的权利和义务得到法律保障。

二、现代旅游门店员工排班

现代旅游门店员工排班需要考虑的原理有“能级对应原理”“要素有用原理”和“互补增值原理”。

(一)能级对应原理

人力资源管理中的一个重要理念就是能级对应,特别适用于岗位设置、人才配置与晋升路径设计。岗位能级的定义是岗位本身的责任大小、价值贡献、复杂程度,对应的能力与绩效期望。它的核心在于:岗位的“能力需求等级”要与员工的“能力水平等级”相匹配,即“什么级别的岗位,需要什么级别的人才来胜任”。

能级对应的核心逻辑

人才能级	岗位能级	匹配情况	可能结果
低	高	不匹配	无法胜任,效率低,易失败
高	低	过剩匹配	工作动力不足,流失风险高
适中	适中	最佳匹配	效能最优,发展稳定

图3.4 能级对应的核心逻辑

(二)要素有用与互补增值原理

要素有用与互补增值原理是现代组织管理和人力资源配置中的一个核心理论,特别适用于团队构建、岗位设计、人才组合与资源配置等场景。它强调:组织中的每一个人或资源都应当有“价值”,且在组合中能形成互补,从而实现“整体大于部分之和”的效益。

1. 要素有用原理

"要素"指的是组织中的各种人力、岗位、资源、工具或制度等。

要素有用的含义是：每一个岗位、每一个人、每一个资源都要有其存在的合理性和价值。例如：在一个旅游门店中，如果某员工既不参与服务，也不参与销售，长期处于"游离状态"，则违背了"要素有用"的原则。

2. 互补增值原理

团队成员之间、岗位之间、资源之间要能够优势互补、形成协同效应，不同能力的人组合在一起，可以产生更大的产出效能。例如：

一名擅长产品设计的旅游策划师+一名口才优秀的直播销售人员+一名运营数据分析员，三人组合可打造一场高效的旅游直播销售，单独行动效果可能远不如组合高效。

核心岗位排班类型

岗位	排班类型	时段建议	特点说明
前台接待	正常早晚班	早9:00-17:30/晚12:00-20:30	门店开门、接待、出票、基础咨询
销售顾问	销售高峰班	11:00-19:30/13:00-21:00	高峰时段人手加密，适配客户咨询节奏
直播岗	晚班为主	18:00-23:00/20:00-00:00	夜间客流集中，观看数据动态调整
内容运营	弹性排班	根据内容规划定周期发布	可线上办公，适配短视频与文案安排
店长/管理	白班+轮值	9:00-18:00或参与轮班	统筹管理+协助关键业务+支持高峰班

图3.5　核心岗位排班类型表

携程解放碑门店排班表（非高峰期）

姓名/岗位	周一	周二	周三	周四	周五	周六	周日
店长	行政班	行政班	行政班	行政班	行政班	轮值	轮值
店员	早班	早班	休息	晚班	早班	早班	晚班
店员	晚班	休息	早班	休息	晚班	晚班	早班
店员	休息	晚班	晚班	早班	休息	早班	晚班

图3.6　携程解放碑门店非高峰期排班表

现代旅游门店排班原则与注意事项

原　则	说　明
高峰优先	根据客流/咨询高峰（午后～晚上）合理安排主力人员上岗
分工协作	岗位职责不同，排班类型也不同（如前台vs直播）
灵活轮换	倡导"岗位轮值+灵活用工"，提升员工主动性
法规合规	遵守《中华人民共和国劳动法》相关规定，避免连续加班、不足工时等问题

图3.7　现代旅游门店排班原则与注意事项

任务拓展

(1) 员工招聘时的心理测试方法有哪些?
(2) 员工学历证书等查验真伪的方法有哪些?
(3) 高级管理人员背景调查的方法有哪些?
(4) 门店店员高峰期排班的方法和技巧有哪些?

任务二　现代旅游门店员工激励、培训与考核

任务导入

现代旅游门店的员工激励、培训与考核是确保门店运营高效、员工积极性和服务质量提升的关键。良好的员工激励、培训和考核机制能够增强员工的责任感和归属感,提高员工的工作热情和团队协作,进而提升旅游门店的整体运营效益和顾客满意度,小王在解放碑的旅游门店正式开业,目前人员为:店长一名,销售人员(含OTA运营)三名。

知识准备

- 团队建设“5P”要素
- 能级对应原理
- 要素有用和互补增值原理
- 门店员工考核方法

任务实施

一、旅游门店员工激励

员工激励是通过各种方式激发员工的工作动力,鼓励其为公司目标努力工作。旅游门店的员工激励措施可以分为物质激励和精神激励两大类。

(一) 物质激励

物质激励主要通过提供直接的经济奖励和福利来激励员工。这些激励措施通常是员工较为关注的方面,尤其是在薪酬、福利和奖励制度等方面。

1. 薪酬制度

为员工提供具有市场竞争力的薪酬,确保薪酬水平与员工的工作表现、岗位重要性和市场标准相符,具体如下。

(1) 基本工资+绩效奖金。基础工资保障员工的基本生活,绩效奖金则激励员工通过工作表现来增加收入。

（2）提成/分红。对于销售类岗位，如销售顾问或旅游产品推销员，可以设置销售提成或年终分红制度，鼓励员工提高销售业绩。

（3）绩效奖励。根据员工的绩效表现发放奖励。

（4）季度奖、年度奖。对长期表现优异的员工给予奖励，表彰其在团队中的突出表现。

（5）优秀员工奖。根据销售业绩、服务质量、顾客反馈等综合评价选出“优秀员工”，并给予奖励（如现金、礼品、证书等）。

2. 员工福利

员工福利包含五险一金，即提供社保、医保、住房公积金等福利保障，确保员工的生活保障和未来发展。除此之外还有以下福利待遇。

（1）带薪休假。为员工提供法定假期和额外的带薪休假，平衡员工的工作与生活。

（2）员工旅游。组织员工参加团建活动或旅游，增强团队凝聚力和员工的幸福感。

（3）健康体检。定期为员工安排健康体检，关注员工身心健康。

（4）奖励旅游。设立年度奖项，奖励表现出色的员工，可以安排员工外出旅游，不仅可以激励员工，还能提升员工对企业的忠诚度。

（二）精神激励

精神激励通过提升员工的心理和情感满足，增强其对工作的认同感和投入感。与物质激励相比，精神激励能够为员工带来更持久的动力。

表3.1　精神激励的类别与内容

类　别	内　容
表彰与奖励	公开表扬员工的成绩和贡献，让员工感到被认可
月度/季度最佳员工奖	每月或每季度评选出表现最优的员工，并给予表彰或证书
全员大会表彰	在大会上宣布优秀员工，并给予奖励，让员工感到集体的荣誉和认可
工作成就感	通过赋予员工一定的自主权和责任感，使其在工作中能获得成就感
赋能与授权	鼓励员工在工作中发挥创造性，提升员工的决策权和管理能力，增强员工的参与感和责任感
员工关怀与支持	给予员工足够的支持和关心，帮助其在工作中成长
沟通与反馈	保持与员工的开放沟通，即使反馈其工作表现，给予支持与建议
员工关爱	在员工面临生活困难时提供支持，关心员工的家庭和心理健康，提升员工的归属感
公司文化建设	通过员工培训、团建活动等，让员工更好地理解和认同公司的价值观、目标和使命

（三）团队建设

定期组织团队活动，增进员工之间的沟通与合作，提升团队协作精神。团队建设的“5P因素”是团队管理与发展中的经典模型，用于全面分析和提升团队效能。这五个“P”分别是：

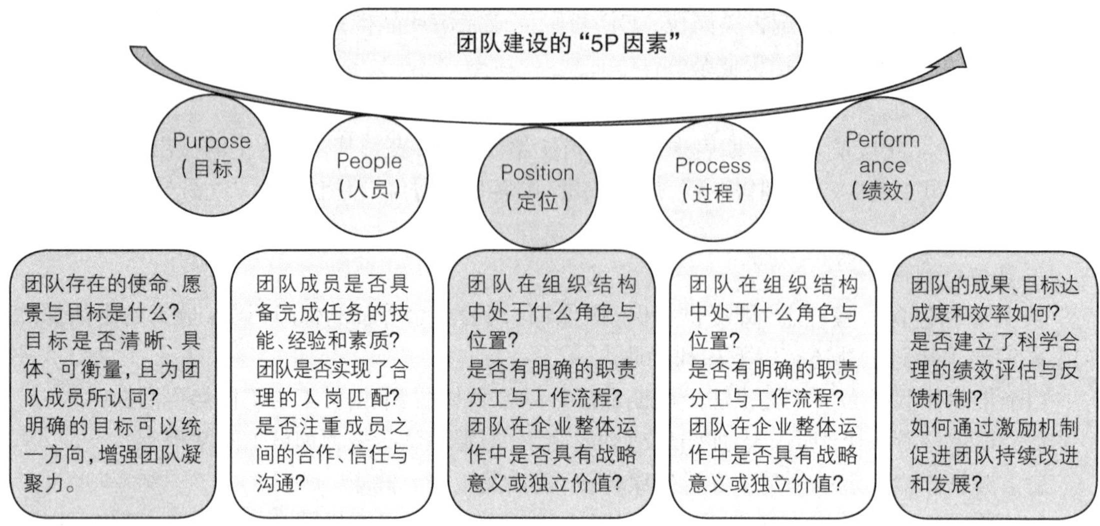

图3.8 团队建设的“5P因素”

“5P”应用举例(以旅游门店团队为例)

因　素	应用场景
Purpose(目标)	明确目标:如月度销售额、客户满意度提升等
People(人员)	配置导游、客服、产品策划等合理岗位
Position(定位)	团队在门店中的核心位置,需协调前台、后勤等
Process(过程)	建立标准服务流程,规范客户接待与跟进机制
Performance(绩效)	设定绩效考核标准,如接单量、客户评价等

图3.9 “5P”应用举例(以旅游门店团队为例)

二、旅游门店员工培训

(一)培训目标

打造一支具备数字化能力、服务意识、产品理解和营销执行力的复合型旅游门店人才团队,满足智能化、个性化、社交化的旅游新消费需求。

(二)培训参加人员

表3.2 现代旅游门店培训相关岗位

岗位类别	代　表　岗　位
前台服务岗	前台接待、门店顾问
销售运营岗	旅游产品销售、签证顾问、门店直播专员

（续表）

岗位类别	代　表　岗　位
内容与传播岗	小红书/抖音等新媒体内容运营及客服
管理岗位	店长、运营主管、团队负责人
技术支持岗	VR体验师、系统维护员（可外包合作）

（三）培训内容与板块

表3.3　现代旅游门店店员培训内容与模块

培训模块	内　容　要　点	培　训　方　式
行业基础认知	旅游业发展趋势、门店定位与服务流程	讲座/线上课程
产品与服务	产品结构、目的地知识、预订流程、OTA平台使用（如携程系统）	岗前实操+案例分析
客户服务能力	接待礼仪、客户画像分析、CRM系统使用	角色扮演+情景模拟
销售与直播	门店销售技巧、抖音/小红书直播技巧	实战训练+导师带播
内容与新媒体	内容规划、平台规则、粉丝运营、评论互动	运营实操+短视频剪辑实训
数字与数据能力	销售数据分析、门店KPI管理、复购率监控	数据看板演示+分析报告写作
思政与职业素养	服务意识、责任意识、诚信经营、劳动法规	案例教学+分组研讨

（四）培养方式与周期

表3.4　现代旅游门店员工培养方式与周期

类　型	周　期	内　　容	适　用　人　员
岗前培训	3～5天	基础业务流程、服务标准、平台系统使用	所有新入职人员
在岗提升	每月1～2次	短期专题课程或实训，如话术优化、内容创作	一线员工
分层进阶	每季度	岗位能力升级，如初级→中级门店顾问、组长培训	关键员工
导师制	持续	店长/老员工带教新人，形成团队传帮带	所有人群
外部培训	不定期	邀请平台导师、企业专家开设专题班	店长、内容运营岗等

（五）评估与反馈机制

表3.5　现代旅游门店员工培训评估与反馈机制

维　度	评　估　方　式
知识掌握	培训后测验、小测、问答
实操能力	现场演练、客户模拟
业务结果	月度销售、客户满意度、内容浏览转化
成长意愿	面谈、自我述职
综合反馈	店长评估+同事互评+客户反馈

三、旅游门店员工考核

员工考核是评估员工工作表现、工作成果和职业发展的重要手段，是激励措施的前提与基础。通过合理的考核体系，可以准确衡量员工的工作效率、质量和团队协作能力，帮助门店识别优秀员工，并为员工提供发展建议。

（一）绩效考核体系

（1）目标导向考核。明确每个岗位的工作目标，并对员工完成目标的情况进行考核。

（2）销售目标。例如旅游产品的销售量、业绩增长等。

（3）服务质量目标。如顾客满意度、投诉处理、问题解决的及时性等。

（4）360度考核法。通过员工的上级、同级、下级及顾客的综合评价来进行考核，全面了解员工的工作表现。

（5）上级评价。评价员工的工作执行力、责任心等。

（6）同级评价。评价员工的团队协作精神、沟通能力等。

（7）下级评价。评价员工的领导力、管理能力等。

（8）顾客评价。尤其对前台服务类岗位，顾客的满意度和评价是重要的考核指标。

（9）KPI考核法。为员工设定具体的、可量化的关键绩效指标（KPI），如销售额、顾客满意度、工作效率等，通过定期考核评估员工的工作表现。

（二）KPI考核指标体系

📍1. 店长/运营负责人

维度	关键指标	权重
销售目标完成	月度/季度营业额完成率、产品销售结构优化率	30%
团队管理	人员出勤率、培训完成率、员工满意度	20%
门店运营	客户满意度、退单率、投诉处理时效	20%
数据管理	报表准确率、数据复盘频次、复购率分析	15%
创新与优化	新媒体曝光、营销活动组织、门店优化建议采纳率	15%

图3.10　管理人员考核指标体系

2. 销售顾问/旅游顾问

维度	关键指标	权重
销售业绩	成交单数、销售额、转化率（进店/咨询）	50%
服务质量	客户评价分、投诉率、主动回访率	20%
产品熟悉度	新产品掌握情况、搭配推荐能力	10%
过程行为	日常考勤、CRM录入、活动参与度	10%
团队协作	内部配合度、客户转介、临时支援任务配合	10%

图3.11 销售人员考核指标体系

3. 客服/售后专员

维度	关键指标	权重
咨询响应	首次响应时长、咨询满意率	30%
售后处理	投诉处理完成率、退款处理效率、用户反馈满意率	30%
数据记录	工单准确率、客户记录完整度	15%
日常规范	打卡出勤、话术规范、服务态度评分	15%
团队配合	对接销售/店长/直播等岗位的协作情况	10%

图3.12 客服及售后专员考核指标体系

4. 新媒体运营/内容人员（小红书、抖音等）

维度	关键指标	权重
内容发布	发布频率、内容完成率、选题质量评分	25%
数据表现	浏览量、点赞数、评论数、分享率	25%
转化能力	私信转化数、链接点击、下单量	25%
运营活动	营销活动策划执行、直播脚本撰写支持	15%
团队协作	与销售、客服联动效率、平台沟通质量	10%

图3.13 新媒体运营人员考核指标体系

（三）服务质量考核

（1）顾客满意度调查。通过顾客的反馈和调查，评估员工的服务质量。

（2）满意度评分。顾客可对员工的服务进行评分，考核其服务态度、效率、解决问题的能力等。

（3）顾客评价。通过顾客的评价来了解员工在服务过程中的优缺点。

（4）服务流程考核。对员工的工作流程进行检查，确保其按照公司规定的标准流程进行服务。

（5）服务规范考核。包括礼仪规范、接待流程、应对突发情况的能力等。

（四）职业发展考核

（1）发展潜力评估。根据员工的能力、潜力和职业发展目标，评估员工是否有晋升的可能。

(2) 职业能力。评估员工的专业能力、问题解决能力、团队协作能力等。

(3) 潜力评估。通过员工的学习能力、工作态度、创新能力等指标,评估其未来发展的潜力。

(4) 晋升机会考核。根据员工的考核结果,决定其是否具备晋升资格,为其提供晋升通道。

(5) 岗位晋升。表现优秀的员工可以从销售顾问晋升为主管、店长等职位。

(6) 薪资调整。根据考核结果对员工进行薪资调整,激励其持续表现。

(五) 员工激励与考核的结合

在现代旅游门店中,员工激励与考核应当结合起来,形成一套完整的管理体系,推动员工的工作效率与门店业绩提升。考核结果是激励的基础,激励措施则是考核的回报。通过不断优化和调整激励与考核的机制,门店能够实现以下目标。

(1) 提升员工积极性。通过科学的激励与考核,增强员工对工作的热情和投入度。

(2) 促进员工发展。通过职业能力和发展潜力的考核,帮助员工找到自己的职业路径,激励其不断提升自己。

(3) 增强团队凝聚力。通过团队合作和团队活动的激励,促进员工之间的合作与支持,增强团队的整体协作能力。

(4) 提高门店业绩。通过绩效激励机制,推动员工为实现公司目标而努力,进而提高门店的业绩。

(1) 从客单价提升率、老客复购率、自主带客数、小红书笔记数量、粉丝增长数等方面制定和补充员工KPI指标体系。

(2) 如何进一步制订岗位指标模板。

项目总结

1. 整体任务实施

本项目主要围绕现代旅游门店人员管理的招聘、入职、定岗、排班、培训与考核进行,强调了对入职人员的心理测试及新媒体运营等方面的权重,也对现代旅游门店员工考核等细则进行了详细的说明,力求通过招聘优秀的门店人员,制定科学的培训、考核等制度,为门店培养一支业务能力强、心理素质过硬的精兵强将,为门店各项指标的顺利完成打下坚实的基础。

2. 课后测试与练习

(1) 人岗匹配原理和团队建设中的"5P"目标分别是什么?

(2) 现代旅游门店培训中比较科学的培训内容和培训的频次分别是什么?

(3) 现代旅游门店员工的晋升岗位有哪些?

(4) 现代旅游门店员工科学的考核指标有哪些?

(5) 如何制定出相对科学合理的现代旅游门店员工激励政策?

(6) 请以一家6人左右规模的现代旅游门店为例,制定高峰期和非高峰期的排班表。

项目四　现代旅游门店产品销售

项目导读

旅游产品销售是现代旅游门店最核心的业务环节。通过销售旅游产品，门店能够获得直接的经济效益，支撑日常运营和长期发展，而且优质的产品销售服务能够吸引新顾客并留住老顾客，提升门店品牌形象，增强市场竞争力。本项目以旅游产品的销售为主线，以门店物料陈列和迎宾服务、产品销售、订单处理为任务，重点介绍了门店产品物料的类型及陈列，旅游产品销售的基础知识、方法、类型，并进一步深入到产品销售订单的处理环节。

学习目标

知识目标

了解旅游门店产品物料的类型、陈列的方式和技巧。

掌握门店迎宾的流程和沟通技巧。

理解订单管理系统的基础功能及订单处理系统（如携程TDS、乐游等）的基本结构和主要功能模块。

掌握FABE产品推荐法及SPIN销售法。

能力目标

能正确陈列相关产品物料。

能按要求规范门店工作人员形象。

能解决订单处理中的常见问题。

能运用FABE产品推荐法、SPIN销售法及故事销售法销售各类产品。

素质目标

能够在门店接待过程中以积极、热情、专业的态度与客户沟通，了解客户需求并提供个性化的旅游服务建议。

能够与门店其他成员有效协作，执行产品陈列、客户接待、订单处理等各类任务，确保门店运营规范、高效。

能够在订单处理、客户咨询或服务过程中，独立判断并有效解决常见问题，提升客户满意度和服务效率。

能够灵活运用FABE产品推荐法、SPIN销售法及故事销售法进行产品推荐，提高成交率，树立良好品牌形象。

情感及思政目标

培养学生在销售过程中遵循真实、透明、守信的原则，坚守职业道德，杜绝虚假宣传与误导行为。

强化服务意识，理解顾客需求，注重售前、售中、售后的完整服务链条，塑造良好的职业形象。

鼓励学生关注旅游市场变化与产品创新，培养主动学习、持续优化销售策略的思维习惯。

项目任务描述

任务一：物料整理与迎宾服务

了解旅游门店产品物料的类型、产品物料陈列的基本知识，能够利用调整产品物料陈列促进旅游产品销售，并按照规范要求完成门店迎宾。

任务二：旅游产品销售

了解旅游产品定义，旅游产品的种类，旅游目的地知识及签证知识等。会筛选旅游产品，对比分析旅游产品，并运用旅游产品销售方法向游客销售旅游产品。

任务三：订单处理

根据现代旅游门店中订单处理的核心流程与关键技能，进行旅游产品销售中的订单处理，确保通过高效、准确的订单处理提升顾客满意度。

岗课赛证要求

（1）了解并熟悉旅游线路和产品特色，根据企业的品牌发展策略，与商品、门店紧密沟通了解产品情况及店铺特性，制定相应的视觉陈列策略，提升终端颜值，促进商品销售。

（2）负责接待门店意向顾客旅游咨询，根据顾客需求推荐合适产品，促成意向顾客订购相关旅游产品。

（3）协调顾客旅程期间问题处理，实现顾客满意的旅行体验。

（4）负责顾客常见问答资料整理与完善，并作分析说明。

任务一　物料整理与迎宾服务

任务导入

作为门店新进员工，当有顾客走进门店时，小王都会积极上前迎接游客，并为其解答疑问。经过一段时间后，小王发现门店的旅游产品物料陈列方式一成不变，游客有时很难第一时间发现感兴趣的旅游产品。寒假将至，门店推出了一系列冰雪主题旅游产品，小王打算趁此策划更新门店产品陈列，以达到促进产品销售的目的。

知识准备

- 旅游门店产品物料的含义、类型
- 旅游门店产品物料的陈列
- 门店视觉符号元素在物料中的呈现
- 旅游门店工作人员的职业形象和服务语言
- 旅游门店迎宾的流程和技巧

任务实施

一、旅游门店物料整理

（一）旅游门店产品物料

1. 旅游门店产品物料

旅游门店产品物料是指门店在销售、展示、推广旅游产品或者品牌传播过程中，使用的各类实体或数字化辅助材料，其核心功能是直观呈现产品信息、提升顾客体验、促进销售转化。这类物料需围绕旅游产品的核心卖点，如行程特色、价格优势、服务保障等进行设计，同时符合品牌形象。

旅游门店产品物料是连接旅游产品价值与顾客认知的桥梁，在内容编排和视觉呈现上需考虑顾客的需求，兼具信息传递精准性、视觉吸引力及操作便捷性，其质量直接影响顾客决策效率与门店运营效能，所以门店产品物料应避免内容表述歧义、符合目标客群审美、电子物料做到易查询、纸质物料做到易取用。

2. 旅游门店产品物料的类型

1）实体宣传物料

（1）纸质宣传品。单页、手册、折页等。例如欧洲十日游宣传单页、亲子游产品手册、签证办理流程折页。

图4.1　门店旅游产品海报和旅游产品行程

（2）展示类物料。海报、易拉宝、展架、X展架等。例如暑期海岛游主题海报、门店入口处的“热门目的地推荐”易拉宝。

（3）行程说明工具。行程表、价格对比表、地图等。例如日本北海道行程路线图、不同舱位机票价格对比表。

（4）促销活动物料。折扣立牌、满减规则展板、赠品陈列架以及抽奖箱、主题装饰等活动配套物料等。例如“两人同行立减1 000元”的桌牌、节日促销活动的“幸运大转盘”、顾客签约合影的背景墙。

2）数字化物料

（1）电子化宣传资料。电子手册、短视频、PPT演示文件等。例如马尔代夫度假村全景VR视频、团队游产品介绍的PDF电子手册。

（2）互动设备。触摸屏、自助查询机、AR体验设备等。例如供顾客自助筛选目的地的触摸屏、AR模拟景点打卡体验设备。

（3）线上传播内容。社交媒体图文、直播链接二维码等。例如门店公众号的“特价尾单”推文二维码、抖音产品讲解直播预告海报。

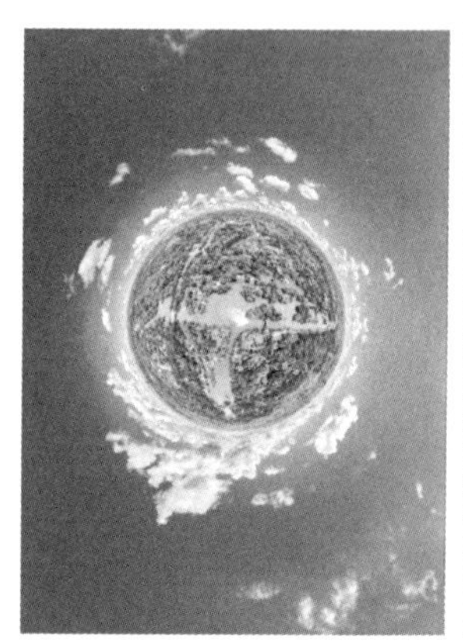

图4.2　瘦西湖VR全景和故宫VR体验设备

图4.3　扬州中国大运河博物馆（流动的文化）智慧旅游沉浸式体验新空间

图4.4　门店向签约顾客赠送的纪念品

3）服务辅助物料

（1）签约工具。合同模板、保险条款说明书、免责声明等。例如标准化旅游合同范本、高风险项目安全须知文件。

（2）顾客留存物料。定制纪念品、会员卡、旅行收纳包等。例如印有品牌Logo的行李牌、为签约顾客赠送的旅行便携套装。

（二）门店产品物料陈列

消费者行为研究认为，人们在解决问题或满足需求时，倾向于选择付出最少时间、精力或成本的路径，以实现利益最大化。这就是最小努力原则，即在消费场景中，消费者更倾向于选择信息获取便捷、决策流程简单、体验舒适的服务或产品，而非复杂耗时的选项。旅游门店作为消费者决策的重要触点，需通过优化产品物料陈列布局、呈现方式等，降低顾客的认知与行动成本。

1. 陈列原则

1）醒目突出原则

将热门旅游线路、特色产品、促销套餐等主推旅游产品放在顾客视线最易触及的显眼位置，如门店入口、收银台附近，用鲜艳色彩、独特造型吸引顾客注意力。

顾客进入门店后，视线首先聚焦于入口正前方1～3米范围，即第一视点，随后沿“Z”字形动线移动。门店内这些最易被顾客自然视线捕捉、触达且停留时间最长的区域被称为黄金陈列区。该区域因能显著提升商品曝光率、激发购买欲望，故被视为陈列优化的核心战略位置。根据亚洲成年人的平均身高与视线习惯，黄金陈列区通常位于离地面85～120厘米的垂直范围内（女性平视高度约60～150 cm，男性约70～160 cm），即顾客站立时无需抬头或弯腰即可轻松看到、拿取的位置。数据显示，黄金陈列区占门店总陈列面积的15%～20%，贡献约60%～80%的销售额，商品售出概率是其他区域的2～3倍。

2）易取易放原则

宣传册、海报等物料放置高度要合适，方便顾客拿取和放回，避免因放置过高或过低给顾客造成不便，提高顾客的浏览体验。同时简化产品信息获取路径，减少顾客信息筛选的复杂度，如通过二维码可直接查看酒店360°实景，电子屏一键跳转详情页等，减少线下咨询环节。

3）分类有序原则

按旅游目的地、产品类型、顾客群体等分类陈列物料，如旅游门店将店内空间划分为不同区域，如国内游区、出境游区、周边游区等，每个区域有独立的展架和墙面陈列，展架上的宣传册按照不同的目的地和产品类型细分，顾客能够在短时间内找到自己感兴趣的旅游产品。

4）主题鲜明原则

根据不同季节、节日或热门事件策划陈列主题，围绕主题布置物料，场景化营造氛围，激发顾客情感共鸣，从而促进销售。如在世界杯期间，旅游门店以“足球之旅”为主题进行陈列。门店入口处摆放世界杯举办国的国旗和足球模型，墙面上挂着该国的旅游景点海报以及与足球相关的活动图片，展架上放置着前往该国观看比赛和旅游的相关宣传册，吸引足球爱好者的关注。

5）动态更新原则

根据销售数据、季节变化、热点事件灵活调整陈列，避免视觉疲劳。如门店通过系统数据分析，发现“北欧极光游”在近期搜索量占比上升明显，遂将陈列位移至黄金区，并每周更新极光实拍图，提高转化率。特别是橱窗陈列，统计数据显示橱窗内容更新后，促销效果随天数递减，第1天为100%，第5天仅35%，所以需每3～5天更新陈列以保持新鲜感，提高顾客的进店率。

图4.5 门店英国旅游主题陈列

2. 陈列方式

旅游门店产品物料的陈列方式多样，主

要分为以下类型。

（1）墙面陈列。利用墙面空间挂放大幅旅游海报、目的地地图等，可划分区域，如按洲际展示不同国家的旅游宣传海报，既展示丰富信息又具视觉冲击力。

（2）展架陈列。使用多层展架放置旅游宣传册、杂志等，可在展架上标明类别，如“春季踏青赏花”“国内古镇游”等，便于顾客浏览。

（3）桌面陈列。在门店咨询台、休息区桌面摆放精致的小型展示品，如旅游目的地的特色工艺品、模型等，搭配相关宣传资料，增加顾客兴趣。

（4）立体陈列。通过搭建展台，利用不同高度的平台摆放物料，形成立体效果，如主推邮轮产品时，将大型邮轮模型放在高处，周围搭配邮轮旅游的宣传册和图片。

3. 陈列技巧

（1）色彩搭配。不同的色彩能给人们带来不同的感受，产生不同的情感联想，所以在旅游产品设计宣传中，蓝色常用于海滨旅游宣传，绿色常用于森林、田园旅游，红色、金色往往用于节庆促销，白色则多用于冰雪旅游。门店产品物料陈列时亦可配合产品主题采用不同的颜色，突出重点产品或特色。

（2）灯光运用。利用灯光照亮重点展示区域，如用聚光灯打在主推旅游线路的海报上，增强视觉效果，营造氛围。

（3）动态展示。放置电视或电子显示屏，循环播放旅游目的地的视频、美景图片等，增加陈列的生动性和吸引力。

（4）互动体验。设置互动区域，如放置虚拟现实设备，让顾客体验虚拟旅游；或准备留言板，让顾客写下旅游心愿等。在此基础上，还可以通过触觉（样品试用）、听觉（目的地音效）、嗅觉（香薰喷雾）等方式增强购买体验，增加顾客在门店的停留时间。

（5）一站式关联陈列。将关联产品与主推线路组合展示，减少顾客多次决策成本。如欧洲游展区同步陈列当地SIM卡样品、签证服务、保险手册等，顾客可一次性完成行程规划。

（三）视觉符号元素呈现

1. 门店的视觉符号元素

视觉符号是传递品牌价值、产品特征及情感体验的载体，旅游门店中主要包括以下类型。

（1）品牌标识。具体包括LOGO、标准色、品牌字体、辅助图形等。

图4.6　携程品牌logo和目的地地标剪影在产品物料中的呈现

（2）目的地文化符号。具体包括地标建筑剪影，如埃菲尔铁塔、长城；民族纹样，如中国结；特色人物形象，如草裙舞者、少数民族人物；特色动植物，如澳大利亚袋鼠、樱花。

（3）情感化图形语言。具体包括笑脸符号、家庭出游剪影、牵手旅行者轮廓等，传递“温暖”“陪伴”等情绪价值。

（4）功能性标识。包括箭头导视、服务图标，如Wi-Fi符号、24小时服务标识等；与旅游相关的抽象图案，如飞机、轮船等交通工具，暗示出行方式。

2. 视觉符号元素在物料中的呈现

1）品牌标识的规范化应用

品牌标识遵循门店品牌视觉统一规定，确保LOGO、字体、色彩、留白等标准化以及使用标准化。在门店海报、宣传页中，必须有品牌标识，统一LOGO的位置，尺寸占画面的比例等视觉符号；规定门店招牌、门店物料展架的标准用色及搭配字体；网站、电子屏或其他类型数字物料中的适配动态LOGO和LOGO旋转入场动画等内容等；员工制服和门店办公用具的颜色和款式融入品牌色彩与风格元素，印制品牌编制。

2）目的地文化符号的场景化融合

目的地文化符号的场景融合可以是具象提取，直接使用地标图片或插画；也可以是抽象转化，将文化元素简化为几何图形的应用；还可以是材质结合，采用实物道具增强触觉体验。如主推海岛游，以大尺寸目的地景观图像作为宣传册封面背景，内页顶部嵌入目的地元素装饰边框；色彩运用与品牌色彩体系呼应，采用大量蓝色、白色营造清爽氛围；橱窗陈列椰子树、沙滩椅、遮阳伞、细沙等实物营造海滨氛围；电子屏滚动播放目的地符号动态拼贴视频。通过色彩、图像等元素唤起顾客对旅游目的地的向往，引发情感共鸣，促使其更愿意了解和购买相关旅游产品。

3）情感化图形语言的多维渗透

针对不同的顾客群体，使用不同类型的情感化图形语言。如针对家庭客群的产品物料，使用父母与孩子的手绘形象，搭配“让童年有诗和远方”的标语；针对银发群体则放大字体、增加轮椅无障碍标识，传递安心感；针对Z世代人群，使用潮玩风格插画等。精美的物料设计和巧妙的视觉元素运用，能让旅游产品更具吸引力，增加消费者的购买意愿。

二、旅游门店迎宾服务

（一）门店人员素质与要求

1. 职业形象

1）外在形象

着装规范，穿着统一工装、整洁无褶皱，佩戴工牌，展现专业形象，让顾客感受到正规与信赖。

妆容整洁，女性员工化淡妆，避免夸张配饰，男性员工发型清爽，不留胡须，以清新、精神的面貌迎接顾客。

仪态管理，站立时挺胸抬头，避免倚靠柜台，坐姿端正，行走平稳自信。接待顾客时，应起身微笑迎接，神情专注，目光柔和亲

图4.7　门店工作人员的职业形象

切，展现出热情与尊重。

细节卫生，保持工位整洁，资料摆放有序；双手干净，不留长指甲；细节体现专业度。

2）内在形象

内在形象主要指门店工作人员应具备完善的知识结构，必须掌握足够的企业知识、产品知识、行业知识、心理学知识及其他知识。

门店工作人员作为门店甚至是旅游企业的形象代表，要像了解自己一样了解企业及其运行政策，在工作中才能让顾客感受到你对企业的认同，才能更加清楚能为顾客争取什么、承诺什么，让门店销售工作更加得心应手。在接待顾客时，不仅能介绍门店或者旅游企业的旅游产品线路、特点，熟悉它们的价格，更应该掌握整个产品线路中每一个环节及其周边同类产品，了解市场上的同类竞争产品，相互比较的优缺点，只有这样才能应对顾客提出的各类问题和要求，引导顾客作出正确的购买决策。此外，为了便于与顾客打交道，寻找到共同的话题，还应该掌握一定的心理学知识，并广泛涉猎，才能获得事半功倍的工作效果。

2. 服务语言

礼貌用语应贯穿全流程，使用“您好”“谢谢”“请”“请问”“对不起”“感谢您的信任”等标准化术语，禁用“不知道”“你自己看”等消极回应。当顾客走进门店时，工作人员应微笑说“您好，欢迎光临，请问有什么可以帮您？”

表达清晰，语言简洁明了，准确传达信息。介绍旅游线路时，清晰说明行程安排、景点特色、费用包含等内容，避免模糊不清或产生歧义。

热情友好，用热情的语气和态度与顾客交流，让顾客感到亲切。在推荐旅游目的地时，可以说“这个地方真的很棒，风景美极了，您一定会喜欢的！”

（二）门店迎宾流程与技巧

旅游门店的迎宾环节是顾客体验的第一触点，直接影响顾客对品牌的第一印象和后续服务信任度。

图4.8 旅游门店迎宾流程图

1. 迎接准备

门店环境维护，确保门店入口整洁，宣传物料摆放有序，灯光明亮。员工仪态调整，迎宾人员站姿端正，站在距门店入口1～2米处，保持自然微笑，避免倚靠或低头玩手机。工作物品齐备，方便随时响应需求。遇到下雨天，门店入口铺设防滑垫，并摆放“雨天路滑，小心慢行”的提示牌。

电话迎宾则应做好电话接听准备，确保电话旁备有登记表、笔、行程资料、顾客信息记录本等，保持接听环境安静，保证通话质量。

2. 主动迎接

顾客在门店门口观望滞留，门店工作人员应当主动出去迎接顾客。顾客进入门店3秒内主动开口，使用“欢迎语+服务介绍”热情问候，如：“上午好！欢迎光临XX旅游！我是顾问XX，可以为您推荐国内外热门线路。”问候顾客时，微笑注视顾客眼睛，身体微前倾15°，手掌向上示意引导方向。

如顾客打电话咨询，应在电话铃响3声内接听，若因特殊情况延迟接听，需致歉，如“抱歉让您久等了”。规范问候顾客，问候语开头需包含“问候语+公司名称+自我介绍”，例如：“您好！欢迎致电XX旅游，我是顾问小李，请问有什么可以帮您？”

3. 需求沟通

双手递上门店产品宣传物料，主动询问顾客的旅游需求，善用“5W1H”结构化提问，了解顾客的出游人数、出游时间、出游目的、目的地、出行方式、特殊需求、旅游偏好等信息。如“请问您对旅游时间、预算、出行人数等有什么具体要求吗？”“您今天想了解哪个方向？海岛度假、文化旅行，还是亲子游？”“您有没有特别想去的地方？”

在此过程中，可以通过观察顾客衣着、同行人（如小孩、情侣、老人等）、浏览的门店产品类别，快速判断顾客需求，进行针对性推荐。如“您刚刚在看欧洲旅游海报，需要我详细介绍一下吗？”电话咨询中应详细做好需求沟通记录，重要信息需重复确认。

图4.9　门店工作人员接待顾客咨询

4. 引导接待

邀请顾客入座，询问顾客偏好并递上饮品，最后递名片。在详细介绍旅游产品、回答顾客问询时，与顾客保持半米距离，避免直接坐在顾客正对面，可斜坐45°或并排坐，减少压迫感。顾客若对推销介绍比较抵触，可引导顾客自主翻阅行程册，待其找到感兴趣的内容后进行介绍。

尊重顾客提出的问题，不质疑顾客已经做出的决定，共情式回应以增强信任。如顾客对购物反感，可以回复“这个行程，您选择纯玩团真的是太明智了！”“完全理解！我们的团全程无购物，行程透明，您可以随时在行程里监督。”同时避免否定语言，将“不能”“没有”转化为替代方案。如顾客询问“有明天出发的云南团吗？”，将否定的回复换成“明天出发的团已满员，但后天还有两个名额，而且价格每人便宜200元，需要帮您预留吗？”

5. 送别致谢

无论是否成交，均需将顾客送至门口，使用“感谢话术”作为结尾，如：“感谢您的信任。这是我的微信，您有任何问题都可以随时找我。下周我们有个日本樱花季优惠，我整理好资料发给您？”目送顾客离开，顾客离开3米后再返回工位，避免转身过快使顾客产生怠慢感。电话沟通结束前同样需要致谢，并应让顾客先挂断电话，避免仓促结束通话。

表4.1　旅游门店迎宾禁忌及应对

场　　景	错误做法	正　确　应　对
顾客进店时正在接电话	挥手示意顾客等待	点头微笑，递上纸笔写下“您先休息，我稍后为您服务”
多位顾客同时进店	只服务其中一人	高声告知：“各位请稍坐，我们按顺序为您详细介绍！”或及时招呼空岗员工接待。
顾客携带宠物/儿童	直接拒绝入内	“小朋友可以在这里玩拼图，宠物我们有临时寄存笼”

任务拓展

典型案例 场景化案例对比

（一）主动迎接

负面案例：顾客李女士询问亲子游推荐，员工低头玩手机："海南或云南自己选，都差不多。"李女士认为敷衍，转身离开。

正面案例：员工主动起身："您家孩子多大？如果喜欢玩水，三亚Club Med有托管服务；若对历史感兴趣，西安有亲子考古体验课。"李女士惊喜道："你连亲子课程都清楚！"最后顾客签约。

（二）电话迎宾

负面案例：顾客询问国庆北欧团，员工回复："国庆团早满了，你等明年吧。"顾客挂断并投诉。

正面案例：员工回应："国庆北欧团已满，但我们推荐10月8日的错峰行程，价格优惠20%且景点人少，您是否需要方案？"顾客接受并签约。

任务二　旅游产品销售

任务导入

虽然小王以前从事销售行业，但是对旅游产品销售还比较陌生。旅游产品销售是一个系统性的过程，它涉及产品储备、销售方法、销售渠道、客户关系管理等多个方面，所以需要从最基础的旅游知识开始学习。小王如何才能将旅游产品成功地售卖给游客呢？我们需要做好哪些准备工作？当游客提出异议时应该如何应对？

知识准备

- 旅游产品及旅游目的地
- 旅游产品销售方法
- FABE产品推荐法
- SPIN销售法
- 旅游签证

任务实施

一、旅游销售基础知识

（一）旅游产品定义

旅游产品指的是为了满足旅游者的旅游需求，旅游经营者向旅游者提供的各种服务、设施和物品的总和。这些服务、设施和物品既包括有形的物质实体，如交通、住宿、餐饮、景点等，也包括无形的非物质形态的服务，如导游服务、旅游咨询等。总的来说，旅游产品是一个复杂而多样的概念，它涵盖了旅游活动的各个方面，旨在满足旅游者的多样化需求。

（二）旅游产品种类

旅游产品可以按其旅游区域范围、旅游活动内容、旅游组织形式、旅游产品的档次、旅游产品的形态和旅游产品的组织程度等不同的分类标准进行分类。

1. 按旅游区域范围分类

（1）出境旅游产品。这类产品主要满足跨国或跨地区的旅游者需求，如日本本州6天5晚、巴厘岛7天5晚等旅游线路。

图4.10　出境旅游产品示例

（2）国内旅游产品。主要服务于国内旅游者，如海南三亚5天4晚、云南大理、丽江5天4晚等旅游线路。

图4.11　国内旅游产品示例

（3）周边旅游产品。主要服务于周边短途游旅游者，如武隆天生三桥、仙女山2日游，大足石刻1日游等旅游线路。

图4.12　周边游旅游产品示例

2. 按旅游活动的内容分类

（1）观光旅游产品。以游览观光为主要目的，如名胜古迹游、自然风光游等。

（2）度假旅游产品。以休闲度假为主要目的，如海滨度假、山地度假、温泉度假、游轮度假等。

（3）专项旅游产品。针对特定兴趣或需求的旅游者，如文化旅游、生态旅游、探险旅游、蜜月旅游等。

图4.13　游轮度假产品示例

3. 按旅游组织形式分类

（1）散客拼团旅游产品。散客拼团是指旅行社将多个单独出行的游客组合成一个团队，共同参加旅游行程的一种出游方式。

散客拼团又分为出发地拼团和目的地拼团，出发地拼团是指在旅游者出发城市就拼成一个团队，团队的旅游者一般都来自出发地或者周边区域，目前出境游一般都是出发地拼团；目的地拼团是指旅游者抵达目的地后再与来自全国各地的旅游者一起拼成一个团队，目前国内游大多数都是目的地拼团。

散客拼团的特点是一个人出行也能享受到团队优惠价格，但是在旅游行程的安排上只能遵守旅行社既定的行程。

（2）独立成团旅游产品。是指由同一个单位或组织的旅游者独立组成一个旅游团队，不和其他陌生旅游者拼团的出游产品。独立成团的旅游产品没有成团人数的限制，但是人数的多少会影响人均旅游费用,一般人数少人均旅游费用会高,人数多人均旅游费用会低一些。

独立成团的旅游产品可以根据旅游者的要求和喜好等因素进行个性化的定制,最大限度地满足旅游者的出行需求,从而提高出行体验。

4. 按旅游产品的档次分类

(1) 经济旅游产品。价格较低,服务标准相对简单,如经济型酒店、快餐、行程中安排指定购物店、推荐自费等。

(2) 标准旅游产品。价格适中,服务标准符合一般旅游者的需求,如标准型酒店、常规餐饮等。

(3) 豪华旅游产品。价格较高,服务标准豪华,如五星级酒店、高端餐饮、私人导游等。

图4.14　不同档次旅游产品示例

5. 按旅游产品的组合程度分类

（1）单项旅游产品。如住宿、交通、签证等单独提供的服务或产品。

（2）组合旅游产品。将多个单项旅游产品组合在一起，形成满足旅游者多方面需求的综合产品，如机票+酒店，机票+酒店+门票等旅游套餐、旅游线路等。

图4.15　不同旅游组织形式产品示例

二、旅游目的地认知

了解旅游目的地是旅游门店销售必做的功课。作为旅游门店销售，如何快速地熟悉和了解旅游目的地？

世界那么大，想要快速地了解每个目的地，需要时间的积累。为了快速上手，我们可以从目前市场热门的、咨询量大的旅游目的地入手。可以按照以下步骤快速了解目的地的基础知识。

步骤一　先了解热门旅游目的地及其特色，以及大致需要的游览天数，这样能快速根据顾客的需求推荐适合的目的地。

表4.2　国内游目的地的特点和天数

序号	目的地	目的地特色	大致游览天数
1	三亚/北海	海边/度假等	5～6天
2	北京	首都/政治、历史、文化中心等	5～6天
3	甘青环线	历史/人文/自然/地理	8天

（续表）

序号	目的地	目的地特色	大致游览天数
4	北疆（阿勒泰、伊犁）	自然风光	8～11天
5	西安/河南/山西	历史/人文	4～6天
6	桂林/张家界/九寨沟	自然风光	4～5天

步骤二　了解出发地到旅游目的地的大交通情况。火车（高铁/动车）、飞机的周期和班期，车程/飞行时间等。

例如：重庆到泰国的大交通，首先明确只能选择飞机。其次，了解到泰国的哪些城市是直飞，哪些城市需要转机；航班周期以及航班时间和飞行时间等。如重庆到泰国曼谷常年有航班直飞，每天2～4班，飞行时间3小时15分左右。重庆到苏梅岛一般只有大的节假日（如国庆节、春节）才会有包机航班直飞苏梅岛本岛花园机场，其他时间需要转机才能抵达。

航空公司	航班	出发	到达	飞行时间
华夏航空	G54695 空客320(中)	16:40 江北国际机场T3	19:00 廊曼国际机场	3小时20分
四川航空	3U3771 空客320(中)	16:05 江北国际机场T3	18:20 素万那普国际机场	3小时15分
泰国亚航	FD557 空客320(中)	11:20 江北国际机场T3	13:35 廊曼国际机场T1	3小时15分
泰国亚航	FD553 空客320(中)	19:55 江北国际机场T3	22:20 廊曼国际机场T1	3小时25分

图4.16　重庆—曼谷航班情况

航空公司	航班	出发	中转	到达	飞行时间
泰国亚航	2个航司 2程航班	11:20 江北国际机场T3	转1次 转曼谷6h10m	20:55 苏梅国际机场	10小时35分
泰国亚航	2个航司 2程航班	11:20 江北国际机场T3	转1次 转曼谷5h20m	20:30 苏梅国际机场	10小时10分
泰国亚航	2个航司 2程航班	11:20 江北国际机场T3	转1次 转曼谷5h40m	20:45 苏梅国际机场	10小时25分
泰国亚航	2个航司 2程航班	11:20 江北国际机场T3	转1次 转曼谷6h	20:45 苏梅国际机场	10小时25分
南方航空	2个航司 2程航班	08:10 江北国际机场T3	转1次 转新加坡3h55m	18:15 苏梅国际机场	11小时5分

图4.17　重庆—苏梅岛航班情况

步骤三　掌握出发地到旅游目的地现有的旅游产品情况。如：路线、发团周期、天数、线路特色、所需资料、大概费用等。

表4.3　出发地到旅游目的地现有旅游产品情况

序号	线路名称	交通情况	发团周期	天数	线路特色	所需资料	费　用
1	曼谷芭提雅6日游	直飞曼谷	天天发团	6天	政治、经济、文化中心+海边度假	免签，半年以上有效期护照即可	2 000元～3 000元左右
2	普吉岛6/7日游	直飞普吉	天天发团	6/7天	休闲/度假海岛	免签，半年以上有效期护照即可	2 500元～3 500元左右
3	清迈5日游	成都或昆明转机	周一、三、五发团	5天	休闲、寺庙	免签，半年以上有效期护照即可	2 000元～3 000元左右

步骤四　前往旅游目的地实地考察学习，多走走，多看看。我们可以参加同业组织的一些考察团，作为导游/领队带团等方式亲自感受、考察目的地的相关情况，考察期间主要关注目的地吃、住、行、游、购、娱等情况，同时用照片和视频记录，以便后期向游客介绍产品时作为素材分享。

图4.18　延安旅游同业考察团

三、出境游所需证件

(一) 护照

护照是出国必备的身份证件,分为:普通护照、公务护照和外交护照。一般旅游者常用的均为普通护照,有效期为10年。

办理条件:有身份证、户口本的中国公民。

办理地点:就近的公安局出入境办证大厅。

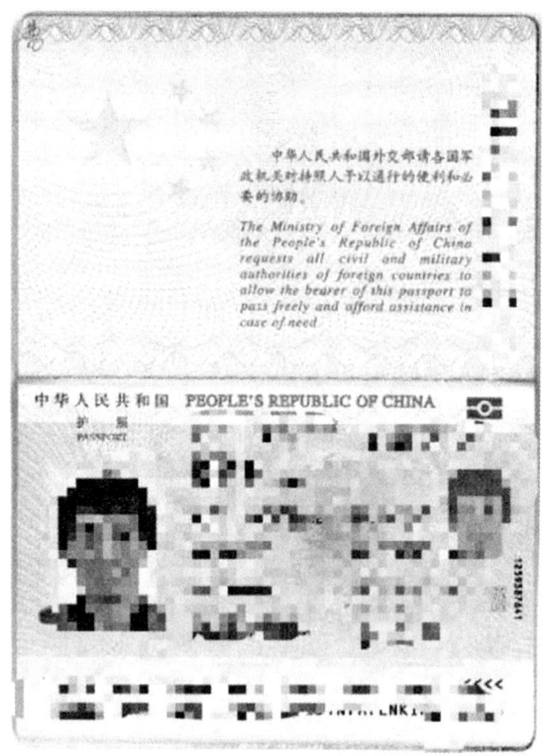

图4.19 护 照 样 式

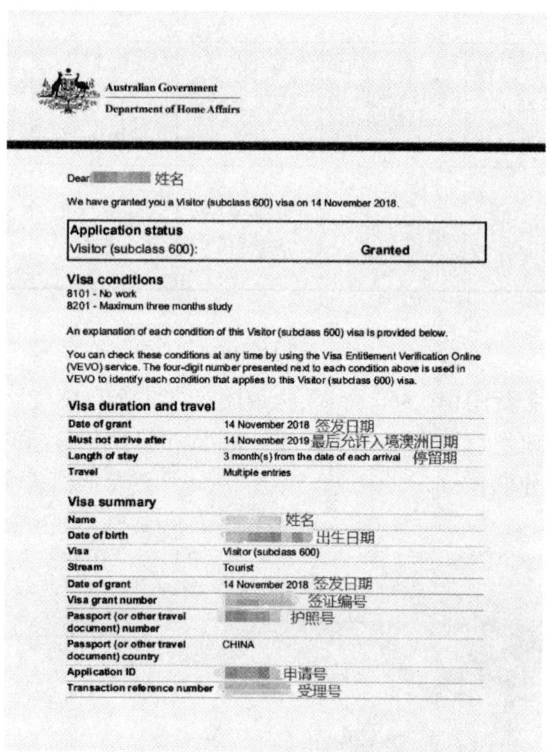

Australian Government
Department of Home Affairs

Dear 姓名

We have granted you a Visitor (subclass 600) visa on 14 November 2018.

Application status	
Visitor (subclass 600):	Granted

Visa conditions

8101 - No work
8201 - Maximum three months study

An explanation of each condition of this Visitor (subclass 600) visa is provided below.

You can check these conditions at any time by using the Visa Entitlement Verification Online (VEVO) service. The four-digit number presented next to each condition above is used in VEVO to identify each condition that applies to this Visitor (subclass 600) visa.

Visa duration and travel

Date of grant	14 November 2018 签发日期
Must not arrive after	14 November 2019 最后允许入境澳洲日期
Length of stay	3 month(s) from the date of each arrival 停留期
Travel	Multiple entries

Visa summary

Name	姓名
Date of birth	出生日期
Visa	Visitor (subclass 600)
Stream	Tourist
Date of grant	14 November 2018 签发日期
Visa grant number	签证编号
Passport (or other travel document) number	护照号
Passport (or other travel document) country	CHINA
Application ID	申请号
Transaction reference number	受理号

图4.20 澳大利亚电子签样式

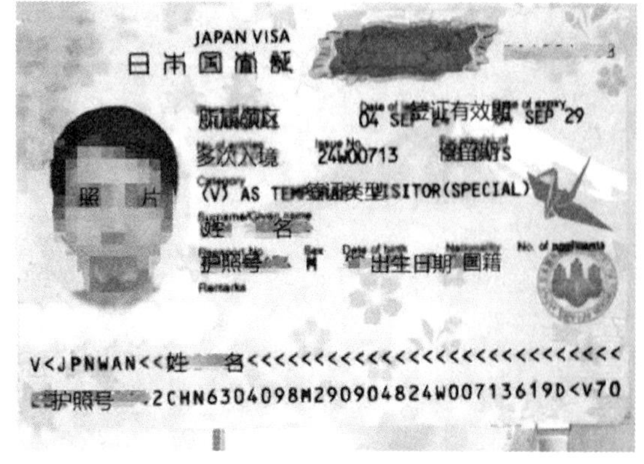

图4.21 日本贴纸签证样式

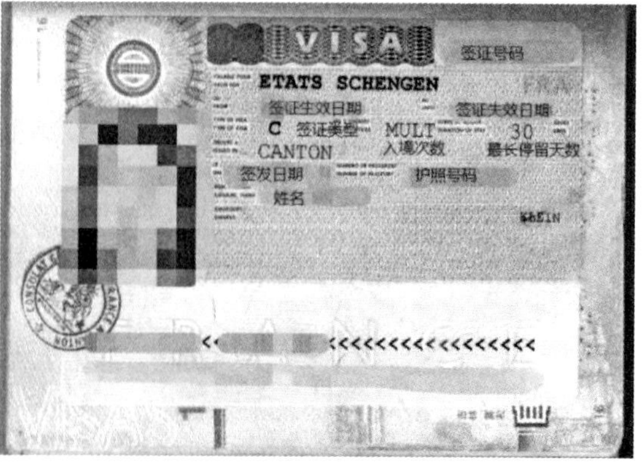

图4.22 申根贴纸签证样式

（二）大陆居民往来港澳通行证及签注

大陆居民往来台湾通行证及签注。这两个证件分别是前往香港、澳门地区和前往台湾地区所需要的身份证件。

（1）办理条件：有身份证、户口本的中国公民。

（2）办理地点：就近的公安局出入境办证大厅。

（3）特别说明：前往中国台湾地区除了要有大陆居民往来台湾通行证及签注，还需持有中国台湾地区颁发的入台证。

（三）签证

1. 申请签证概要

签证是指一个主权国家发给申请出入该国的外国公民的出入境许可证明。一般分为个人旅游签证、团体旅游签证、商务签证、探亲访友签证、过境签证、留学签证等。申请签证所需材料见表4.4。

签证申请地点为各国驻华使/领馆。

表4.4 申请签证所需资料

类　别	资　料	收取资料注意事项
基础资料	护照原件	1. 检查护照内、外是否有破损、污染。 2. 检查护照有效期（从回到中国当天算需要有6个月以上有效期，如2025年3月1日回到中国，护照有效期需要到2025年9月2日及以后），如护照有效期不足6个月，需要到就近的出入境办证大厅申请更换新护照。 3. 检查护照内有无夹带资料，如其他国家的电子签证、相片等。 4. 是否有足够的空白签证页（一般需留2～3页或以上空白页）。如没有足够空白页，需要到就近的出入境办证大厅申请更换新护照。
	照片	1. 是否最近6个月近照。（主要看护照照片和以往签证照片是否相同，如相同，则看护照/签证办理时间是否超过6个月，如超过6个月，则需要重新提供）。 2. 大多数国家对照片的要求为白底2寸彩照，但少数国家另外，如美国。 3. 申根签证中心提供现场收费拍照服务，如担心照片合规的问题，建议旅游者到签证中心按指纹时照相。
	身份证复印件	1. 检查复印件是否清晰。 2. 身份证是否现在有效期。
	户口本复印件	是否复印齐全：主页+个人页+增减页（有的地区无增减页则不提供该页）。
	个人资料表	检查资料填写是否完整，内容是否真实，文字是否清楚（有的旅游者字迹比较潦草）。
	结/离婚证复印件	复印件是否清晰。

（续表）

类　别	资　料	收取资料注意事项
其他个人资料	身份证明	在职人员：在职证明+单位营业执照复印件盖鲜章。 自由职业：收入来源说明。 在校学生：学生证复印件或者在校证明。 退休人员：退休证复印件。
	财产证明	申请人本人名下或者出资人名下的财产。 1. 最近半年或一年银行流水原件，一般要求工资卡，余额注意不同国家的要求。 2. 存款证明：冻结时间和金额，注意不同国家有不同的要求。 3. 房产证、汽车行驶证复印件等。
	公证/认证书	目前主要用于申根签证国家。 亲属关系/出生证明公证：未成年人。

重庆海联职业技术学院

在职证明

尊敬的签证官：

XXX 先生/女士自XXXX年XX月XX日至今在我公司工作，他/她计划自XXX年XXX月XXX日到XXX年XXX月XX日期间赴贵国及其他申根国家旅游。此次旅行所产生的全部费用包括：机票、交通、住宿、餐食及医疗保险等均由xxxx承担。xxx将会遵守前往地国家的法律法规，并会根据行程按时回国继续在我公司工作。

姓名	性别	出生日期	护照号	职务	月薪
XXX	x	XXXX XX XX	XXXXXXX XX	XX	XXXX

希望您能及时受理他的申请并给与签证。非常感谢您！

领导人姓名：XXX
领导人职位：XXXX
领导签名：
公司盖章：

单位名称：XXXXXXXXX
单位电话：XXX-XXXXXXXX
单位地址：XXXXXXXXXXXXX
营业执照注册号：XXXXXXXXXXXXX

图4.23　申根签证在职证明模板

2. 在职证明需包含的要素

申请人个人信息、入职时间、职位、收入、准假时间、单位信息。领导签字需要手写签。

3. 关于签证办理的注意事项

（1）向旅游者强调所提供办理签证资料的真实性，虚假资料拒签率高。

（2）签证受理中，注意接听使/领馆的抽查电话，如实回答签证官提出的问题。

（3）留足充足的签证申请时间，使馆告知的受理时间仅供参考，不一定准时。

（4）未获得签证之前不要购买机票、预订酒店等，万一被拒签，会增加旅游者的损失。

4. 与签证相关的用词用句

门店销售工作中，经常会接触到的几个关于签证的常见词：

（1）免签。免签指在一定条件下，公民可以自由进入目的地国家而无需事先申请签证。简单来讲，就是可以拿着护照说走就走。载至2025年1月免签国家见表4.5。

（2）落地签。落地签是指申请人不直接从所在国家取得前往其他国家的签证，而是持护照和该国有关机关发放的入境许可证明等抵达该国口岸后，再签发签证。相对于需要提前申请签证，落地签更方便。

（3）申根签证。申根签证是指1985年6月14日，德国、法国、荷兰、比利时、卢森堡五国在卢森堡边境小镇申根签订协议，规定其成员国对短期逗留者颁发统一格式的签证，即申根签证，实施这项协议的国家被称为“申根国家”。旅游者只要取得了申根国家中其中一个国家的签证，就可以前往所有申根国家。

至2023年，正式实施申根协议的国家有：奥地利、比利时、丹麦、芬兰、法国、德国、冰岛、意大利、希腊、卢森堡、荷兰、挪威、葡萄牙、西班牙、瑞典、爱沙尼亚、拉脱维亚、立陶宛、波兰、捷克、匈牙利、斯洛伐克、斯洛文尼亚、马耳他、瑞士和克罗地亚。

附：申根签证小常识

在工作中，经常会有旅游者问：“我这次要去欧洲的几个国家，我应该申请哪个国家的签证呢？”答：原则上是你所前往的欧洲申根国家中停留时间最长的国家，如果出现了两国停留时间一样的情况，则申请两国中首入国家的签证。

（4）销签。销签通常与团体旅游签证相关，一些国家在申请个人旅行签证时，会要求旅行社递交担保，这类国家一般会有销签需求。销签的目的是证明签证持有人已经按期返回国内，没有滞留现象，从而避免对签证持有人的个人信用记录和出入境记录造成不良影响。

（5）电子签证。电子签证（Electronic Visa，简称eVisa）是一种通过互联网申请和审批的数字化签证形式。与传统签证不同，它无需前往使领馆递交纸质材料或粘贴签证贴纸，而是以电子形式与护照信息关联。

表4.5　截至2025年1月免签国家汇总

序号	大洲	国　家	停留天数
1	亚洲	乌兹别克斯坦	7天
2		泰国	30天
3		哈萨克斯坦	14天

（续表）

序号	大洲	国　家	停留天数
4	亚洲	新加坡	30天
5		马尔代夫	30天
6		阿塞拜疆	1年
7		济州岛（韩国）	30天
8		北塞浦路斯	90天
9		文莱	14天
10		伊朗	21天
11		阿曼	14天
12		印度尼西亚	90天
13		格鲁吉亚	30天
14		卡塔尔	30天
15		所罗门群岛	30天
16		阿联酋	30天
17		巴基斯坦	30天
18		亚美尼亚	90天
19		越南富国岛	30天
20		马来西亚	30天
21	欧洲	波黑	90天
22		斯瓦尔巴	无限制居留
23		阿尔巴尼亚	90天
24		圣马力诺	90天
25		白俄罗斯	30天
26		塞尔维亚	30天
27	大洋洲	斐济	30天
28		纽埃	30天
29		萨摩亚	90天
30		英属皮特凯恩群岛	14天
31		北马里亚纳群岛	45天
32		瓦努阿图	30天

（续表）

序号	大洲	国　家	停留天数
33	大洋洲	库克群岛	31天
34		基里巴斯	90天
35		汤加	30天
36		法属波利尼西亚	14天
37		密克罗尼西亚联邦	30天
38	美洲	巴哈马	以最新政策为准
39		安提瓜和巴布达	以最新政策为准
40		海地	以最新政策为准
41		巴巴多斯	以最新政策为准
42		古巴	90天
43		多米尼克	以最新政策为准
44		英属特克斯和凯科斯群岛	以最新政策为准
45		厄瓜多尔	以最新政策为准
46		圣基茨和尼维斯	以最新政策为准
47		苏里南共和国	以最新政策为准
48		格林纳达	以最新政策为准
49		圣卢西亚	以最新政策为准
50		牙买加	以最新政策为准
51	非洲	毛里求斯	90天
52		贝宁	30天
53		摩洛哥	90天
54		莫桑比克	30天
55		突尼斯	90天
56		赞比亚	一年不超过90天
57		塞舌尔	30天
58		加蓬	30天
59		肯尼亚	90天
60		法属留尼汪	15天
61		安哥拉	30天

四、旅游销售前期准备

旅游门店做为旅游产品销售的终端，一般不自主生产旅游产品，主要以销售旅游产品为主，就类似于超市售卖的各种商品。目前市场上的旅游产品很丰富，可以说是琳琅满目，那么旅游门店应该如何筛选旅游产品呢？

（一）筛选产品供应商

旅游门店不自主生产旅游产品，产品来源主要有供应商提供。供应商合理、优化的整理门票、交通、餐食、景点、导游服务等各种旅游资源，组合成一个成熟的旅游产品，提供给旅游门店进行售卖。门店成功售卖产品后，再将旅游者交由供应商按照旅游产品约定标准实施执行。在实施执行过程中，门店还起到监督供应商是否按照约定标准执行的作用，保障旅游者的权利。

每个目的地，每一条旅游线路都有很多的供应商，每个供应商提供的产品不尽相同，品质标准也各有千秋，给到门店的利润空间也不一致。所以，选择优质的供应商就极为重要了，优质的旅游产品供应商能帮助门店更好的维系客源，为门店带来良好的口碑。

在选择供应商时，可以从以下几个方面来考量。

（1）签约供应商优先。因为签约供应商有门店总部审核其资质，且有总部做为担保，更加有保障。

（2）供应商口碑。供应商口碑可以从以下几个方面来界定：

一是门店总部会定期的分享供应商的业绩排名、投诉量排名等，业绩排名靠前的供应商说明和它合作的门店较多，可以优先合作；投诉量排名靠前的供应商说明其产品质量问题较多，谨慎合作。

二是和同行门店沟通交流，了解供应商在同行间的口碑。每家供应商都有自己的特点和优势，如：产品丰富、高品质产品多、服务好、价格低、对接人专业性、对接人回复速度及突发事件处理态度等。

（二）挑选旅游产品

每个旅游目的地的旅游产品非常之多。同一个旅游目的地，不同的季节，不同的景点，不同的服务标准都能组合成不同的旅游产品。

做为门店销售，如何挑选旅游产品？

1. 根据客户需求挑选旅游产品

为了能更高效的为客户服务，了解客户的需求的非常有必要的：从出行时间、出行天数、出行人数、目的地、出行目的、预算、特殊需求等方面了解客户的需求后，为其推荐与其需求相匹配的旅游产品。

有时客户也会带着他选好的旅游产品来做比较，如果价格相差不大，可能就是供应商和门店间利润高低的区别，产品差别不大。但是如果价差很大，那说明产品标准、内容肯定有一定的区别，主要看以下几个方面：

（1）大交通是否一致。坐飞机和坐火车的价格肯定不一样的。如果都是飞机，就比较航班时间和航空公司，航班时间和航空不同机票价格也不同。红眼航班和黄金时间的航班机票有差别，廉价航空和品质航空的机票也有差别。如果都是火车，主要比较铺位、坐席是否一样，不同的车次价格也有所区别。同时，进出港口不同，价格也有所区别，例如重庆出发到北京的旅游产品，直飞北京的价格就比飞天津的价格贵。

表4.6　整理对比不同产品

线路	供应商	价格	交　通	景点	住宿	餐食	导游	购物	娱乐	其他
XXX	A		大交通：飞机？火车？进出港口？直飞？转机？航司？抵离时间？	景点数量？入内还是外观？经典景点？	星级档次？酒店位置？	餐标？特色餐？餐厅情况？	是否有领队/全陪？导游等级？领队兼地接？导游兼司机？	购物店数量？停留时间？	是否有包含？推荐数据？	特殊礼遇？赠送礼品？
XXX	B									

(2) 购物安排和自费情况。这两项对团队价格的影响也比较大，购物店多，购物时间长的旅游产品，价格比纯玩团或者购物店少的团队便宜，但是旅行体验感肯定也有所区别。

同样的，自费项目多的产品也比无自费或者自费项目少的产品价格便宜。无自费或者自费项目少的产品一般包含的景点内容比较丰富，自费多的产品把本应包含的景点踢出来做自费。

(3) 酒店、餐食标准。酒店的价格受酒店星级档次，酒店地理位置，酒店年限等因素的影响。首先对比酒店星级、品牌、是否连锁等，星级越高，酒店价格相对越贵，同等星级的国际品牌的酒店相对国内品牌价格也不一样。其次，酒店地理位置不同，价格也不同，以重庆为例：相同等级的酒店，解放碑区域的酒店和机场附近的酒店差价很明显。第三，酒店的年限也是影响价格的一个因素。年限较长的酒店，设施设备相对老旧，在档次、位置相当的情况下价格自然没有新酒店的价格贵。

餐食的标准也是影响整个旅游产品价格的因素。首先餐标的高低，每人每餐30元和每人每餐40元是肯定不同的；其次，包含正餐的数量，早餐一般都是酒店包含了的，主要对比正餐的数量，有的产品为了降低成本，一般晚餐不包含；第三，是否有特色餐，特色餐数量。相对来说，特色餐的餐标比普通团餐贵，所以是否有特色餐和特色餐的数量也直接影响最终的产品价格。

(4) 旅游产品服务。对比产品是否有全陪导游服务，是否有其他增值服务等。例如邮轮产品，邮轮上的住宿、游玩项目等都是属于标品，有的产品为了做到差异化服务，为团队配备了旅拍服务，向游客赠送随身WIFI、出行礼包等，这些增值服务也直接增加了产品的成本。

所包括项目	不包括项目
● 重庆起止往返国际经济舱机票和燃油附加费； ● 欧洲申根签证费； ● 行程所列境外酒店住宿；（酒店双人标准间住宿，含早餐）； ● 行程所列正餐（用餐标准为 6 菜 1 汤，中西结合）具体用餐次数见行程；所有餐食如自动放弃，款项恕不退还；如遇特殊情况无法安排餐食，则会退餐给客人。 ● 全程豪华游览大巴及专业司机； ● 1 名优秀中文领队兼导游服务； ● 行程中所列景点和门票（如遇特殊情况无法安排，则将以其他自费项目代替）； ● 所有自费项目均为打包出售价格，一旦售出，费用即产生，如因个人原因不参加，恕不退款； ● 赠送境外旅游环球救援保险； ● 赠送使用 WIFI。	● 护照费，以及签证录指纹所产生的交通食宿费； ● 全程单间差为 500 欧/人； ● 酒店内洗衣、电话、饮料、烟酒、付费电视、行李搬运等私人费用； ● 出入境的行李海关课税，超重行李的托运费、管理费等； ● 行程中未提到的其它费用:如特殊门、游船（轮）、缆车、地铁票等费用； ● 因交通延阻、罢工、大风、大雾、航班取消或更改时间等不可抗拒的客观原因和非我公司原因（如天灾、战争、罢工等）我公司有权取消或变更行程，一切超出费用（如在外延期签证费、住、食及交通费、国家航空运价调整等）我公司有权追加差价； ● 旅游费用不包括旅游者因违约、自身过错、自由活动期间内行为或自身疾病引起的人身和财产损失； ● 如因领事馆临时通知正式更改办理签证方式，需要本人亲自前往录取指纹等等要求时。由此产生的任何交通食宿等一切费用均不包含在团费报价里面，均由客人自理，敬请原谅。

图4.24　服务标准

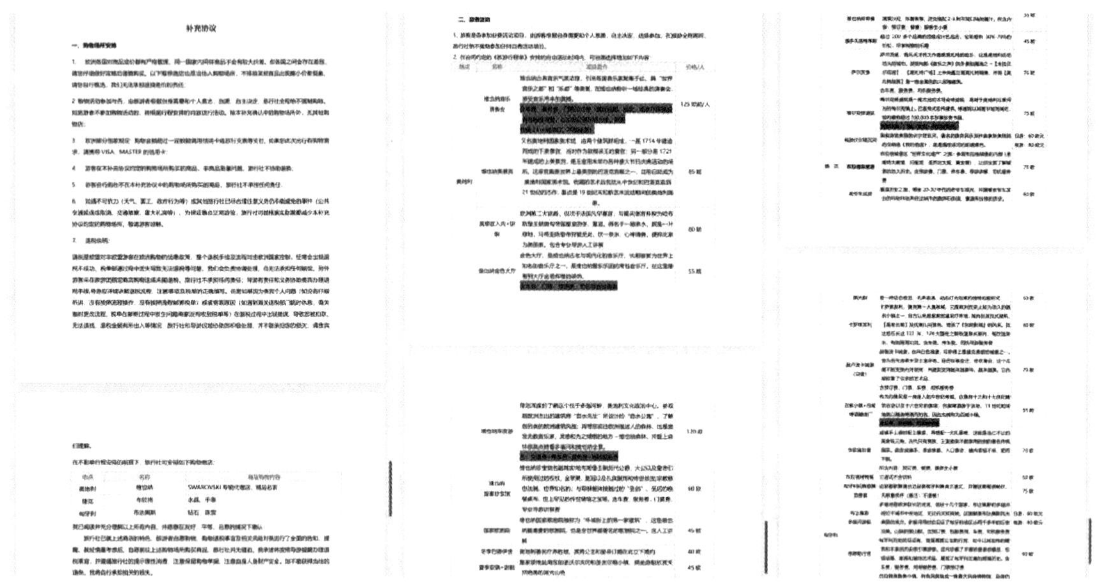
补充协议

图4.25 补充协议（购物、自费情况）

图4.26 冬季热门冰雪游

2. 门店自主推荐旅游产品

（1）挑选市场最近热卖的、应季的旅游产品。

如冬季海岛游国内最受欢迎的目的地-海南三亚，冰雪游国内最后欢迎的目的地-哈尔滨、雪乡，新疆阿勒泰等。

选择近期销量靠前的旅游产品和反馈较好的旅游产品。

销量好，说明市场对其的认可度高；游客反馈好，说明产品质量有保障。

如甘青线，某供应商的一款产品-“漠上花开-甘青大环线8日游”，出行过的游客反馈都很好，性价比高。有了这样的反馈，门店推荐起来就更有底气。

2024年4月20日 16:38

小苏，我们公司一行24人，此次青海之旅十分满意👍阿宁导游尽心尽责，服务到位！大巴车座位也很舒服😌入住的酒店也很不错🌹感谢给我们留下一个难忘的旅行回忆😊

2023年8月10日 21:05

这次余莉一行四人西北小青甘之旅在刘悦导游的带领下圆满结束行程，常开心愉快，导游司机讲解服务周到细致！给予好评！

图4.27　顾客反馈截图

（2）选择市场新产品。旅游产品多，意味着产品同质化多，同质化就会压缩门店的利润空间。因为游客都会找不同的门店比价，门店为了能让游客报名，只有不断的压缩利润。新产品有差异化，比较新颖，同时市场普及度没有这么高。

五、旅游销售技巧

（一）有效沟通、建立信任

作为旅游门店的销售人员，与顾客保持有效沟通和建立信任非常重要。以下是一些方法和技巧。

1. 有效沟通方面

（1）积极倾听。认真倾听顾客的需求和顾虑，不要打断他们，并做好记录。同时可以通过提问进一步了解他们的需求。

例："曹先生，您提到希望这次旅行有文化体验，您能详细说说您希望体验哪些文化活动吗？"

（2）清晰表达。尽量使用清晰、简洁的语言解释产品和服务，确保顾客能够理解。

例："曹先生，这个产品包括了往返机票、四晚五星级酒店住宿和三项当地体验活动……"

（3）定期跟进。在顾客做出决定前后，定期与他们沟通，提供更新的信息并解决他们的疑问。

例：预定前："曹先生，下午好。上次您咨询的日本游，今天刚出了一个优惠折扣，我分享给您，您看看。"

预定后："曹先生，您的日本度假明天就要启程了，今晚记得打包好行李哟。我们的领队明天10：00在机场团队集合点恭候您的到来。"

（4）个性化服务。根据顾客的具体需求和偏好，提供个性化的建议和服务。

例："曹先生，我注意到您对美食特别感兴趣，这个日本行程中特别安排了3餐日本特色美食,您可能会喜欢哟。”

(5)使用多种沟通渠道。提供多种沟通方式,如电话、微信、邮件等,方便顾客随时联系你。

例:“曹先生,如果您有任何问题,随时可以通过电话、微信或邮件联系我,我随时为您答疑解惑。”

2. 建立信任方面

(1)专业知识展示。展示你对旅游产品和目的地的深入了解,提供详细的信息和建议,能快速、准确地回答顾客的提问,展现出你是一个值得信赖的专业人士。

例:“曹先生,我接待了很多去日本的顾客,我自己也去过日本多次,了解那里的文化和景点。我可以给您推荐一些我‘私藏’的小众美景打卡地。”

(2)真诚和热情。以真诚和热情的态度对待每一位顾客,让他们感受到你的关心和重视。

例:“曹先生,我很高兴能有机会帮助您规划这次旅行,我一定认真、仔细地为您安排好本次旅行,您的满意是我努力奋斗的目标。”

(3)透明和诚实。如实介绍行程安排、价格、服务标准、有无购物和可能的风险。诚实地回答顾客的问题,不要隐瞒任何信息。

例:“这个日本线路的价格是全包的,没有指定购物店,也没有必须产生的消费了。但是,在旅途中,导游会推荐一些自费娱乐项目,这个你们根据自己的喜好,自愿选择参加即可。”

(4)提供参考和评价。展示其他顾客的评价和推荐,增加顾客对你的信任。

例:“这是我们最近一位去过这个产品的顾客发来的评价,他对本次出行非常满意,无论是住宿、景点安排、导游服务等都给了好评。”

通过这些方法,你不仅能与游客保持有效的沟通,还能建立起他们的信任,从而提高销售成功率。

(二)了解需求、引导需求

作为旅游门店的销售人员,有效了解顾客的需求是成功销售的关键。以下是一些方法和技巧,帮助你了解和引导顾客的需求:

1. 了解顾客的需求

(1)开放式提问。使用开放式问题,让顾客详细描述他们的需求和期望。

例:“曹先生,请问您这次旅行有什么特别的目的或期望吗?”

(2)倾听和观察。认真倾听顾客的回答,观察他们的肢体语言和表情,捕捉他们未表达出来的需求。

例:“曹先生,刚才您提到希望这次旅行有文化体验,您方便详细说说您希望体验哪些文化活动吗?”

(3)具体提问。通过具体的问题,深入了解顾客的旅行需求、预算、出行时间等细节。

例:“曹先生,您这次希望出去几天时间?计划什么时候出发呢?几位出行?有想去的目的地吗?”

(4)使用问卷或表格。提供一个简单的问卷或表格,让顾客填写他们的旅行需求。

例:“曹先生,为了更好地了解您的旅行社需求,我这边准备了几个简短的问题,您愿意填写一下吗?”

例:问卷内容

A:计划什么时间出发前往日本?

B：出行的总人数是多少？

C：旅途中进店还是不进店？

D：您想去的景点要求？几天的行程？或者想去的区域要求？特殊要求？我们来推荐。

E：您的住宿标准是什么？标间？大床？三人间？单间？

F：您的餐标是多少？特色餐想吃什么？或者告诉我们大概餐标，我们来推荐特色餐？

G：您对航班有什么要求？转机还是直飞？

历史数据和反馈：利用过去的销售记录和顾客反馈，了解常见的需求模式。

例："根据我们过去的经验，很多顾客喜欢在日本体验文化之旅，您有兴趣吗？"

2. 引导顾客的需求

（1）提供建议和选项。根据顾客的需求，提供多个选项和建议，引导他们作出选择。

例："根据您的需求，推荐这个日本游6天5晚的产品，它包括了往返机票、豪华酒店住宿和日本精华景点，3月22日出发，您觉得怎么样？"

（2）展示优势和价值。强调推荐产品的独特优势和价值，帮助顾客看到产品的吸引力。

例："这个产品不仅价格合理，而且这是我们长期合作供应商的产品，可以为您提供最优质的服务保障。"

（3）处理异议。针对顾客的疑虑，提供解决方案或替代选择，引导他们接受你的建议。

例："我理解您的顾虑。如果您觉得3月22日这款日本产品的价格有点高，我们还有其他性价比更高的选择。比如这个3月15日出发的，同样包括了机票和酒店，只是临近出发时间了，所以降价销售，特别划算。您看这个时间您可以吗？"

（4）故事和案例。通过分享其他顾客的旅行故事和案例，引导顾客想象自己的旅行体验。

例："我们这个产品很受游客欢迎，很多游客去了后回来反馈都很好：吃得好、住得好、景点安排合理、坐车时间也不长。你看他们拍的照片，景色好美。"

（5）个性化服务。根据顾客的具体需求和偏好，提供个性化的建议和服务，增强他们的兴趣。

例："我注意到您带了小朋友，这个日本产品在东京有一整天的自由活动时间，您可以带她去迪士尼游玩，小朋友一定会非常开心。"

通过这些方法，你不仅能有效地了解顾客的需求，还能引导他们作出适合他们的选择，从而提高销售成功率。

六、旅游产品销售方法

（一）FABE产品推荐法

FABE产品推荐法是一种有效的销售技巧，用于向顾客推荐产品或服务。FABE四个字母分别代表：features（特点）、advantages（优势）、benefits（利益）和evidence（证据）。

首先是F-features，也就是产品特性，突出产品好。

其次是A-advantages，优势，这个产品相对于竞争对手的独特之处。

然后是B-benefits，这里要转化为顾客的实际利益，产品对顾客好。

最后E-evidence，证据支持，比如数据、案例、顾客评价等，增加可信度。

以下是FABE产品推荐法的详细解释和应用示例。

1. 特点（features）

产品的具体特点，产品的特色和卖点。

例:“这个6天5晚的日本游是重庆直飞大阪，东京返回重庆，双点进出不走回头路，住宿四星级酒店，富士山升级一晚五星温泉酒店。”

2. 优势(advantages)

这个旅游产品相对于同行其他产品的优势。

例:“与其他产品相比，我们除了大交通是双点进出，住五星酒店以外，我们这个产品还是全程无购物、无自费的，同时这个团的领队是会讲日语的金牌领队，他们每个月都会去2～3趟日本，对日本特别熟悉。”

3. 利益(benefits)

这些优势给顾客带来的具体利益。这一点相当重要，因为以产品为中心已经不能满足现代顾客的需求，以顾客为中心的产品才能受到更多顾客的青睐。

例:“您可以享受更轻松的旅游、更舒适的住宿和更丰富的当地体验，让您的旅行更加轻松和充实。”

4. 证据(evidence)

以实际例子来支持上述特点、优势和利益，如顾客的反馈评价等。

例:“这个产品我这边很多顾客去过，您看这是我们最近一位参加过这个团的顾客的评价，他非常满意我们的服务和安排。您再看看这是我们正在参加这个团的顾客发的朋友圈，玩得非常开心。”

例：苏苏是一位旅游门店的销售人员，他正在向一位顾客推荐一个日本旅游产品：

“曹先生，您好！你看(F-特点)这个6天5晚的日本游是重庆直飞大阪，东京返回重庆，双点进出不走回头路，住宿全程四星级酒店，富士山升级一晚五星温泉酒店。(A-优势)与其他产品相比，我们除了大交通是双点进出，住五星酒店以外，我们这个产品还是全程无购物、无自费的，最重要的我们的领队是会讲日语的金牌领队，他们几乎每个月都会去2～3趟日本，对日本特别熟悉。所以，(B-利益)您参加这个团，可以享受更轻松的旅游、更舒适的住宿和更丰富的当地体验，让您的旅行更加轻松和充实。(E-证据)这个产品我这边很多顾客去过，您看这是我们最近一位参加过这个团的顾客的评价，他非常满意我们的服务和安排。您再看看这是我们正在参加这个团的顾客发的朋友圈，玩得非常开心。您如果参加这个团，相信您也会有同样的体验。”

(二)故事销售法

故事销售法是一种通过讲述故事来吸引顾客、建立情感联系并最终促成销售的技巧。这种方法利用了人们对故事的自然兴趣和情感反应，使销售过程更加人性化和更具代入感。

故事销售法的关键要素包括：情感连接，真实性、相关性和简单明了。

1. 情感连接

通过故事建立与顾客的情感联系，让他们感受到产品或服务的价值和意义。

例：我记得有一组顾客，是女儿计划带着80岁的父母去亲子旅行，我们给她推荐了邮轮旅行，从上海出发去日本，因为邮轮上住宿特别舒适，餐食、娱乐设施等都非常丰富，他们玩得很开心。她回来后告诉我:“我爸爸开心得像个小孩子一样，他住阳台房，每天早上起来都会到阳台上，面朝大海唱歌，餐食非常丰富，我们都长了2～3斤，这次旅行我们感受都非常好。”

2. 真实性

故事必须真实可信，顾客更容易被真实的故事打动。

例："这是我们港澳学生团队的真实的旅行，她非常喜欢我们的景点、餐食和住宿安排，而且对导游也非常满意，还特地写了一封感谢信。"

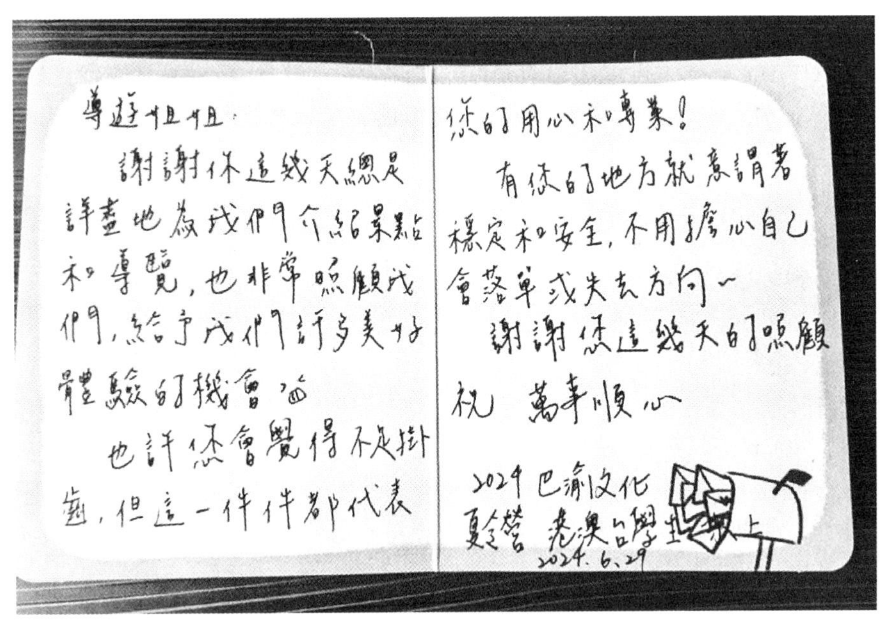

導遊姐姐：

謝謝你這幾天總是詳盡地為我們介紹景點和導覽，也非常照顧我們，給予我們許多美好體驗的機會。

也許您會覺得不足掛齒，但這一件件都代表您的用心和專業！

有您的地方就意謂著穩定和安全，不用擔心自己會落單或失去方向～

謝謝您這幾天的照顧

祝 萬事順心

2024巴渝文化
夏令營 港澳台學生
2024.6.29

图4.28 感 谢 信

3. 相关性

故事应与顾客的需求和兴趣相关，使他们能够在故事中看到自己的影子。

例：顾客需求：计划安排爸爸妈妈出去旅行，顾客没有时间陪他们，父母也不经常出去，担心他们出去不好玩、不会玩。

销售苏苏："鲁小姐，我明白您的意思，我给您推荐这个泰国6天5晚的团，因为我父母刚参加了这个团才回来，他们玩得很愉快。我父母年龄和叔叔阿姨差不多，这也是他们第一次出国旅行，出去之前我也很担心他们。但是，出去后我每天看领队的分享，他们玩得不要太开心哟！还敢报名参加浮潜……回来后还给我带了榴莲糖。所以叔叔阿姨参加这个团，您完全不用担心。"

4. 简单明了

故事应简洁明了，避免冗长，确保顾客能轻松理解并记住。

例："一位顾客去年参加了我们的巴厘岛团，她特别喜欢我们安排的那个海边酒店，出门就是沙滩，海水非常清澈，环境非常漂亮。"

（三）情景销售法

情景销售法是一种通过模拟顾客可能遇到的实际情景，来帮助他们理解产品或服务的价值和用途的销售技巧。这种方法通过让顾客想象自己在特定情景中的体验，帮助顾客更生动地理解和体验产品或服务的价值，从而增强他们的购买欲望。

1. 情景销售法的关键要素

（1）情景设定。创建一个与顾客需求相关的具体情景，让他们能够想象自己在该情景中的体验。

例:“想象一下,傍晚,您和您的家人在巴厘岛的金巴兰海滩,一边听着音乐,一边吃着海鲜烧烤,同时欣赏着金巴兰美丽的日落。那得多么浪漫啊!”

(2)细节描述。详细描述情景中的细节,让顾客能够更生动地想象和感受到产品或服务的好处。

例:“当夕阳西下,您除了可以和您的家人一起静静地欣赏日落外,您还可以光着脚丫,在夕阳照耀的金巴兰沙滩上奔跑,享受海风轻轻拂过您的脸庞;或在我们安排的沙滩BBQ,品味巴厘岛的特色美食。”

(3)情感触发。在情景中加入情感元素,激发顾客的情感共鸣,增强他们对产品的兴趣。

例:“这将会是您和家人一起度过的美好时光,一定会留下珍贵的回忆。”

(4)解决方案。通过情景展示产品或服务解决顾客的问题或满足他们的需求。

例:“我们这个巴厘岛团包括了很多这样的特色安排,能满足您想和家人留下一段美好回忆的出行需求。”

2. 应用示例

假设你是一位旅游门店的销售人员,正在向一位对巴厘岛感兴趣的顾客推荐一个旅游套餐:

例:董小姐,(情景设定)“您想象一下。傍晚,您和您的家人在巴厘岛的金巴兰海滩,一边听着音乐,一边吃着海鲜烧烤,同时欣赏着金巴兰美丽的日落。那得多么浪漫啊!当然,除了这些,(细节描述)当夕阳西下时您还可以和家人一起静静地欣赏日落,或者光着脚丫,在夕阳照耀的金巴兰沙滩上奔跑,享受着海风轻轻拂过您的脸庞。(情感触发)这将会是您和家人一起度过的美好时光,一定会留下珍贵的回忆。您可以想象孩子们在沙滩上玩耍,您和爱人享受着浪漫的晚餐,一切都是那么美好。(解决方案)我们这个巴厘岛团包括了很多这样的特色安排,能满足您想和家人留下一段美好回忆的出行需求。我们的套餐还包括了往返机票、五星级酒店住宿和多项当地体验活动,确保您能有最完美的旅行体验。”

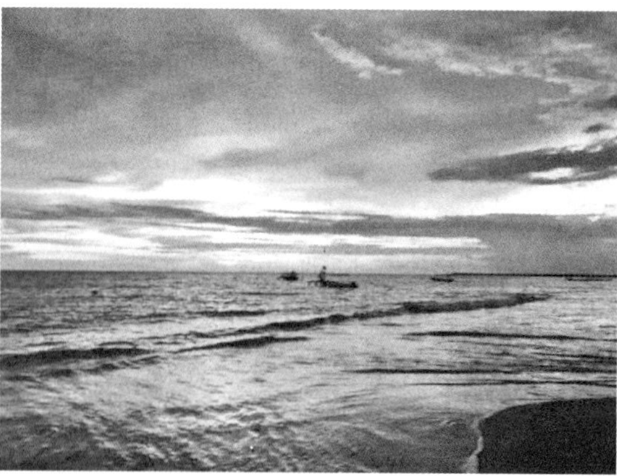

图4.29 巴厘岛金巴兰日落

(四)SPIN销售法

SPIN销售法是一种系统化的销售技巧,通过一系列特定类型的问题来引导顾客,了解他们的需求,最终促成销售。SPIN是四个英文单词的首字母缩写,分别是situation(情境)、problem

(问题)、implication(影响)和need-payoff(需求—回报)。通过SPIN销售法,你可以系统地了解顾客的需求,帮助他们意识到问题的严重性,并引导他们看到解决方案带来的好处,从而提高销售成功率。

1. SPIN销售法的四个阶段

(1) 情境(situation)。通过提问了解顾客的当前情况和背景信息。

例:“您之前有过什么样的旅行经历呢? 您这次旅行有什么特别的目的或期望吗?”

(2) 问题(problem)。通过提问发现顾客面临的问题或需求。

例:“您过去的旅行中遇到过什么不满意的地方吗? 您希望这次旅行能避免哪些问题?”

(3) 影响(implication)。通过提问帮助顾客意识到问题的严重性和影响。

例:“如果这些问题再次发生,会对您的旅行体验产生什么影响? 您觉得这会影响您的整体满意度吗?”

(4) 需求—回报(need-payoff)。通过提问引导顾客思考解决方案带来的好处和价值。

例:“如果我们能为您提供一个解决这些问题的旅行产品,您觉得这会对您的旅行带来什么好处? 您觉得这能让您的旅行更加愉快吗?”

(5) 情境案例。

假设你是一位旅游门店的销售人员,正在向一位对巴厘岛感兴趣的顾客推荐一个旅游产品。

situation(情境)

销售苏苏提问:“您之前有过什么样的旅行经历呢? 您这次旅行有什么特别的目的或期望吗?”

顾客董小姐回答:“我去年去了新加坡,这次想去巴厘岛,希望能吃好、住好、玩得开心。”

problem(问题)

销售苏苏提问:“您过去的旅行中遇到过什么不满意的地方吗? 您希望这次旅行能避免哪些问题?”

顾客董小姐回答:“我去年在新加坡,有两天没有导游服务,没有车辆服务,在异国他乡,我们完全不知道该怎么玩。这个体验非常不好。这次我希望全程都有当地导游陪同游览,然后安排一点当地的特色体验活动。”

implication(影响)

销售苏苏提问:“如果这些问题再次发生,会对您的旅行体验产生什么影响? 您觉得这会影响您的整体满意度吗?”

顾客董小姐回答:“这次可千万不能再发生这样的情况了,就是因为去年新加坡那家旅游公司没给我安排好,我今年才不找她的。如果再发生这样的情况,肯定会让我们的旅游非常不愉快。”

need-payoff(需求—回报)

销售苏苏提问:“如果我们能为您提供一个解决这个问题的旅行方案,您觉得这会对您的旅行带来什么好处? 您觉得这能让您的旅行更加愉快吗?”

顾客董小姐回答:“如果能全程安排导游、车辆服务,同时给我们安排当地的特色项目,提供高质量的酒店和合理安排的活动,我相信这次旅行会非常愉快。”

2. 推荐产品

销售苏苏:“根据您的需求,我推荐这个巴厘岛游产品。它包括了往返机票、五星级酒店住宿和多项当地体验活动,如看火山、出海追海豚、精油SPA等。这个产品的酒店也是我们长期合作的五星级酒店,服务和设施都非常优质,而且靠近海边。最重要的是,全程安排导游、车辆服务,让你们玩得更加安心。您觉得怎么样?”

3. 应对异议、提高成交

当顾客对推荐产品有异议时,处理这些异议是销售过程中非常重要的一环。以下是一些应对游客异议的有效方法:

(1) 倾听和理解。认真倾听顾客的异议,并记录要点,确保你完全理解他们的顾虑。

例:“我理解您的顾虑,您能详细告诉我您对这个巴厘岛产品有什么不满意的地方吗?”

(2) 确认和澄清。确认你理解了顾客的异议,并通过提问澄清具体的细节。

例:“您提到酒店服务是您的顾虑,是因为之前的旅行经历吗?您希望这次的酒店服务达到什么样的标准?”

(3) 提供解决方案。根据顾客的异议,提供具体的解决方案或替代选择。

例:“我理解您的顾虑。这个巴厘岛产品的酒店是我们长期合作的五星级酒店,服务和设施都非常优质。如果您仍然担心,我们还有其他酒店选项,您可以选择更符合您需求的。”

(4) 展示证据。提供其他顾客的评价、统计数据或专家意见来支持你的解决方案。

例:“这是我们最近一位去过巴厘岛的顾客的评价,他非常满意我们的酒店服务和安排。您可以看看他的评价和照片。”

(5) 处理价格异议。如果异议与价格有关,提供折扣、分期付款或其他优惠方案。

例:“我理解您对价格的顾虑。这个产品现在有特别优惠,如果您今天预订,可以享受额外10%的折扣。您觉得怎么样?”

(6) 强调价值。强调产品的独特价值和带来的利益,帮助顾客看到产品的吸引力。

例:“虽然这个套餐的价格稍高,但它包括了往返机票、豪华酒店住宿和多项当地体验活动,确保您能有最完美的旅行体验。”

(7) 个性化服务。根据顾客的具体需求和偏好,提供个性化的建议和服务。

例:“我注意到您对文化体验感兴趣,这个巴厘岛产品中有一项是当地的文化之旅,您可能会喜欢。如果您有其他特别的需求,我们可以根据您的要求调整行程。”

(8) 保持耐心和积极态度。保持耐心和积极的态度,避免与顾客发生争执,继续寻找解决方案。

例:“我理解您的顾虑,我们会尽力帮您找到最合适的解决方案。您还有其他问题或需求吗?”

任务拓展

一、团队销售

旅行社团队销售涉及从获取顾客到最终成交多个步骤和策略。以下是一些有效的旅行社团队销售方法。

(一) 获取顾客

(1) 市场调研:通过市场调研了解目标市场的需求和偏好,分析竞争对手的策略。

例:我们通过调查发现,很多单位顾客对泰国曼谷、芭提雅和普吉岛旅行有兴趣,我们可以针对这些目的地设计特色团体游套餐。

(2) 营销推广:利用多种营销渠道,如微信、抖音、小红书、广告等方式等,吸引潜在顾客。

例:"我们在微信公众号上发布了巴厘岛团队游的优惠信息,并分享了顾客的旅行体验和照片,吸引了很多关注。"

(3) 网络和推荐:通过现有顾客的推荐和网络关系,获取新的顾客。

例:"我们鼓励参加过巴厘岛团队游的顾客推荐朋友,并提供推荐奖励,增加了我们的新顾客来源。"

(二) 初步沟通

(1) 建立联系:通过电话、微信等与潜在顾客建立初步联系,了解他们的基本需求。

例:"您好,我是旅行社的团队游销售顾问,我们注意到您对巴厘岛团队游感兴趣,您能告诉我您这次旅行的具体需求吗?"

(2) 预约咨询:邀请潜在顾客参加线上或线下的咨询会,详细了解他们的需求。

例:"我们将在下周举行一个巴厘岛团队游的咨询会,您是否有兴趣参加?"

(三) 需求分析

(1) 了解需求。使用SPIN销售法等技巧,深入了解顾客的旅行目的、预算、时间和偏好。

例:"您这次旅行的人数是多少? 您希望在巴厘岛停留几天? 您的预算大约是多少?"

(2) 个性化需求。根据顾客的需求,提供个性化的旅行建议和产品。

例:"根据您的需求,我们可以为您的团队安排一个包含文化体验和水上活动的巴厘岛产品。"

(四) 产品推荐

(1) 展示产品。详细介绍推荐的旅行产品,包括行程安排、住宿条件、特色活动等。

例:"这个巴厘岛团队游产品包括了往返机票、五星级酒店住宿和多项当地体验活动,如文化之旅和水上活动。"

(2) 产品对比。与其他旅行套餐进行对比,突出推荐产品的优势。

例:"与普吉岛套餐相比,巴厘岛套餐的住宿条件更高端,且包含了丰富的文化体验。"

(五) 处理异议

(1) 倾听和理解。认真倾听顾客的异议,理解他们的顾虑。

例:"我理解您的顾虑,您能详细告诉我您对这个巴厘岛产品有什么不满意的地方吗? 我们做好调整、改进。"

(2) 提供解决方案。根据顾客的异议,提供具体的解决方案或替代选择。

例:"如果您对我们提供的酒店不够满意,我们可以为您提供新的参考酒店。"

(六) 促成成交

(1) 紧迫感。通过机票、酒店等资源紧张的手段,增加顾客的购买紧迫感。

例:"你们选择的这个时间出行人数比较多,机票和酒店都很紧张,建议尽早确认,以免后面位置不够或者涨价。"

(2) 简化购买过程。简化预订和支付流程,减少顾客的购买障碍。

图4.30 重庆地区旅游产品图

例:"我们可以帮您立即完成预订,只需几分钟的时间。"

(3)确认成交。确认顾客的购买决定,签订合同并确认支付信息。

例:"您一行30人的巴厘岛团队游预订已经完成,这是您的合同和支付详情。"

(七)售后服务

(1)跟进服务。在旅行前后提供跟进服务,确保顾客满意。

例:"我们会在您出发前3天给你发出团通知书,并在旅行中提供24小时管家服务"。

(2)收集反馈。收集顾客的旅行反馈,改进服务和产品,提高顾客满意度。

例:"您能给我们一些关于这次巴厘岛旅行的反馈吗?您的意见对我们非常重要。"

二、新媒体渠道销售

在新媒体渠道进行旅游产品的销售和推广,可以利用多种策略和方法来吸引和转化潜在顾客。以下是一些有效的策略和方法:

（一）内容营销

游记、笔记等文字攻略：通过小红书、微信公众号等分享旅行经验、目的地介绍和旅行套餐信息，吸引潜在顾客。

视频和直播：通过视频和直播展示旅行目的地和旅行体验，增强内容的吸引力。

（二）社交媒体推广

社交媒体平台：利用社交媒体平台（如微信、微博、Instagram、抖音）发布旅行套餐信息和优惠活动，吸引潜在顾客。

社交媒体广告：在社交媒体上投放广告，针对特定人群推广旅行产品。

（三）影响力营销

与KOL合作：与旅行相关的KOL（关键意见领袖）合作，推广你的旅行产品。

用户生成内容：鼓励顾客分享他们的旅行体验和照片，增加用户生成内容的曝光。

（四）社群营销

建立社群：在社交媒体上建立旅行相关的社群，吸引有旅行需求的用户加入。

社群互动：在社群中积极互动，回答用户的问题和需求，增强用户的信任。

（五）限时优惠和活动

限时优惠：通过限时优惠和促销活动，增加顾客的购买紧迫感。

线上活动：举办线上活动，如旅行咨询会、直播讲解等，吸引潜在顾客。

任务三 订 单 处 理

任务导入

本任务旨在使学生（学员）掌握现代旅游门店中订单处理的核心流程与关键技能，理解订单处理在旅游产品销售中的重要性，以及如何通过高效、准确的订单处理提升顾客满意度。

知识准备

- 现代旅游门店业务范围
- 订单处理流程与订单管理系统操作
- 签证知识储备
- 应急处理与沟通协调能力
- 旅游相关法律法规与职业素养

任务实施

一、订单处理流程

订单处理流程见表4-7。

表4-7 订单处理流程

类 型	流程步骤	操 作 内 容
国内游	1. 接收订单需求	门店工作人员接收顾客的国内游订单需求，包括目的地、出行日期、人数、预算等基本信息
	2. 确认顾客信息	与顾客详细沟通，确认订单中的顾客信息是否准确，包括姓名、证件号码、联系方式等
	3. 筛选旅游产品	根据顾客需求，在门店系统中筛选合适的旅游产品，包括线路、价格、服务等级等
	4. 确认行程安排	与顾客就筛选出的旅游产品沟通，确认行程、住宿、餐饮等细节
	5. 系统录入与核对	在门店系统中录入订单信息，并进行仔细核对，确保信息准确无误
	6. 收款与付款	向顾客发送门店收款码，收取款项，并及时向供应商付款
	7. 合同签订与发送	通过系统向顾客发送电子合同，顾客签字确认后完成合同签订
	8. 出行前准备	为顾客提供出行前的准备建议，如携带物品、注意事项等，并确认顾客是否收到出团通知书
	9. 跟踪与反馈	在顾客出行过程中保持联系，及时解决问题，收集反馈以优化服务
出境游	1. 接收订单需求	门店工作人员接收顾客的出境游订单需求，包括目的地、出行日期、人数、预算及签证需求等
	2. 签证咨询与办理	根据顾客的签证需求，提供签证咨询服务，协助准备签证材料并办理签证
	3. 确认顾客信息	与顾客详细沟通，确认顾客信息、行程安排、住宿、餐饮等细节，并特别关注顾客的特殊需求，如航班选择、转机安排等
	4. 筛选旅游产品	在系统中筛选符合顾客需求的出境游旅游产品，考虑航班时间、航空公司、目的地国家风险等复杂条件
	5. 系统录入与核对	将订单信息录入门店管理系统，并进行仔细核对，确保所有信息（包括签证信息）准确无误
	6. 外汇兑换与付款	为顾客提供外汇兑换建议，并协助完成外汇兑换。同时，向顾客发送门店收款码，收取款项，并及时向供应商付款
	7. 合同签订与发送	通过系统向顾客发送电子合同，并详细解释合同条款，确保顾客充分理解并签字确认
	8. 出行前培训与准备	为顾客提供详细的出行前培训，包括目的地国家风俗习惯、安全注意事项、应急联系方式等，并确认顾客是否收到出团通知书及所有必要文件
	9. 跟踪与反馈	在顾客出行过程中保持密切联系，提供必要的帮助和支持，收集反馈以优化服务，并确保顾客安全顺利返回

二、TDS订单管理系统操作

下面以携程TDS系统（Travel Distribution System）为例进行分析和说明。

经典案例

小王是一名门店工作人员，近期正值冰雪旅游旺季，他接到了一个前往金佛山旅游的需求订单，请问小王需要如何处理这个订单？

案例解析

接到顾客需求，小王第一时间和顾客确认出行信息，并和重庆专线供应商如重庆多乐国际旅行社有限公司或重庆博锐传奇国际旅行社有限公司等取得联系，让对方提供了各类金佛山冰雪游的产品供顾客选择，以满足顾客的需求。最后和顾客商量确定具体产品线路、出行日期、出行人数等，与顾客确认好所有行程安排后，小王便根据供应商提供的系统号登录携程TDS系统进行操作，并根据顾客提供的身份信息录入顾客信息，并进一步和顾客及供应商确认产品信息，如出行时间、出行人数、价格等。之后将门店收款码发送给顾客，向顾客收款，再向供应商付款，最后通过系统向顾客发送电子合同，顾客签字后完成整个订单处理流程。

第一步：输入系统号

图4.31 系统号输入界面

第二步：完善相关信息（出行日期、人数、价格），确认行程

图4.32 行程相关信息

第三步：完善顾客信息

金佛山1日跟团游

重庆出发 2025年1月23日（周四）-2025年1月23日（周四） 2成人

费用明细

基本团费 ¥450

成人 ¥225 x2人

明细 以下为您所选择的全部资源明细，下单前请仔细查看核实。

总价 ¥450

行程

1日游套餐 x1

旅客信息 预订限制 识别证件信息 批量上传出行人

旅客1 成人 清空

为顺利出行，请确保出行姓名与证件上一致。

中文姓名 填写说明 国籍

中国

出生日期 性别

女 男

证件类型 身份证件号码

身份证

图4.33 顾客相关信息

第四步：向顾客收款、向供应商付款，并发送电子合同，让顾客签字确认。

合同信息

合同编号	合同类型	绑定时间	游客代表	合同收款金额	合同状态	是否归档	操作
TL-CQ-CJ00072G250115212303386112813382208 0788	电子合同	2025-01-15 21:23:02		534元	已签约	否	查看 下载 废弃

修改电子合同

查看操作日志

图4.34 合同及收款信息

三、前往欧洲旅游签证材料准备

经典案例

小王是一名门店工作人员，他接待了四位前往欧洲的顾客，小王需要提醒顾客准备的材料有哪些？

案例解析

（一）登录系统（如携程九宫格）查看签证资料、掌握申根国家签证的相关信息

1. 申根各国所需基本材料

申根各国所需基本材料：① 身份证；② 护照原件（保证在顾客出境时间内6个月有效期）；③ 户口本；④ 2寸白底照片3.5×4.5厘米；⑤ 婚姻证明复印件；⑥ 个人资料表（建议顾客填写完整）；⑦ 居住证（在职证明、社保清单可代替）。

图4.35 去哪儿旅游门店TDS系统首页

2. 不同职业需要材料

不同职业所需材料：① 学生（学生证、学校放假信）；② 退休人员（退休证）；③ 在职人员（单位放假信、营业执照/组织机构代码复印件加盖公章）；④ 家庭主妇（居委会证明）。

3. 公证认证

需公证认证：① 特殊人群指未成年人、成年学生、家庭主妇、无业等；② 直系亲属探亲。

（1）资产证明：① 个人银行活期账户近半年流水明细（余额5万以上）；② 其他资产证明：房产、车产、股票、理财产品等。

（2）行程计划：① 完整的行程单（包含景点名称等）；② 全程酒店住宿预订单（三星级以上正规酒店名称）；③ 往返机票预订单；④ 保险单（符合申根要求）。

（3）邀请函：① 商务签证（如意大利商务签证需要邀请函原件、邀请人护照首页及意大利方营业执照复印件）；② 探亲访友（按照固定模板填写）。

（二）掌握申根各国通过率差别

各申根国签证通过率差别：① 申请人材料齐全的情况下，北欧及东欧部分国家通过率都相对偏高，德国、法国拒签率偏高；② 法国签证：如果之前没有出过国或者只有东南亚国家出境记录，通过率会偏低，但如果拒签，材料合理，补充说明信的情况下，二次通过的概率会很大；③ 德国签证：材料真实性很重要，任何有假资料或者出行目的不纯的，被查到都会直接拒签；④ 大多数申根国只要按签证材料准备、真实合理，理论上不存在哪个国家签证通过率高或低的问题。

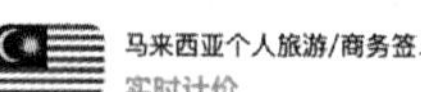

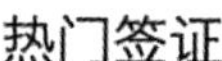
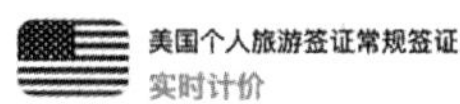

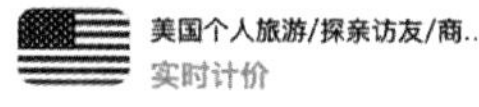

图4.36 TDS系统显示热门目的地国家签证

（三）如何办理申根多年多次签

是否能获得多年多次签由领馆决定，一般申请过3～4次申根国家或之前有过一年多次的申请人获得多次的概率较大。

(1) 法国：目前申根国家里，获得多年多次最多，也是最容易的国家。

(2) 荷兰、瑞士、意大利、西班牙：有可能获得，但概率相对较小。

(3) 德国：商务签比旅游签获得多年多次的概率大一些。

(4) 北欧：基本按行程批，极少给多年多次签。

（四）第一次申请申根签证，注意事项

如何提高首次申请申根签证的成功率的建议如下。

(1) 无任何出境记录或只去过少数东南亚国家，不建议直接申请法国，可申请其他国家，按要求准备材料并补充说明信，提高通过率；

(2) 有丰富的出境记录，但没有申请过申根签证，可按自身情况准备材料，真实合理即可。

免签/落地签

免签　落地签　查看全部 >

免签/落地签

免签　落地签　查看全部 >

网上提交订单

提交签证材料

送签（面试）

出签

配送

热门免签/落地签目的地自由行

图4.37　TDS系统显示免签/落地签国家

四、常见拒签原因与解决办法

经典案例

案例一

顾客李女士，申请欧洲某申根国个人旅游签证后出签，并顺利返回，该国领馆要求李女士回国后5个工作日内前往领馆面试销签。但李女士由于工作繁忙，没有对面试销签引起重视，导致第二年再次申请其他申根国家个人旅游签证时，被拒签了。

案例解析

关于销签/面试销签，领馆可能是随机抽取，但也有可能在给您签发签证时已经对您的情况有所担心，才要求您回国后进行销签/面试销签。因此，如您被要求销签/面试销签，务必在领馆指定工作日内，完成销签/面试销签，以证明您的确已按时回国。针对李女士的情况，我司也建议顾客提供一份详细的英文情况说明写明当时未去参加面销的原因。

最终李女士顺利签出了该申根国个人旅游签证。

案例总结

如不按照领馆要求面试、面销将被办理领馆记录并影响下次签证的办理，因此面试面销很重要。

案例二

张女士圣诞节想和儿子去法国旅游被拒怎么办?

顾客张女士本人在吉林经营一家公司,由于近年来生意发展得非常红火,所以一直盘算着和家人一起去欧洲旅游、购物、放松心情。张女士的孩子在广州上大学,10月初,张女士和孩子一同在沈阳签证中心递交了材料,数日后签证资料返回,张女士和儿子的申请未被通过,拒签函中没有任何理由。

案例解析

拒签原因是张女士和孩子不可以一同在沈阳领区递交申请资料。我们建议张女士的儿子在广州签证中心先递交材料,随后张女士在沈阳领区也递交了申请,同时附加了一封详细的说明信。信中涉及了几个重要的内容点,首先说明了是想和孩子一同去法国旅游和基本个人信息,其次解释说明了上一次对于签证政策的不了解和经验不足直接导致了拒签。最后我们在解释信中附加了张女士儿子的护照号码及M号码方便签证官进行查询或核查。

最终张女士如愿以偿地得到了签证。

案例总结

所有法国签证的申请人必须在常住地或已在签证申请领区范围内居住超过三个月且持有暂住证。否则,签证官有权不受理申请人的申请或直接拒签。

案例三

情侣想去希腊旅游看海被拒签如何处理?

秦先生与顾小姐是男女朋友,两人刚开始工作,希望在国庆期间前往希腊游玩,之前他们已于2013年9月递交了签证申请遭到了拒签。

案例解析

秦先生与顾小姐由于工作时间不长,没有稳定的收入,且之前没有去过欧美国家,他们自己安排的行程与预订的酒店不符,所以导致了拒签。经过我们帮他们重新安排合理的行程以及补充了一些必要的材料如父母的资金担保之后,他们于一个月内重新申请了签证。

最终秦先生和顾小姐顺利地获得了签证。

案例总结

在收入不稳定的情况下,最好以直系亲属的资金作担保再申请签证。

案例四

小王是一名门店工作人员,他接待了四位前往欧洲的顾客,为顾客推荐旅游产品等前期工作已经完成,且已收取顾客16 300元/人的出团费,并在TDS系统上操作完成,但是其中两位顾客因为签证问题,不能出行,小王需要如何处理?

案例解析

首先,小王需和供应商协商,在还没造成损失的情况下,供应商通过系统将两名顾客共计

32 600元的团款退回系统账号中，并填写旅游团款退款确认书（固定模板），在系统中提交顾客转账截图和退款确认书，并修改原合同，让顾客重新签字，团款会原路退回。

（1）微信转账需提供记录（见图4.38）。

微信支付转账电子凭证

币种:人民币/单位:元

申请时间：2024-05-31 17:26:46		
转账单号：1000050001202405151		
付款方	微信号	
	姓名	
收款方	微信号	
	姓名	
交易金额	小写：17500.00 元 大写：壹万柒仟伍佰圆整	
转账时间	2024-05-15 10:04:14	
收款时间	2024-05-15 10:09:56	
交易场景	微信转账	
转账说明	微信转账	
交易状态	已收款	

说明:
1. 本《微信支付转账电子凭证》仅证明：申请人选择特定交易的相关信息。
2. 本《微信支付转账电子凭证》不得修改或涂改。
3. 本《微信支付转账电子凭证》仅供参考，请以微信支付账户记录为准。
4. 考虑到微信号可能发生变更，为免歧义，本凭证显示的收付款方微信号为用户申请凭证时经标记化处理后的收付款方微信号。

财付通支付科技有限公司　业务凭证专用章

图4.38　微信转账记录图示

（2）银行卡转账需提供转账记录（见图4.39）。

转给重庆悠程去哪儿国际旅行社有限公司

-6,040.00

交易成功　进度查询

收款账号	394401880000903
收款银行	中国光大银行
付款户名	
付款账号	6228···
转账方式	实时转账
转账附言	---
交易时间	2025-02-06 12:09:43

再转一笔　通知收款人

图4.39　银行卡转账记录图示

（3）旅游团费退款确认书模板。

旅游团费退款确认书

XXXX国际旅行社有限公司：

____年____月____日，本人通过贵司（XX市XX区）XXX门市部报名参加____年____月____日出团的________旅游活动，双方签订了旅游合同（合同编号：__________），并通过_____方式支付了____位游客（详见游客名单）共计______元的旅游团费。

现因________原因导致本次行程取消/变更，经与贵司友好协商，本人确认：因本次行程取消/变更所产生的资金损失/实际费用共计______元，旅行社应退金额______元，旅行社实际已退款金额为______元，旅行社本次仅需退款金额______元。请旅行社将退款汇入本人如下银行账户：

收款账户名：____________

收款银行账号：______________

收款开户支行：XXX银行XXX支行

游客代表：__________ 联系电话：__________

上述退款包括游客名单中____位游客所有应退团款。本人承诺：本人有权代表游客名单中____位游客签订本确认书；旅行社按本确认书退款的，双方权利义务终结；如因此导致同团其他游客出现纠纷的，由本人负责处理；给旅行社造成损失的，由本人负责赔偿。

游客或游客代表签章：

年　月　日

（4）系统变更日志显示（见图4.40）。

变更时间	人数	金额	变更状态	变更说明	变更人	处理人	操作
2024-05-14 15:31:30	成人:4 儿童:-	64800元	已确认		_Star3257913664	供应商	详细
2024-05-31 14:11:13	成人:- 儿童:-	-元	已确认	有两位客人签证问题被拒签	_Star3257913664	供应商	详细
2024-05-31 14:16:23	成人:2 儿童:-	34800元	已确认		_Star3257913664	供应商	详细
2024-05-31 15:24:01	成人:2 儿童:-	34800元	已确认		_Star3257913664	供应商	详细

图4.40 TDS系统变更日志

（5）重新签订合同显示（见图4.41）。

图4.41　TDS系统显示重签合同模板

经典案例

案例一

小王在门店工作期间，一位顾客有前往哈尔滨旅行的需求，但是顾客非本人出行，而是帮远在广东的儿子和儿媳预订，他们希望从广东出发前往哈尔滨，接到这个订单，小王该如何处理？

案例解析

首先，小王需要和顾客沟通，确认顾客出行交通、出行人数、时间等相关信息，再通过系统联系哈尔滨专线供应商，为顾客提供单地接业务或目的地参团业务产品供其选择，而后帮顾客预订大交通（机票、火车票），最后进入门店管理系统，完善系统内的预订流程（详细流程见案例分析一）。

案例二

小王在系统为顾客预订了订单，完善了所有预订流程，并与顾客签订了合同后，顾客却临时提出需要增加出行人数、更改出行日期，小王需如何处理？

案例解析

首先，小王需要和顾客沟通，进一步确认顾客变更后的出行人数、时间等相关信息，再登录门店信息管理系统，通过系统联系供应商，取消之前的预订信息，并重新为顾客填报更改后的信息，完成信息录入后重新发送合同短信链接，最后让顾客重新签字确认合同信息，完成预订流程。

案例三

小王在系统为顾客预订了订单，完善了所有预订流程，并与顾客签订了合同后，顾客却临时提出因身体原因（或其他紧急情况）需要取消订单，小王需如何处理？

案例解析

首先，小王需要和顾客沟通，建议顾客更改出行日期，尽可能挽留顾客，如若顾客执意退订，请顾客出具相关证明，并登录门店信息管理系统，通过系统联系供应商，取消之前的预订信息，待供应商确认之后，顾客的团款会退到系统账号中，最后根据公司财务的要求，填写并提交“旅游团费退款确认书”，财务将团费原路退回。

案例四

小王接待了一名云南游的顾客，是一位男士，年龄在65岁左右，小王需如何接待这名游客，以满足顾客的出行需求？

案例解析

首先，接到单男顾客，需要向顾客说明国内单人出行一般不接受拼房，需要补单房差，并告知单房差价格，再根据顾客实际需求提供云南旅游产品，考虑到年龄问题，一般不推荐云南海拔较高的地方如香格里拉，顾客如果自己要求前往，需告知其注意事项。

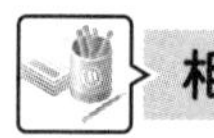 **相关链接**

哪些国家属于申根国或者是欧盟国家？

领馆规定：如行程中包含其他申根国家，需向停留晚数最多的国家申请签证；如所在的国家停留晚数相同，需向先进入的停留晚数相同的国家申请签证（如：行程中先去意大利3天、之后去法国4天、再去西班牙4天，需申请法国签证）。

申根国家名录：奥地利、比利时、捷克、丹麦、爱沙尼亚、芬兰、法国、德国、希腊、匈牙利、冰岛、意大利、拉脱维亚、列支敦士登、立陶宛、卢森堡、马耳他、荷兰、挪威、波兰、葡萄牙、斯洛伐克、斯洛文尼亚、西班牙、瑞典、瑞士。

欧盟国家名录：法国、德意志联邦共和国、意大利、荷兰、比利时、卢森堡、爱尔兰、英国、丹麦、希腊、西班牙、葡萄牙、芬兰、瑞典、奥地利、爱沙尼亚、拉脱维亚、立陶宛、波兰、捷克、匈牙利、斯洛伐克、斯洛文尼亚、马耳他、塞浦路斯、罗马尼亚、保加利亚。

欧洲经济区：冰岛、列支敦士登、挪威以及27个欧盟成员国。

什么是ADS签证？

ADS（Approved Destination Status）签证的中文解释是“被批准的旅游目的地国家”，加注

ADS签证后仅限于在被批准的旅游目的地国家一地旅游，此签证在目的地国家境内不可签转，不可延期，且持有这种签证的人必须团进团出。

什么是落地签证、免签证、过境签证？

落地签证是指游客不用在出发前申请目的地国的签证，而是到该国后再办理，可以免去入关前办理签证的各种手续。当然是有条件的，而且对中国实行落地签证的国家并不多。

免签证是指不用申请该目的地国家的签证，即可进入该国家。

过境签证是指游客取得前往某国家的入境签证后，搭乘交通工具时，途经第三国家的签证。有的国家规定，旅客搭乘交通工具通过其国境时，停留不超过24小时或一定期限的，均免办过境签证（一般都不允许出国际机场）。也有国家规定，不论停留时间长短或是否出机场，一律须办过境签证。对中国实行过境免签的国家并不多。

项目总结

1. 整体任务实施

本项目主要围绕现代旅游门店物料整理与迎宾服务、旅游产品基础知识、旅游目的地知识、旅游签证知识、FABE产品推荐方法、SPIN销售方法及故事销售方法、旅游产品订单处理等进行了详细的说明，也以携程TDS系统为例，将相关知识融入本项目中。

2. 课后测试与练习

（1）旅游门店产品物料的主要功能是什么？

（2）什么是黄金陈列区？它在门店陈列中的重要性体现在哪些方面？

（3）旅游门店产品物料的陈列原则有哪些？请简要说明。

（4）什么是FABE产品推荐法？什么是SPIN销售法？

（5）假设你是一位旅游门店的销售人员，正在向一位对巴厘岛感兴趣的游客推荐一个旅游产品，请用故事销售向游客作产品介绍。

（6）简述国内游订单处理流程的主要步骤。

（7）在处理旅行订单时，顾客非本人出行，而是为他人预订，需要特别注意哪些信息？

（8）在订单管理系统中，系统号的作用是什么？

（9）顾客在签订电子合同后临时提出更改出行人数和日期，应该如何操作？

（10）如果顾客因紧急情况需要取消订单，门店应遵循什么退款流程？

项目五　现代旅游门店售后及客权保障

项目导读

现代旅游门店既是旅游产品销售的前端，又是旅游产品售后的支撑，顾客可以在门店解决订单问题、获取行程变更帮助及其他售后服务，提升顾客满意度，增强顾客的信任感和忠诚度。本项目以旅游产品的售后为主线，以售后服务、顾客回访和对游客权益保障为任务，重点介绍了旅游产品的出行说明服务和行中服务，及顾客回访和旅游投诉的处理。

学习目标

知识目标

理解出行说明的定义、目的和内容构成。

掌握行中服务的流程、标准和关键点。

了解不同旅游产品的出行说明和行中服务差异。

掌握顾客回访的内容、技巧，顾客投诉的心理。

熟悉顾客回访的流程和方式。

了解投诉相关的法律法规。

能力目标

能根据旅游产品的特点，并结合客情，制定详细的出行说明。

能通过回访了解顾客出行服务体验信息，并正确整理、归类和处理反馈。

能认真倾听、记录、分析顾客投诉，并根据投诉类型作出妥善处理。

素质目标

培养良好的职业道德，能够秉承诚信、专业的态度为顾客服务；注重优秀心理品质的培养，以应对复杂的工作环境，保持冷静乐观的心态。

情感及思政目标

培养对现代旅游门店工作的热爱和认同感，愿意从事门店工作，在接待顾客的过程中，能够关注顾客的情感需求，提供贴心、个性化的服务。

强调诚信服务，确保出行说明的真实性和准确性。

项目任务描述

任务一：出行说明与行中服务

根据旅游产品的特点和顾客需求，制定详尽、准确的出行说明，并在行程中提供及时、有效的服务支持。

任务二：出行说明与行中服务

了解门店顾客回访目的、内容，针对不同顾客，选择合适的回访方式实施回访，完成回访后续工作。

任务三：现代旅游门店对客权益保障

了解顾客投诉的心理，根据顾客投诉类型，按照投诉处理对策给出正确的处理，提升顾客满意度。

岗课赛证要求

1. 出行说明专员主要职责

（1）负责制定和更新旅游产品的出行说明。

（2）确保出行说明的内容准确、详尽，符合顾客的需求。

（3）定期评估出行说明的效果，根据反馈进行改进。

2. 行中服务保障员主要职责

（1）负责在行程中提供顾客咨询、投诉和紧急情况的处理。

（2）确保顾客在行程中获得及时、有效的服务支持。

（3）收集顾客反馈，为提升服务质量提供依据。

3. 顾客满意度调查员主要职责

（1）收集顾客反馈：通过各种渠道，如在线调查、电话回访、登门拜访等，收集顾客对产品或服务的反馈和建议。

（2）分析数据：对收集到的数据进行深入分析，以了解顾客的需求、期望以及对产品或服务的满意度。

（3）提出改进建议：基于数据分析的结果，向相关部门提出改进建议，以提升顾客满意度。

（4）维护顾客关系：建立和维护良好的顾客关系，及时处理顾客反映的问题，提高顾客忠诚度。

4. 投诉处理专员主要职责

（1）受理顾客投诉：接待投诉，对投诉问题进行分类和初步评估。

（2）调查与核实：核实投诉的具体细节，收集相关证据，确保投诉处理有据可依。

（3）处理与解决：根据企业政策和实际情况，提出合理的解决方案，确保投诉在承诺的时间内得到处理，避免问题升级。

（4）跟进与反馈：落实投诉解决方案，回访客户，修复客户关系；对内反馈，推动服务或产品改进。

任务一　出行说明与行中服务

任务导入

本任务旨在使学生理解并掌握在现代旅游门店运营中，出行说明与行中服务的重要性和具体实施方法。通过此任务，学生将学习如何确保顾客在出行前获得详尽、准确的出行说明，以及在行程中提供及时、有效的服务支持，从而提升顾客满意度，保障顾客权益，增强旅游门店的专业形象和竞争力。

知识准备

- 出行说明
- 行中服务
- 不同产品的差异化处理

任务实施

在现代旅游门店运营中，出行说明与行中服务是保障顾客权益和提升顾客满意度的重要环节。本任务要求学生通过模拟（真实）案例，深入了解出行说明的制订方法和行中服务的实施流程。学生将学习如何根据旅游产品的特点和顾客需求，制订详尽、准确的出行说明，并在行程中提供及时、有效的服务支持。同时，学生还将学习如何处理顾客咨询、投诉和紧急情况，以确保顾客在整个旅游过程中都能享受到专业、贴心的服务。

一、出行说明的制订

（1）确定内容框架。根据旅游产品的特点，确定出行说明的内容框架，包括行程安排、住宿信息、交通指南、景点介绍、注意事项等。

（2）收集详细信息。与旅游产品提供商沟通，收集详细的行程安排、住宿标准、交通方式、景点开放时间等信息。

（3）了解目的地的天气状况、风俗习惯、安全提示等，为出行说明提供全面、准确的信息。

（4）编写出行说明。根据收集到的信息，并结合顾客需求，编写详尽、准确的出行说明；使用清晰、简洁的语言，确保顾客能够轻松理解；强调重要信息，如集合时间、地点、联系方式等，确保顾客在行程中不会错过关键环节。

（5）审核与修改。将出行说明提交给导师或旅游门店负责人审核，根据反馈意见进行修改和完善；确保出行说明的准确性和可读性，提升顾客体验。

二、行中服务的实施

（1）建立服务团队。组建专业的服务团队，包括导游、客服人员等，确保在行程中能够提供及时、有效的服务支持。

（2）服务流程规划。制定行中服务的标准流程，包括接机/站、入住酒店、景点游览、餐饮安排、紧急情况处理等；确保服务流程的合理性和可行性，提升服务效率。

（3）实时沟通与服务。保持与顾客的实时沟通，及时解答顾客咨询，处理顾客的行中投诉；在行程中提供贴心的服务支持，如提醒顾客天气变化、注意安全等。

（4）紧急情况处理。制定紧急情况处理预案，包括医疗救助、财物丢失、行程变更等；确保服务团队能够迅速、有效地应对紧急情况，保障顾客权益。

三、顾客反馈与总结

（1）收集顾客反馈。在行程结束后，通过问卷调查、电话访问等方式收集顾客反馈；了解顾客对出行说明和行中服务的满意度，收集改进建议。

（2）总结与分析。对收集到的顾客反馈进行总结和分析，找出服务中的优点和不足；提出改进措施，为未来的旅游门店运营提供借鉴和参考。

（3）持续改进。根据顾客反馈和总结结果，持续优化出行说明和行中服务；不断提升服务质量，满足顾客需求，提升顾客满意度。

下面具体以携程TDS系统为例作分析和说明。

经典案例

案例一

小王是一名门店工作人员，他接到了一个前往迪拜的订单，前期已经在TDS系统（Travel Distribution System）上对订单进行了系统预订、向供应商付款、提交客户信息、生成旅游合同等一系列处理，请问接下来他还需要对供应商和客户具体做哪些事宜？

案例解析

对于跟团游且是出境游产品，小王在系统上完成了订单流程后，还需要对接顾客和供应商，在出行前，需要向顾客提供出团通知书，并告知顾客出境目的国的民风民俗和一系列注意事项，为顾客出行提供方便，还应特别指出跟团游的自费项目、购物情况，此外，出团通知书应包含团号、线路名称、集合信息、航班信息、出行注意事项等，尽可能多为顾客提供出行信息，具体示例如下图5.1。

案例二

小王是一名门店工作人员，他接到了一位中年男子前往云南的散客订单，前期已经在TDS系统上对订单进行了系统预订、向供应商付款、提交客户信息、生成旅游合同等一系列处理，请问在顾客出行前和出行中他还需要具体提供哪些服务？

案例解析

对于跟团游产品，小王需向顾客进一步核对直客图对应的行程，沟通确认后，向顾客收款，

2024年12月21日

阿联酋7日游出团通知书

团号：DXB07CA241221A

航班信息	12月21日 CA451 重庆江北-迪拜 19:10 23:10 12月27日 CA452 迪拜-重庆江北 01:00 11:30

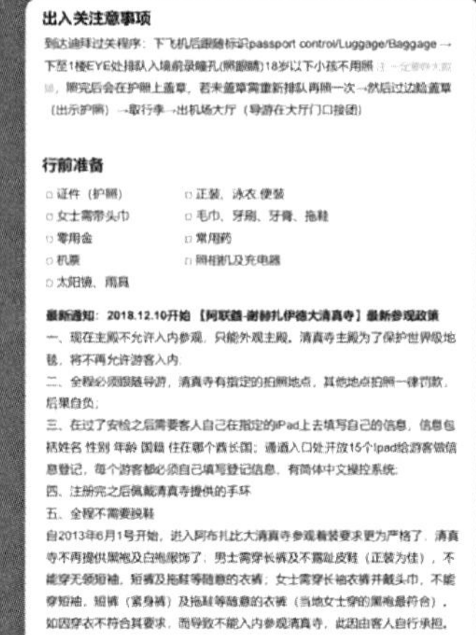
出入关注意事项

行前准备

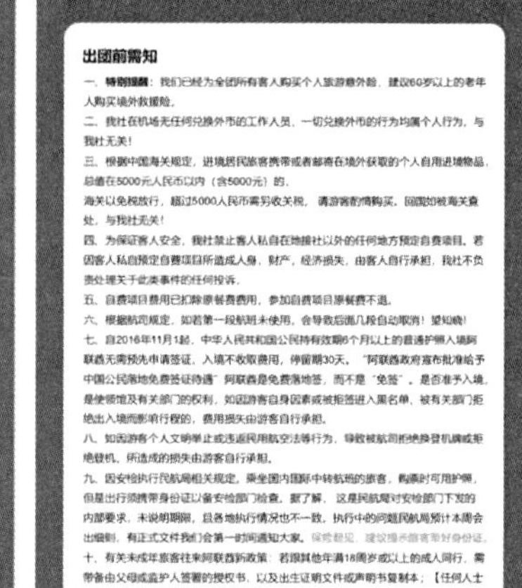
出团前需知

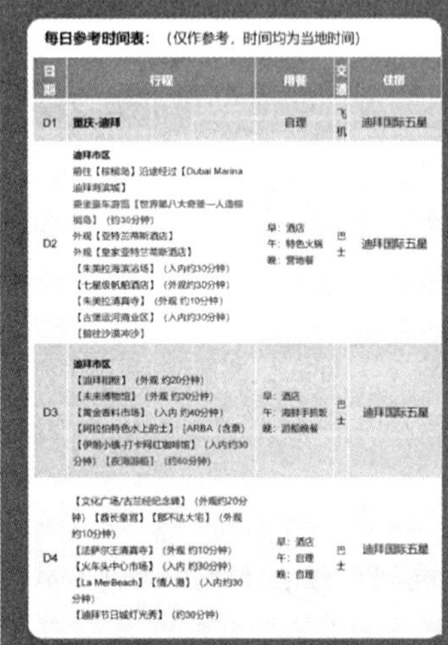
每日参考时间表：（仅作参考，时间均为当地时间）

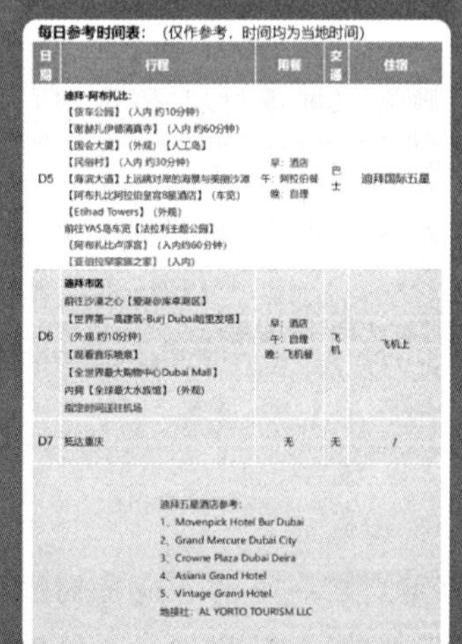
每日参考时间表：（仅作参考，时间均为当地时间）

迪拜五星酒店参考：

1. Movenpick Hotel Bur Dubai
2. Grand Mercure Dubai City
3. Crowne Plaza Dubai Deira
4. Asiana Grand Hotel
5. Vintage Grand Hotel

地接社：AL YORTO TOURISM LLC

团款包含：

团款不含

2024迪拜旅游特色项目参考价

1、具体根据当时情况由导游安排为准，此自费活动请向导游报名！

2、若在当地遇临时调价，游客决定是否参加，旅行社不承担此表格与实际价格的差价！

特别说明：

序号	项目	价格（美金）
1	棕榈岛360度观景平台（The View at the Palm）	90美金
2	Emirates Palace Hotel Afternoon Tea 酋长皇宫酒店下午茶套餐	100美金
3	At The Top Normal Timing 最高楼登塔门票普通时间（124 Floor）	100美金
4	未来博物馆（Museum of the Future）	120美金
5	七星帆船入内参观90分钟导览	140美金
6	Emirates Palace Hotel Lunch Buffet 酋长皇宫酒店国际自助午餐/晚餐	150美金
7	七星帆船酒店晚餐	300美金
8	Skydive Dubai The Palm 迪拜棕榈岛高空跳伞 含接送	900美金

迪拜自费活动安全告知

旅游者确认签字： 签字日期：

图5.1 行程单及出行事宜等

并在系统上完成订单操作流程，出行前再次对接顾客和供应商，为顾客再次发送直客图，并核对行程，向供应商确认出团通知书和航班信息，并告知顾客出团通知书、其航班信息和注意事项；在顾客行中，遇到任何问题，需第一时间回应并及时提供解决方案，直至顾客满意为止。

图5.2　直　客　图

出团通知书

尊敬的贵宾　　一行：

欢迎您参加我社组织的 2025 年 02 月 18 日【【跟着抖音去旅行】直飞丽江大理纯玩 5 天 4 晚游】】

团队编号		人数	共计 1 人(1 大)
云南师傅			

航班/大交通信息

启程 2025 年 02 月 18 日　成都(天府国际机场 T2)→丽江市　EU2991 07:45 航班起飞时刻

回程 2025 年 02 月 22 日　丽江→成都(天府国际机场 T2)　EU2992 22:20 航班起飞时刻

航班起降时间根据机场公告确定，可能由于实际情况发生变更,敬请谅解!

祝你旅途愉快

旅客名单

姓名	证件号码	联系电话	姓名	证件号码	联系电话
1.					

贵宾：您好，请您在出游之前务必仔细阅读旅行相关注意事项，以保证您旅途顺利!

一、出发前准备

1、旅行证件：成人持有效期内身份证，16 周岁以下儿童持户口本正本登机（如因游客自身原因造成误机，并由游客自行承担所有损失，我社将积极配合游客处理相关事宜），请您务必携带本人身份证。行李：航空公司规定，经济舱客人托运行李重量不超过 20 公斤（具体以实际订票规定执行为准）。在航空器上强占座位、辱骂殴打他人、妨碍机组正常履行职责、霸占航空器、破坏机上设施设备等行为，扰乱公共秩序，危害公共安全，构成违反治安管理行为的，公安机关将依法进行处罚；情节严重的，可能被追究刑事责任，请您遵规守法，文明乘机！

2、着装：准备衣物要根据季节的变化而定，云南地处云贵高原，一里不同俗十里不同天，气候变化较快，请出团前注意当地天气预报。请出团前注意当地天气预报，云南地处云贵高原，当地昼夜温差大，请带足保暖防寒衣物。

3、应带物品：出团时请自备牙具、洗漱用品、拖鞋，因多数酒店不配备此类物品，主要是为环保及个人卫生。云南日照强，紫外线强。长时间在户外活动,请戴上太阳帽、太阳镜，涂抹防晒霜,以保护皮肤。天气变化多端，请携带雨具。

4、旅游在外为方便出游，着装最好以轻便舒适的服装、鞋帽为主，建议穿着合脚的软底平跟或低跟鞋(如旅游鞋)，避免穿新鞋或高跟鞋。请自备所需日常用品，如：旅游鞋、墨镜、雨具（登山时请备雨衣）、拖鞋（因酒店多为一次性拖鞋，沾水后会较滑）等。还可随身携带一些常用药品，如：创可贴、藿香正气液等。

二、云南购物提示

1、云南特殊的气候适宜于很多品种花卉的生存，所有的鲜花、干花绝对是您从来没有见过的便宜，建议您可以多看一饱眼福，建议根据需求购买；

2、云南玉石和银器、普洱茶比较出名，客人可以根据自己需要和爱好购买。若无心向当地小贩购买旅游商品时，请不要随意触碰商品或还价，谈妥价钱后要购买，以免发生争执。请您认真填写游客意见书，我社将以意见书作为处理投诉的重要依据。

三、云南游览期间注意事项

1、游客不得参观或者参与违反我国法律、法规、社会公德和旅游目的地的相关法律、风俗习惯、宗教禁忌的项目或者活动。

2、云南地处云贵高原，一里不同俗十里不同天，气候变化较快，请出团前注意当地天气预报。请出团前注意当地天气预报，云南地处云贵高原，当地昼夜温差大，请带足保暖防寒衣物，云南日照强，紫外线强。长时间在户外活动,请戴上太阳帽、太阳镜，涂抹防晒霜,以保护皮肤。天气变化多端，请携带雨具。

3、云南属少数民族地区请尊重当地少数民族的宗教及生活习惯，避免和少数民族的人有什么冲突。

4、餐饮：云南饮食与其它地区有较大区别，可能有不合口味的情况发生。

5、云南少数民族众多，许多民族民风彪悍，要尊重当地的风俗习惯，请您尽量不要与当地人发生矛盾，避免不必要的争执和不快；当地各民族都有自己别具特色的称谓，具体如下：石林：男--阿黑哥 女--阿诗玛

大理：男--阿鹏 女--金花

丽江：男--胖金哥 女--胖金妹

中甸：男--扎西 女--卓玛

版纳：男--猫多里 女--骚多里

另外，整个云南境内，无论民族，都极其反感"小姐"这个称谓，如果需要，请用"小姑娘"代替。

6、云南寺庙众多，您在游历寺庙时有四大忌讳需牢记心头，以免不必要的争执与不快：

★与僧人见面常见的行礼方式为双手合十，微微低头，或者单手竖掌于胸前、头略低，忌握手、拥抱、抚摸僧人头部等不当礼节；

★在寺庙中不得吸烟、随地乱扔垃圾、大声喧哗、指点议论、随便走动；

★在大殿中切忌不要拍照、摄影、乱摸乱刻神像，踩踏大殿门槛；

★如遇佛事活动应静立默视或悄然离开。同时，要照看好自己的孩子，以免其因无知而做出不礼貌为；

四、云南游览期间安全事项

1、晚间休息，注意检查房门、窗是否关好，贵重物品可放在酒店保险柜或贴身保管。请您在前台及时索取酒店地址名片，记住导游的房间号码，以防遇到任何问题和紧急事项时可以联系。进房前，务必问询清楚次日进早餐时间、地点，以及出发集合时间、地点。洗浴时请注意防滑，建议提前铺好防滑垫。夜间睡房及离店时请确保关闭门窗。切勿将所住饭店的房间号告诉陌生人，或邀请陌生人到房间里访谈，以免发生人身和财物安全问题。

2、身份证件及贵重物品随身携带，请勿交给他人或留在车上、房间内。行走在街上特别注意小偷、抢劫者，遇紧急情况，尽快报警或通知领队、导游。

3、下车是请记住车号、车型，需询问清楚集合时间及旅游车停放地点。如迷路请站在曾经走过的地方等候，切不可到处乱跑，最当是随身携带酒店卡，若在迷路时可打车回酒店。现金、证件或贵重物品请务必随身携带，旅游车司机不负责贵重物品的安全。

4、飞机起飞、降落时一定要系好安全带，如要互换座位，必须待飞机平飞后进行。船上按要求穿好救生衣。

5、在参加活动时，一定要听从号令指挥，排位、坐落等有序进行，预留有足够安全空间，避免拥挤或推搡发生挤压、拉伤、跌伤落水、坠落等意外事件，注意保持安全间距。不要过于留恋景点或购物点而导致掉队或拖延，听从导游和团队领导的指挥和安排，按时到达指定地点集合,按时上车，避免耽误行程。不要单独行动，如有个人临时的活动安排或路线变化，必需提前征求领队和导游同意。

6、外出旅游必需注意饮食饮水卫生，不要购买或食用包装无厂家/无日期/无 QS 食品质量安全认证标志或过期的食品，以防饮食后有不良反应。若有不适，及时报告领队/导游设法就医诊治。

7、去风景名胜地旅游时，必需遵守参观地点旅游规定，禁止吸烟、随地吐痰、乱扔垃圾和随意进入非参观游览区内拍照等不良为；与游客和当地居民交际时，注意文明礼貌，尊重当地习俗；攀爬高处，既要防止跌落受伤，同时也要预防脚被尖锐物扎伤或被山区虫咬伤；经过高处或钢索栈道时，必需扶好栏杆或钢索，不要拥挤追逐，小心踏空；经过台阶和狭窄、路滑地段，谨防跌倒；如经过有正在 65BD 工地段，需保持安全距离，走安全通道，不要随意进入施工现场，防止跌落、扎伤、触电、坍塌等事故。

8、旅游过程中应遵守公民良好的道德文明规范（如尊老爱幼，排队候车/购物/就餐，不乱扔纸屑果皮壳，爱护公共财物，不随地吐痰/口香胶，公共场所不要高声喧哗或打闹，不讲脏话/粗口等），避免与他人发生口角或冲突；始终注意维护烟台亚琦（海阳入世通）和个人良好形象。其他外出必需注意安全事项（如遇恶劣天气必须注意预防暴雨山洪暴发、雷电伤害、山体滑坡、泥石流等）。

预祝您旅途愉快！

图5.3　出团通知书

成都⇌丽江

提醒 更多

去程 02-18周二 出行提醒 >

07:45—09:15 天府T2-三义

成都航EU2991 无餐食 空客320 到达准点率100% >

返程 02-22周六

22:20—23:45 三义-天府T2

成都航EU2992 无餐食 空客320 到达准点率100% >

图5.4 机票信息

任务拓展

经典案例

案例一

小王接待了一名云南游的顾客，是一位男士，年龄在65岁左右，顾客出行期间，联系小王想要在自由活动期间增加一日游或两日游项目，小王应如何处理？

案例解析

首先，小王需要联系供应商，询问地接社是否还有一日游、两日游空位，如泸沽湖、玉龙雪山等，如有空位，可让顾客补差价前往，小王需和供应商联系，让供应商单独提供一个产品号，在系统上更改顾客行程或添加顾客行程，并让顾客再签订一份合同。

案例二

小王接待了两名前往三亚旅游的顾客，年龄在40岁左右，顾客出行期间，其中一位顾客脚趾在海边受伤，联系小王之后的旅程想留在酒店休息，小王应如何处理？

案例解析

首先，小王应表达对顾客受伤的关切，并详细询问顾客的伤势情况，以了解是否需要紧急医疗援助，并及时联系供应商，与地接导游或领队核实顾客目前的状况，是否能继续后续行程，是否需要及时就医等问题，如产生就医费用，可协助顾客办理旅游人身意外伤害险等保险理赔相关事宜。如果顾客不能继续后续行程，需要调整旅游行程，鉴于顾客希望留在酒店休息，小王应与顾客沟通，了解他们是否希望取消或更改原定的旅游行程。根据顾客的意愿，小王可以协助联系旅行社或相关服务提供商，对行程进行相应的调整或取消，并确保顾客能够获得相应的退款或补偿。

此外，小王应确保顾客在酒店内的住宿舒适，可以提供房间送餐服务、安排酒店内的娱乐活动（如身体条件允许，不安排顾客观看电影、使用健身房等）等。

同时，小王应告知顾客酒店内的紧急联系方式，以便顾客在需要时能够及时寻求帮助，在顾客留在酒店休息期间，小王应定期询问顾客的伤势恢复情况，表达关怀之情。如果顾客需要任何进一步的帮助或支持，小王应及时提供。

最后，小王应记录整个事件的处理过程，包括顾客的伤势情况、提供的援助、行程的调整等。在顾客离开酒店后，小王可以向顾客发送问候邮件，询问其伤势是否完全康复，并邀请他们对酒店服务反馈意见。

案例三

小王接待了两名前往贵州旅游的女士，年龄在40岁左右，顾客刚到酒店就对房间内部的气味不满意，但是顾客到22：00回酒店后才联系旅行社，控诉房间发霉、有异味，面对这个情况，小王应如何处理？

案例解析

首先，小王应立即回应顾客的控诉，表达对她们不满情绪的理解和重视，安抚顾客的情绪，告知她们会尽快解决问题，确保她们能够得到舒适的住宿环境。

同时与顾客详细沟通，了解房间发霉、有异味的具体情况，如位置、程度等，并马上联系导游和酒店工作人员亲自前往房间进行核实，以确保对问题的准确了解。如果房间确实存在问题，小王应立即为顾客更换房间，或者提供其他可行的临时住宿方案，或免费升级酒店房型，在更换房间时，小王应随时和顾客沟通，确保新房间符合顾客的要求，且没有类似的问题。

其次，小王应与酒店管理层或相关部门沟通，反映顾客的问题，并要求酒店对存在问题的房间进行及时维修和处理，同时，询问酒店是否有类似的房间问题记录，以便了解是否为普遍存在的问题，并督促酒店采取相应措施预防类似问题的再次发生。

再次，小王应持续关注顾客的住宿情况，确保她们对新房间满意。在问题得到解决后，小王可以向顾客反馈处理结果，并表达对她们理解和配合的感谢。小王还应及时与旅行社沟通，告知他们顾客的反馈和处理结果，确保旅行社对顾客的情况有全面的了解，考虑是否需要为顾客提供额外的补偿或优惠，以弥补她们因房间问题带来的不便。

最后，小王应记录整个事件的处理过程，包括顾客的控诉、核实情况、提供的解决方案以及酒店方的反应等。

任务二　旅游门店顾客回访

任务导入

东北的冰雪主题旅游产品经过一段时间的销售，并没有如售前预想的那样为门店的销售额带来大幅度提升，门店经理安排小王就冰雪主题旅游产品的前期销售进行一次顾客回访，以期能够找到提升冰雪旅游产品的对策。

知识准备

- 顾客回访含义和目的

- 顾客回访的主要内容
- 顾客回访流程
- 顾客回访的后续工作

任务实施

一、门店顾客回访

（一）顾客回访的目的

顾客回访是指旅游门店在顾客完成旅游产品或服务消费后，主动通过电话、微信、邮件、问卷、拜访等多种方式与顾客联系，收集服务反馈、解决遗留问题、挖掘潜在需求，并维护顾客关系的系统性服务流程。它是顾客服务闭环管理的关键环节，旨在提升顾客满意度和品牌忠诚度。

图5.5 电话回访

旅游过程中出现的差错不一定会导致顾客不满意，但是出现差错后不处理、不回复的消极态度必然会引起顾客不满意。通过与顾客联系，及时主动了解和解决旅程中的问题，不仅能够避免负面口碑扩散，提升顾客满意度，带动口碑传播，还有助于获取顾客对行程安排、导游服务、住宿餐饮的真实评价，帮助优化产品设计或者挖掘潜在需求，向顾客推荐新线路或优惠活动，刺激二次消费。通过持续互动还能够增强顾客黏性，将单次交易转化为长期合作。

（二）顾客回访的内容

旅游门店顾客回访的主要内容包括：服务体验反馈收集，如行程安排是否合理、导游服务是否专业、餐饮住宿是否符合预期、有无突发问题、改进建议等核心问题；售后问题解决，如处理顾客投诉、兑现服务承诺等；需求深度挖掘，如通过顾客的历史消费数据推荐关联产品；营销活动推送，如推送限时优惠、高值会员权益等；顾客情感维护，如节日祝福、旅行纪念日关怀等。

二、顾客回访流程

（一）顾客回访流程

图5.6 旅游门店顾客回访流程图

1. 回访准备

在准备阶段，首先需要整理顾客资料，包括顾客联系方式、出游时间、旅游线路、消费金额，甚至是饮食禁忌、出行偏好等特殊要求。根据顾客类型，新顾客、复购顾客、投诉顾客等，确定回访目的、时间及方式。

2. 回访实施

按照回访计划联系顾客，根据顾客类型选择合适的时间和方式，围绕行程体验、服务评价、改进建议等目的展开沟通，做好沟通记录。

表5.1　门店顾客回访的执行关键

回访执行关键点	
时效性	境内游顾客返程后2～3天回访，境外游顾客返程后5～7天（考虑休息调整时间）
工具支持	使用CRM系统等工具标记顾客标签（如“亲子游偏好”“投诉敏感顾客”），制定差异化回访策略
人员培训	模拟“顾客愤怒投诉”“需求模糊”等场景，培训员工应对话术

3. 总结反馈

整理顾客反馈的各种信息，分析问题和顾客满意情况，将顾客分为“满意”“一般”“不满意”三类，针对顾客不满意的问题提出改进措施，将回访情况和改进建议汇报门店管理者或者相关部门，持续关注改进情况。

（二）顾客回访方式

门店顾客回访常见的方式有电话回访、短信回访、社交媒体回访、电子邮件回访、上门回访等方式。

表5.2　门店顾客回访的方式及适用对象和场景

回访方式	适用对象和场景	具体操作	案例
电话回访	高价值顾客、投诉顾客	1. 开场白：“您好，我是XX旅游的客服XX，想了解您对上次旅行的体验” 2. 倾听顾客反馈，记录关键问题 3. 结束时致谢并告知后续服务	顾客张女士参加“云南亲子游”后，电话回访中得知她对导游服务满意，顺势推荐“暑期海岛亲子营”
短信回访	批量顾客、简单反馈收集	1. 模板：“尊敬的顾客，感谢选择XX旅游！请对本次服务评分（1～5星），回复数字即可” 2. 对低分顾客转为电话回访	发送短信后，收到顾客回复“3星”，客服主动联系得知是餐饮安排问题，补偿50元优惠券
社交媒体回访（微信/私信）	年轻顾客、社群维护	1. 发送图文链接（如满意度调查表） 2. 结合朋友圈互动（点赞评论）拉近距离	顾客在朋友圈晒出旅行照片，客服评论：“景色太美了！下次推荐您去西藏林芝看桃花！”
邮件回访	境外顾客、需详细反馈	1. 附赠电子版旅行相册或优惠券 2. 设计问卷链接（如“行程满意度”“导游专业度”评分）	发送邮件后，顾客填写问卷并提到“希望增加英文导游”，门店后续推出“多语种服务”产品线
上门回访	大客户、老年顾客	1. 携带小礼品（如旅行纪念品） 2. 当面沟通需求，展示新产品手册	针对长期合作的企业客户，上门赠送定制旅行台历，并推荐“高管团建定制游”服务

（三）顾客回访技巧

回访的核心是通过专业流程和人性化沟通，将售后环节转化为二次销售的机会，同时积累口碑。在回访中，需要注意以下几点。

（1）选择合适的回访时间，根据回访顾客的生活工作习惯，选择不同的回访时间，通常工作日晚7～8点回访上班族，上午10～11点回访老年顾客，避免节假日早晨或深夜联系。

（2）营造良好的回访氛围，始终保持热情、礼貌和耐心，让顾客感受到被重视，他的反馈意见很重要。回访结束时向顾客表示感谢。

（3）积极倾听和记录，回访中用“嗯，我理解”“您说得对”等肯定的话语回应顾客，在情感上与顾客共鸣，不打断、不质疑、不否定顾客，让顾客充分表达意见。标记顾客的个性化需求，并在下次服务中直接体现。

（4）避免过度推销，回访中可以根据顾客的需要有针对性地进行产品推荐，但是产品推荐一定位于解决问题之后，不能顾客刚投诉完或者刚表达了不满意，就直接推荐新产品。为避免因此产生的反感，一般在问题解决后一周再择机推荐。

三、顾客回访的后续工作

旅游门店在完成顾客回访后，需通过系统化的后续工作将反馈转化为服务优化和顾客关系维护的实际行动。

（一）整理与分析

将顾客意见按“满意度”“投诉”“建议”等标签分类，使用CRM系统记录顾客偏好。汇总顾客对行程、服务、产品的评价，形成可视化报告，显示顾客满意度评分、高频问题统计等内容，提出改进和建议。

（二）反馈与改进

针对顾客的投诉，在24小时内响应不满意顾客，提供投诉问题的解决方案。

针对顾客反馈的问题，如行程安排不合理、导游服务不佳等，由相关部门商讨解决方案，明确责任人和时间节点，将解决方案第一时间告知反馈问题的顾客，确认顾客是否满意，若顾客有新想法则继续协商。

针对顾客普遍反馈的问题，将顾客建议反馈至产品部门，推动服务迭代升级。定期召开复盘会议，针对高频问题制定改进计划，促进服务改进落地。

针对业务知识欠缺、服务态度、应急处理能力、沟通技巧的问题，设计相关培训内容，强化员工培训，提升工作人员素质。

（三）跟踪改进效果

通过二次回访验证改进措施的有效性，撰写详细的回访总结报告，包括信息整理、问题解决、优化措施、数据对比等内容，为决策提供依据。

（四）顾客回访的实操案例

1. 案例背景

顾客刘先生一家五口参加了“泰国普吉岛6日游”，返程后第3天接到门店回访电话。

2. 回访过程

1）服务反馈

回访员询问：“您对出海浮潜项目的安全性评分如何？”

刘先生反馈:"救生员数量不足,孩子有些害怕。"

2)问题解决

门店致歉并补偿200元水上项目代金券,承诺与地接社整改。

3)需求挖掘

回访员得知刘先生父母明年金婚,推荐"婚纱摄影+巴厘岛度假"定制产品。

4)营销推送

告知"家庭顾客年度会员计划":年消费满3万元送免费境外接机。

3. 成果

刘先生当场预订父母金婚旅行,并介绍同事签约企业团建。门店根据反馈要求地接社增配双倍救生员,普吉岛产品投诉率下降60%。

任务拓展

(1)顾客线上回访的注意事项有哪些?

(2)制定一份顾客回访调查问卷。

任务三　现代旅游门店对客权益保障

任务导入

李先生夫妇结束东北冰雪旅游行程后,小王通过电话回访,了解到李先生夫妇在东北旅游期间,旅游体验与宣传内容有较大差异,并因此提出了投诉。小王需要对李先生夫妇的投诉作出正确的处理,争取顾客的满意。

知识准备

- 顾客投诉的含义、顾客投诉心理
- 顾客投诉的处理对策
- 顾客投诉涉及的主要法律法规

任务实施

一、旅游门店顾客投诉及其心理

(一)投诉的定义

顾客投诉是指顾客主观上认为由于服务人员工作上的差错,损害了他们的利益,而向有关管理人员或部门进行反映或要求给予处理的行为。投诉的原因多种多样,有主观方面的,也有客观方面的。

图5.7 旅游服务热线及服务功能

1. 主观方面的原因

(1) 服务态度不好。服务人员的服务态度是顾客投诉的主要原因之一。例如,在工作中态度冷淡、怠慢顾客、忽略顾客的合理要求、语言粗鲁、不尊重顾客的风俗习惯,甚至区别对待顾客等。所有这些言行都会引起顾客的反感,甚至引发冲突。

(2) 服务行为不良。不良的服务行为表现在:未经顾客同意闯入顾客房间,将物品"扔"到顾客面前,经常忘记顾客交代过的事情,损坏、丢失了顾客的物品,导游游而不导或者擅自变更参观计划;酒店清洁卫生和菜品质量不达标等。

2. 客观方面的原因

(1) 有关设备有问题。设施损坏后未能及时修理。这是针对饭店空调、照明、供水、供暖、供电、电梯等设备,以及游览项目的主要设施设备的运转和使用而提出的意见。

(2) 发生了异常事件。因无法买到车、船票,或因天气原因飞机不能按时起飞;旅游旺季被迫降低住宿标准,或者行程中资源使用受阻等引起的投诉,都属于异常事件的投诉。旅游企业或门店很难控制此类投诉,但顾客希望旅游企业或门店能够提供有效的帮助。服务人员应尽量在力所能及的范围内帮助顾客解决,如实在无能为力,应尽早向顾客解释清楚。

旅游出行纠纷排名2024年消费类微博热搜第一

黑猫投诉(新浪旗下消费者服务平台)联合微博热点连续第六年发布《2024年消费者权益保护白皮书》。白皮书以微热点研究院、新浪微博数据中心与黑猫投诉三方数据为基础,以数据报告的形式梳理、分析2024年消费维权整体情况。黑猫投诉通过对2024年277个消费类微博热搜数据盘点,分类汇总整理出消费者最关注的三类问题:旅游出行纠纷、直播带货乱象、食品安全问题,其中旅游出行纠纷占比13.62%,排名第一。

2024年旅游消费市场持续升温,根据国内旅游抽样调查统计结果,2024年,国内出游人次56.15亿,比上年同期增加7.24亿,同比增长14.8%。2024年,国内游客出游总花费5.75万亿元,比上年增加0.84万亿元，同比增长17.1%。

随着旅游消费热度的上升，与之相关的消费维权问题数量也有所增加。例如在线旅游平台退改困难、机票预订后大幅度降价、航空公司锁座、酒店及民宿宣传与实际不符等各类消费问题。中消协公布的《2024年全国消协组织受理投诉情况分析》旅游投诉量同比增长63.24%，上升明显。（数据来源：新浪财经）

（二）投诉的心理

1. 求尊重的心理

作为一个社会人，都有自尊、自重、自信的需要。顾客在旅游过程中受到不公正待遇后，会采取投诉行为，其目的是希望得到别人的尊重与同情。他们希望有关部门重视他们的意见，认同他们的投诉，向他们表示歉意，并立即采取相应的行动，积极地弥补服务中的过失。投诉如果得到了圆满的解决，顾客会觉得自己的自尊得到了满足，从而减少挫折感。

2. 求发泄的心理

精神分析理论认为，个体遭受挫折就会产生紧张焦虑的情绪，这种情绪一定要通过某种形式发泄出来，心理才能保持平衡。顾客在旅游过程中碰到令他们烦恼的事情之后，或者被讽刺挖苦甚至被辱骂之后，心中充满了怨气、怒火，要利用投诉的机会发泄出来以维持心理平衡。顾客之所以投诉，是因为他们认为自己花钱是为了寻求愉快、美好的体验和经历，如果受到了不公平的待遇，则会认为自己花钱买气受，这种强烈的反差促使他们选择投诉以获得心理平衡，找回自己作为顾客的权利与尊严。

3. 求补偿的心理

顾客在遭受了一定损失而向有关部门投诉时，希望能够得到一定的补偿，这是一种普遍的心理。如购买到劣质商品、行李物品因非自身原因丢失，未征得顾客同意被安排参加计划外的付费项目，减少行程项目等。由于旅游工作者的失误行为所带来的精神伤害，在法律上顾客也有权利要求物质赔偿。

4. 求保护的心理

顾客敢于投诉，是自我法律保护意识的觉醒。通过合法的途径投诉，既是为自己，也是为所有的消费者，寻求利益保护。通过投诉，使相关部门重视顾客的反映并不断改进工作，服务质量才能不断提高，顾客才能在今后的旅游中得到更优质的服务。

二、顾客投诉处理对策

（一）礼貌接待，耐心倾听

旅游企业和门店工作人员对顾客的投诉一定要礼貌对待、耐心倾听，要当一个好的听众。讲话人员希望听话人专心听，因为没有哪位顾客希望自己的投诉被忽视。听者对顾客所叙述的情况要予以认真的对待，不能左顾右盼，显得心不在焉，更不能显得不耐烦或做其他事情，要使

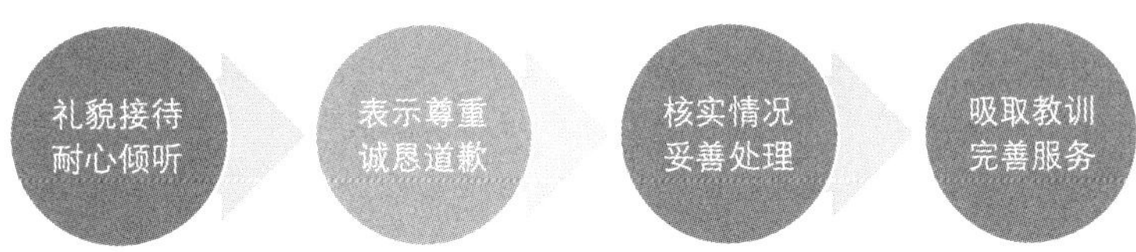

图5.8　旅游投诉处理对策

顾客感到你对他的投诉是很关注的。耐心倾听，当一个好听众，往往可以使本来怒气冲冲的顾客很快平静下来。即使对方出言不逊，也应该采取容忍的态度，千万不要急于辩解或反驳。因为一方面只有让顾客把心中所有的不满发泄出来，才能缓和他们激动的情绪；另一方面，只有认真倾听，让顾客把话说完，才有利于弄清事实真相，以便采取最适当的解决方式。如果接待人员急于解释、说服甚至反驳，其结果往往是原有的问题不但得不到解决，又产生了新的问题。因为投诉者的心理是希望接待者接受他的意见，并作出使之满意的处理，而不是希望听到辩解和反驳。在投诉者盛怒时，接待者的解释可能会被认为是对他们的指责和不尊重，使顾客越发受到刺激，增加处理的难度。

（二）表示尊重，诚恳道歉

希尔顿酒店的创始人希尔顿先生曾有句名言："一、顾客永远是对的；二、即使是顾客错了，请参看第一条。"无论真相如何，发生投诉，就意味着服务还存在缺陷，并给顾客带来了不便与烦恼，他们发牢骚、投诉，是因为他们确实遇到了问题和麻烦，确实需要服务人员的帮助，而他们的投诉将有助于门店工作人员改进工作。学会站在投诉者的立场考虑问题，以诚恳的态度向他们表示理解、尊重与歉意；注意倾听，注意平息顾客的怒气，适当地通过岔转话题，比如询问顾客的行程、身体状况等，转移顾客的怒火；以旅游单位代表的身份欢迎并感谢他们提出批评和意见。有时，还可以请职位高的经理或主管来向顾客道歉，以示重视。

（三）核实情况，妥善处理

顾客的投诉，不一定全部合理，接到投诉后，应尽快核实情况，作出恰当处理。对投诉的核实，就是要找出投诉的缘由和出错的环节。若投诉属实，应立刻道歉，在征得顾客同意后作出补偿性处理。征得顾客同意，是为了避免处理时不合顾客意愿，反而使问题更复杂化。

对一些较复杂的问题，在弄清真相之前，不要急于表态或处理，更不要作盲目的承诺。对暂时不能处理好的事，要让顾客知道事情的进展，使他明白，他所提的意见已被我们重视，并已安排处理。不仅可以避免顾客误会，顾客也不会认为门店工作人员将他的投诉置之不理。

投诉处理结束后，门店工作人员要了解顾客对处理结果的满意程度，并对其合作与谅解表示感谢。投诉不应影响门店工作人员对全团顾客的服务态度和积极性。即使对那些事后证明投诉没有道理的顾客，门店工作人员也不能冷落他们，更不能埋怨他们。

（四）吸取教训，完善服务

门店工作人员必须认识到，没有一个顾客愿意投诉，应该把顾客的每次投诉看成一次改善服务、留住顾客的机会，必须尽一切努力，保证投诉的顾客得到安抚，重新赢得顾客对旅游企业和门店的信心。问题解决后，要再与顾客联系，欢迎他再提宝贵意见。做好投诉处理记录和报告，向上级汇报整个过程。

定期了解顾客对投诉处理工作的反映，及时归纳经验、总结工作中的疏漏和不足，并整理成书面意见，呈给总经理或相关部门，以便引起重视，帮助旅游企业和门店不断改进服务工作，完善管理制度。

三、顾客投诉相关法律法规

（一）主要法律文件

1.《中华人民共和国消费者权益保护法》

旅游门店顾客作为旅游产品和服务的购买者和消费者，其权益也应受到《中华人民共和国

图5.9　《中华人民共和国消费者权益保护法》和《中华人民共和国旅游法》

消费者权益保护法》的保护,其合法权益主要有以下几个方面。

（1）旅游自由权。旅游自由权包括旅行自由权和逗留权。前者是指旅游者在不违背有关法律法规和履行了必要手续的条件下,有权按照自己的意愿前往各地旅行,其旅行方式、旅行时间和旅行地点均不应受到不合理的干涉；后者是指旅游者在旅游目的地和途中有权根据自己的需要逗留,其逗留的时间、方式也不应受到不合理的限制。

（2）旅游服务自主选择权。旅游服务自主选择权是指旅游者有权自行选择旅游目的地、旅游经营的企业、旅游线路、旅游项目和旅游服务等级,不受任何部门、企业、单位和个人的干预。

（3）旅游公平交易权。旅游公平交易权是指旅游者在购买旅游企业的产品和服务时有权获得公平、公正的待遇,旅游企业不得用任何欺骗、恐吓的手段来诱骗和强制旅游者购买。旅游者对交易的旅游产品和服务不满意时拥有拒绝购买和签约的权利。

（4）旅游服务内容知悉权。旅游服务内容知悉权是指旅游者在购买和接受旅游服务时,有获悉包括服务内容和其他相关信息的权利,旅游企业有向旅游者提供真实情况和信息的义务。旅游者购买和接受服务时,有权了解旅游目的地和游览的景点的知识,旅游企业和服务人员有义务向旅游者作真实的介绍。

（5）依约享受旅游服务权。依约享受旅游服务权是指旅游者有权享受所签旅游合同中约定的服务数量和质量,旅游企业和服务人员应当按照合同提供相应数量和质量的旅游服务。对合同规定之外的服务,旅游者有权予以拒绝。

（6）人身和财物安全权。人身和财物安全权是指旅游者在购买了旅游企业的旅游产品和服务后,享有其人身和财物不受侵犯的权利,旅游企业和服务人员有采取一切措施保障旅游者的人身和财物安全的义务。

（7）医疗、求助权。医疗、求助权是指旅游者在旅游过程中患病或受伤时享有治疗的权利和在遇到困难时享有请求获得帮助的权利,旅游企业和服务人员有予以协助的义务。

（8）求偿权和寻求法律救援权。求偿权是指旅游者的上述合法权益受到损害或侵犯时,有向有关部门投诉和要求有关旅游企业或保险公司赔偿的权利。寻求法律救援权是指旅游者的合法权益受到侵害而又得不到满意的解决时有向法院提起诉讼的权利。

2.《中华人民共和国旅游法》

作为旅游行业的最高法律，为保护旅游者的合法权益，《中华人民共和国旅游法》中明确规定，旅游者有权自主选择旅游产品和服务，有权拒绝旅游经营者的强制交易行为，有权知悉其购买的旅游产品和服务的真实情况，有权要求旅游经营者按照约定提供产品和服务。

在旅游过程中，旅游者的人格尊严、民族风俗习惯和宗教信仰应当得到尊重，并且残疾人、老年人、未成年人等旅游者在旅游活动中依照法律法规和有关规定享受便利和优惠。旅游者在人身、财产安全遇到危险时，有请求救助和保护的权利；人身、财产受到侵害的，有依法获得赔偿的权利。

同时法律也明确，旅游者在旅游活动中应当遵守社会公共秩序和社会公德，尊重当地的风俗习惯、文化传统和宗教信仰，爱护旅游资源，保护生态环境，遵守旅游文明行为规范。在旅游活动中或者在解决纠纷时，不得损害当地居民的合法权益，不得干扰他人的旅游活动，不得损害旅游经营者和旅游从业人员的合法权益。

（二）相关法规和规章

1.《旅行社条例》及其实施细则

《旅行社条例》和《旅行社条例实施细则》详细规定了旅行社的经营行为。旅行社为旅游者提供服务时，提供的旅游服务信息必须真实可靠，不得作虚假宣传；安排或者介绍的旅游活动不得含有违反有关法律法规规定的内容；不得以低于旅游成本的报价招徕旅游者；不得组织旅游者到国务院旅游行政主管部门公布的中国公民出境旅游目的地之外的国家和地区旅游，组织中国内地居民出境旅游的，应当为旅游团队安排领队全程陪同，领队必须持有导游证。

旅行社为旅游者提供服务，还应当与旅游者签订旅游合同，对旅游合同的具体内容作出真实、准确、完整的说明。未经旅游者同意，旅行社不得在旅游合同约定之外提供其他有偿服务，即使安排旅游者也有权拒绝，并且旅行社不得以任何借口、理由，拒绝继续履行合同、提供服务。旅行社和旅游者签订的旅游合同约定不明确或者对格式条款的理解发生争议的，应当按照通常理解予以解释；对格式条款有两种以上解释的，应当作出有利于旅游者的解释；格式条款和非格式条款不一致的，应当采用非格式条款。

未经旅游者同意的，旅行社不得将旅游者转交给其他旅行社组织、接待。接受委托的旅行社违约，造成旅游者合法权益受到损害的，作出委托的旅行社应当承担相应的赔偿责任。接受委托的旅行社故意或者重大过失造成旅游者合法权益损害的，应当承担连带责任。旅行社对可能危及旅游者人身、财产安全的事项，应当向旅游者作出真实的说明和明确的警示，并采取防止危害发生的必要措施。

2.《旅游投诉处理办法》

为了维护旅游者和旅游经营者的合法权益，依法公正处理旅游投诉，《旅游投诉处理办法》明确规定了旅游投诉的管辖、受理和处理。

与旅游投诉事项有直接利害关系的投诉人，可以就认为旅游经营者违反合同约定的；因旅游经营者的责任致使投诉人人身、财产受到损害的；因不可抗力、意外事故致使旅游合同不能履行或者不能完全履行，投诉人与被投诉人发生争议的；其他损害旅游者合法权益的事项向旅游投诉处理机构投诉。

处理客人投诉的30条建议

法国菲利普·布洛克在所著的《西方企业的服务革命》一书中，提出了处理客人投诉的50条建议，倡导旅游企业要理性地解决与旅游者之间的纠纷，这里仅列举前30条。

(1) 对待任何一个初次接触的人和对待客人一个样。

(2) 没有无关紧要的接触和不重要的客人。

(3) 投诉不总是容易辨认清楚的。

(4) 没有可以忽视的投诉。

(5) 一份投诉是一次机遇。

(6) 发牢骚的客人并不是在打搅我们，而是在行使他的最高权力。

(7) 处理投诉的人一定被认为是企业最重要的人。

(8) 迅速判明投诉的性质。

(9) 用关键词限定投诉内容。

(10) 当无理投诉出现高峰时，应当设法查明原因。

(11) 在采取纠正行动之间，应立即对每一次投诉做礼节性的答复。

(12) 要为客人的投诉提供方便。

(13) 使用问卷调查表以方便谈话。

(14) 组织并检查答复投诉后的工作安排。

(15) 接待不满的客人时，要称呼他的姓，握他的手。

(16) 处理投诉应因人而异。

(17) 请保持轻松、友好和自信。

(18) 让客人说话。

(19) 要做记录，可能时使用一份印制的表格。

(20) 告诉客人他(她)的问题由你负责处理，并切实去处理。

(21) 要答应采取行动，还要设法使人相信你的承诺。

(22) 要在投诉登记在案后立即开始行动。

(23) 告诉客人他(她)的投诉是特殊的。

(24) 不谈与客人无关的私事。

(25) 防止露出羡慕、烦躁或偏执等情绪。

(26) 既要让人说话，又要善于收场。

(27) 学会有效地发挥电话的功用。

(28) 要像对待老主顾那样对待不是你的客人的人。

(29) 决不要在地位高的客人和棘手的问题面前胆怯。

(30) 要核实别人向你传递的信息。

项目总结

1. 整体任务实施

本项目主要围绕现代旅游门店出行说明和行中服务、顾客回访相关问题、顾客投诉处理等方面的专业知识，是确保顾客顺利出行和提高顾客满意度的重要步骤。

2. 课后测试与练习

(1)顾客回访的主要目的是什么？

(2)在顾客回访流程中，回访准备阶段需要做哪些工作？

(3)顾客回访的常见方式有哪些？请说明其适用对象和场景。

(4)假设你是一名出行说明专员，负责为一条前往日本的7日游线路制定出行说明。请列出出行说明应包含的主要内容，并详细说明每个部分应包含的关键信息。

(5)在模拟的云南游行程中，一名顾客突然感到身体不适，无法继续参加接下来的行程。作为门店工作人员，你应如何处理这一情况？

(6)一名计划前往三亚旅游的顾客来电咨询，询问关于海边活动的安全措施和是否提供防晒用品。作为门店工作人员，你应如何准确、耐心地解答顾客的咨询？

(7)请为一条前往贵州的旅游线路设计一份紧急情况处理预案，预案应涵盖医疗救助、财物丢失、行程变更等常见紧急情况。

(8)假设你收到了一份关于前往迪拜旅游团的顾客反馈问卷，其中部分顾客对住宿条件和自费项目安排表示不满。作为门店工作人员，你应如何分析这份反馈，并提出改进计划？

项目六　现代旅游门店客源拓展

项目导读

本项目是现代旅游门店客源拓展阶段，是现代旅游门店的重要运营环节。本项目以现代旅游门店客源拓展的工作流程为主线，以现代旅游门店线上线下拓客与留存为任务，重点介绍流量的概念、功能、类型、构成要素等，以及使用线上线下流量拓客的技巧，顾客的留存、裂变，并引入行业新知：旅游门店社群管理系统，引导学生学习、思考行业新变化，培养学生具备终身学习和创新意识。

学习目标

知识目标

掌握流量的概念。

熟悉流量的基本构成要素。

掌握平台内容分发和运营的注意事项。

能力目标

能制作拉新、运维方式的策划文案。

能与团队成员合作完成门店流量引入等相关方案。

能主动学习项目任务所涉及的拓客方式等，并将其融入门店拉新过程中。

素质目标

培养创新意识、终身学习意识。

拥有团队协作意识和求真务实的工作作风。

具备勇于展示的态度、审美意识、诚实守信等职业素养。

情感及思政目标

在流量运营及门店拉新工作中，以正确的引流方式观念为导向，推动业务与文化、思政教育的有机融合。

项目任务描述

任务一：现代旅游门店流量引入

能合理打造门店人设，为门店流量引入奠定基础。

任务二：现代旅游门店流量转化

掌握门店公私域流量转化技巧。

任务三：现代旅游门店流量数据分析

能做好流量数据分析相关工作，为门店进一步拓客等打下基础。

任务四：现代旅游门店用户留存

能借助推荐机制形成“老带新”良性循环，叠加复购与多元变现，实现用户规模与营收的双轮驱动。

岗课赛证要求

（1）能根据客群定位，打造具有较高识别度的门店人设。

（2）能运用流量引入等方法，提高门店销售额，确保门店各项业务能如期完成。

（3）能运用好旅游新媒体及流量分析等方面的技术手段，做好线上及线下用户转化和留存等工作。

任务一　旅游门店流量引入

任务导入

针对门店的目标顾客分析，小王的团队成员分析讨论，认为如何在互联网上展示门店的人设定位非常重要，如何在短时间内，让受众了解门店的特色和比较优势非常关键。所以，前期需要对门店的特色进行梳理，打造门店的人设定位，再对受众的特点进行补充调研，结合新媒体平台的特点，针对性地设计内容，同时形成分析报告，为后续工作打下基础。

知识准备

- 门店人设定位
- 门店账号矩阵
- 旅游新媒体平台
- 旅游新媒体平台内容设计

任务实施

一、打造门店人设定位

在当今竞争激烈的旅游市场中，旅游门店想要脱颖而出，吸引更多游客，打造独特的人设成为关键。人设，即人物设定，是旅游门店在游客心目中的形象定位。一个鲜明、独特且富有吸引力的人设，能够让旅游门店在众多竞争对手中崭露头角，赢得游客的信任和喜爱。

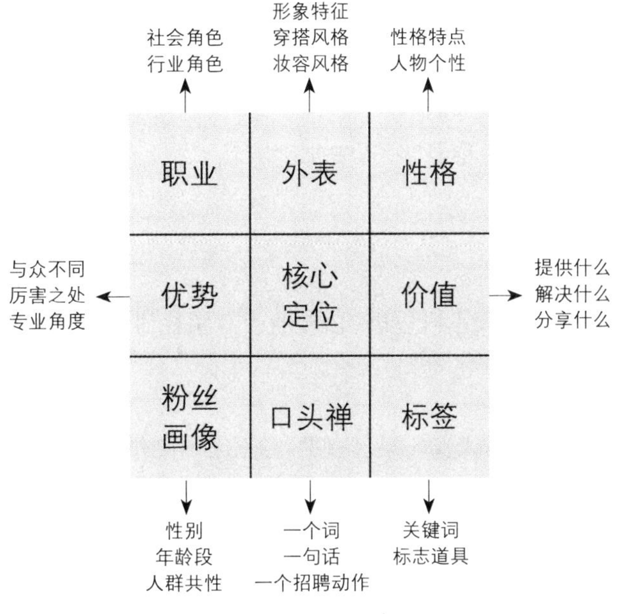

图6.1　门店人设定位九宫格

（一）门店人设的作用

1. 差异化竞争的核心武器

当线路、酒店等硬件趋同时，人设赋予门店独特标签。如“深度体验游专家”聚焦在地文化，设计非遗手作、民俗家访等沉浸式项目；“亲子旅游倡导者”开发互动农场、科普课堂等亲子专属活动，精准吸引目标客群，避免陷入价格战。

2. 建立情感连接的信任纽带

专业且亲和的人设能引发价值观共鸣。例如“环保旅行达人”门店，通过推荐低碳路线、组织公益捡滩等活动，吸引环保意识强的游客。这类游客视门店为“同频者”，更易产生品牌忠诚，数据显示，符合用户价值观的品牌复购率可提升30%。

3. 口碑传播的隐形引擎

人设落地的优质体验催生自发传播。以“贴心服务至上”为定位的门店，通过客服4小时在线响应、突发状况快速处理等细节，让游客成为“自来水”。据统计，每位满意游客平均会向8人推荐，形成低成本高转化的传播链。

（二）门店人设的定位

1. 按年龄分层定制人设

1）Z世代（18～29岁）

偏好“潮流旅行引领者”人设，门店需捕捉网红打卡地、沉浸式剧本杀旅行、露营市集等趋势，员工化身“旅行博主”，提供穿搭攻略、社交平台出片指南。

2）中老年（45+岁）

信赖“资深旅行管家”形象，强调行程舒适度、安全保障及文化深度，员工以专业稳重的风格提供一对一行程规划。

2. 依兴趣爱好细分赛道

1）摄影爱好者

打造“摄影旅行专家”，配备机位地图、光线指南，甚至提供无人机租赁服务，组织星空摄影、人文纪实等主题团。

2）美食爱好者

定位“舌尖探险家”，串联隐秘老字号、安排主厨私宴，设计“跟着菜谱去旅行”路线，融入食材采摘、本地烹饪课等体验。

3. 按消费能力匹配服务层级

1）高端客群

“奢华旅行定制师”提供私人飞机包机、顶奢酒店专属礼遇、非遗代表性传承人一对一交流等稀缺服务，强调“无上限的个性化”。

2）性价比客群

“实惠旅行小管家”聚焦特价尾单、景区联票优惠，推出“学生党穷游攻略”“周末短途高性价比路线”，主打“花小钱玩出好体验”。

（三）门店人设的构建

1. 专业度构建

1）硬核知识储备

员工需掌握目的地历史典故、地理气候、法规政策，确保咨询应答专业精准。

2）全流程服务能力

从行前攻略、行中应急到售后跟进，每个环节展现“靠谱”特质。

2. 个性魅力赋能：让人设更有温度

1）性格标签化

热情型门店以“旅行小太阳”形象活跃社群，每日分享目的地趣味冷知识；幽默型导游通过段子式讲解让景点“活起来”，如用脱口秀解读历史事件，增强记忆点。

2）兴趣场景化

登山爱好者员工主导徒步线路设计，分享独家野道；潜水教练出身的店长亲自带队海岛团，用专业装备测评、水下摄影技巧等干货建立权威感，让兴趣成为推荐的天然背书。

旅游门店人设绝非简单的标签包装，而是从客群洞察到服务落地的系统工程。通过差异化定位建立识别度，以专业能力夯实信任基础，用个性魅力传递温度，最终让门店从“产品提供者”升级为“旅行价值共创者”。在体验经济时代，唯有让人设与游客需求同频共振，才能在激烈的竞争中占据不可替代的心智席位。

相关链接

环保、公益等理念融入

1. 环保理念的践行

在当今社会，环保意识越来越受到人们的关注。旅游门店可以将环保理念融入人设中，成为“环保旅行推动者”。例如，在旅游行程中，倡导游客减少一次性用品的使用，鼓励垃圾分类，选择环保的交通方式等。门店自身也可以采取一些环保措施，如使用环保包装、推广无纸化办公等。通过这些行动，向游客传递环保价值观，吸引具有环保意识的游客，同时也为保护环境作出贡献。

2. 公益活动的参与

参与公益活动也是传递价值观的重要方式。旅游门店可以组织游客参与当地的公益项目，如关爱留守儿童、保护野生动物、参与社区建设等。通过这些公益活动，让游客在旅行中不仅能够欣赏美景，还能为社会作出一份贡献，实现自我价值。旅游门店以“公益旅行倡导者”的形象出现，能够提升门店的社会形象和美誉度，吸引更多有社会责任感的游客。

3. 扩大人设影响力

1）社交媒体平台利用：内容营销与互动

（1）优质内容差异化输出。依据平台特性定制内容，如微信公众号发布深度攻略，凸显专业度；抖音/快手制作轻量化短视频，通过导游vlog展现行程亮点与员工个性；小红书聚焦年轻偏好，输出“网红打卡地穿搭攻略”“小众咖啡馆地图”等视觉化内容，强化潮流人设。

同时打造核心内容，以专业干货（目的地解析、行程规划）+情感共鸣（旅行故事、治愈场景）+人设标签（亲子旅行专家、环保旅行倡导者），确保每条内容都成为人设的“视觉化名片”。

（2）高频互动激活用户。即时响应评论私信，以人设化语言沟通。同时策划互动活动，如在微博发起“我的旅行心愿单”话题抽奖，小红书举办“带着XX人设去旅行”UGC征集，通过优惠券、定制周边激励用户参与，同步收集需求数据。

图6.2　门店微信头像

2）线下活动：场景体验强化人设认知

（1）主题活动深化人设标签。围绕人设举办特色活动，如“环保旅行门店”组织公益徒步+垃圾清理，配套环保知识讲座；“亲子门店”举办露营嘉年华，设置亲子手工、户外课堂等互动环节；“摄影门店”开展外拍沙龙，邀请资深摄影师分享取景技巧。

现场布置融入人设元素，如展板展示环保理念、亲子服务标准或摄影获奖作品，员工以统一形象（如亲子管家穿卡通围裙、摄影导师背专业设备）全程参与，强化视觉记忆。

（2）体验活动转化潜在客群。如推出低价/免费体验团，门店按人设标准提供服务：“贴心管家”全程关注游客需求，“摄影专家”指导拍摄机位，让游客亲身感受差异化服务。体验后收集反馈并赠送定制礼品，推动满意游客转化为忠实顾客及传播者。

3）口碑传播：服务闭环与激励驱动

（1）全流程优质服务奠基。从咨询到回访打造“人设化服务链”：预订时客服依据人设推荐产品（如“奢华定制师”精准匹配高端酒店），行程中要求导游落实人设细节（“环保达人”优先选择绿色餐厅），结束后赠送旅行相册并收集建议，确保每个触点传递统一人设。

（2）激励机制放大口碑效应。推行“推荐有礼”：老顾客成功推荐新顾客，可获50～200元旅游券或定制礼品；新顾客享首单9折，形成“老带新”裂变。优质评价定向传播：精选游客好评，如“跟着亲子管家玩，省心又有趣”，用于官网、社交媒体展示，增强新客信任。

4. 持续优化：动态迭代保持吸引力

1）数据驱动人设校准

多渠道收集反馈，通过问卷、平台评论、客服记录，分析用户认知与预期差距；监测市场趋势如近年“疗愈旅行”“宠物友好”需求增长等，及时补充“城市解压向导”“宠物旅行规划师”等人设维度。

2）内容与形式创新破圈

产品上创新，如开发“跟着电影去旅行”“非遗手艺体验营”等主题线路，结合人设打造独家IP；同时技术上进行赋能：尝试VR景区预览、AR导览等新形式，通过沉浸式体验吸引年轻客群，确保人设在传播形式上始终“保鲜”。

典型案例　成功旅游门店人设打造典范

1.“旅行梦想家”门店案例介绍

“旅行梦想家”旅游门店将人设定位为“帮助游客实现旅行梦想的引领者”。其特色在于专注于为游客打造个性化的旅行方案，根据游客的兴趣爱好、预算和时间安排，为其量身定制独一无二的旅行线路。门店员工都具有丰富的旅行经验和专业的旅游知识，能够为游客提供全方位的旅行建议。

在传播推广方面，“旅行梦想家”门店充分利用社交媒体平台。在抖音上，他们发布了大量精美的旅行短视频，展示不同旅游目的地的美景和独特体验，吸引了众多用户的关注。同时，他们还通过抖音直播，与用户实时互动，解答用户的旅行疑问，分享旅行故事。在线下，门店定期举办旅行分享会，邀请旅行达人分享自己的旅行经历，吸引众多旅行爱好者参加。通过这些传播推广策略，“旅行梦想家”门店的知名度和美誉度不断提升。

经过一段时间的努力，“旅行梦想家”门店取得了显著的成效。门店的客流量和销售额逐年增长，顾客满意度高达95%以上。很多游客成为门店的忠实粉丝，不仅自己多次选择该门店的旅游产品，还积极向身边的朋友推荐。

2.“环保行者”门店案例剖析

“环保行者”旅游门店以“倡导环保旅行，守护美丽地球”为人设定位。门店在旅游产品的设计和运营中，始终贯彻环保理念。例如，推荐环保的交通方式，如自行车旅行、徒步旅行等；选择环保型酒店，鼓励游客减少一次性用品的使用；组织游客参与当地的环保活动，如海滩清洁、植树造林等。

图6.3　“旅行梦想家”门店微博人设

为了传播环保人设，“环保行者”门店在社交媒体上发起了“环保旅行挑战”活动，鼓励用户分享自己的环保旅行经历和心得，吸引大量环保爱好者的参与。同时，门店与一些环保组织合作，共同举办环保主题的线下活动，如环保讲座、环保展览等，提高门店的社会影响力。此外，门店还在其官方网站和宣传资料中，详细介绍了自己的环保理念和实践措施，让更多人了解和认同。

图6.4　“环保行者”门店官网人设

通过这些传播推广策略，“环保行者”门店吸引了一大批具有环保意识的游客。门店的环保旅行产品受到市场的广泛欢迎，销售额持续增长。同时，门店的环保行动也得到社会的认可，获得多个环保奖项，进一步提升了门店的品牌形象。

总体来讲旅游门店人设打造是一个系统工程，需要从多个方面入手。首先，要明确人设打造的重要性，认识到它能够区别于竞争对手，增强游客的认同感和信任感，提高品牌知名度和美誉度。其次，要深入剖析目标受众，根据年龄层次、兴趣爱好、消费能力等因素，精准定位人设方向。然后，精心雕琢人设元素，塑造专业形象，展现个性魅力，传递价值观。接着，利用多元渠道进行传播推广，包括社交媒体平台、线下活动、顾客口碑等。最后，要持续优化与创新，根据市场反馈调整人设，不断创新人设内容与形式。

二、打造门店账号矩阵

（一）旅游新媒体矩阵定义

新媒体矩阵是最近几年出现的营销新名词，是当今媒体融合所出现的产物，也是时代进步的必然结果，是指品牌方或者商家借助多个平台，通过不一样的渠道去进行宣传推广的新媒体集群。我们熟知的两微一抖，即微信，微博，抖音，是比较主要的渠道，然后再加以其他大小平台，各展所长。

对于旅游新媒体矩阵，目前行业内还没有统一的定义，目前大部分人倾向于将它定义为能够触达旅游目标群体的多种新媒体渠道组合，其实就是针对不一样的旅游用户群体，通过多元化的媒体渠道运营，为他们提供服务，增强自己的影响力，获得更多的粉丝，以最终促成转化，达成变现；是一种在多个新媒体平台上建立起来，以统一的品牌、账号、内容形式进行运营和营销的方式。

（二）旅游新媒体矩阵分类

1. 新媒体矩阵形式

从构建形式上来看，新媒体矩阵可以分为横向矩阵和纵向矩阵。

1）横向矩阵

横向矩阵指企业在全媒体平台的布局，包括自有App、网站和各类新媒体平台，例如微信、微博、今日头条、一点资讯、企鹅号等，也可以称为外矩阵。

2）纵向矩阵

纵向矩阵主要指企业在某个媒体平台的生态布局，是其各个产品线的纵深布局，也可以称为内矩阵。

这些平台一般都是大平台，比如微信。在微信平台可以布局订阅号、服务号、社群、个人号及小程序。通过不同的订阅号、服务号、社群、个人号和小程序，可以实现产品线的纵深布局。表6-3列举了渴乐自驾和携程在抖音平台上的纵向矩阵，不难看出，纵向矩阵指在同一个平台注册多个账号。

2. 新媒体矩阵内容

从构建内容上看，新媒体矩阵的类型多种多样，包括电商矩阵、社交矩阵、内容矩阵等。

电商矩阵是指将多个电商平台整合在一起，形成一个大型的电商矩阵，通过不同电商平台的内容相互补充，实现影响力的扩大和收益的增长。

社交矩阵是指将多个社交平台整合在一起，形成一个大型的社交平台，通过不同社交平台的内容相互补充，实现影响力的扩大和收益的增长。

内容矩阵是指将多个自媒体账号整合在一起，形成一个大型的矩阵，通过不同自媒体账号的内容相互补充，实现影响力的扩大和收益的增长。

图6.5 旅游新媒体纵向矩阵

3. 新媒体矩阵的目的

从构建目的上看，新媒体矩阵还可以分为协同新媒体矩阵、覆盖新媒体矩阵和联动新媒体矩阵。

协同新媒体矩阵是指通过同一新媒体平台，以多个账号的方式形成矩阵，用于不同用途，同时为某一主体服务，以适应这一主体对新媒体特性的多种使用方式。

覆盖新媒体矩阵是指通过诸多新媒体平台不同的用户群体，针对不同属性的用户需求发布相同或者不同的内容形成矩阵，增大用户覆盖率，筛选目标用户，这类矩阵大多数情况被人用作导流，将其导入到方便转化(变现)的媒体平台，以获取利益最大化。

联动新媒体矩阵是指两个或多个不同主体的新媒体平台，在某段时间内(通常是活动、互推)合作完成各自主体指标所形成的矩阵，两者之间必然存在着部分关联性，二者相互制动，扩大公众影响力，获取共赢。

(三) 旅游新媒体矩阵作用

1. 掌控品牌和内容

新媒体矩阵可以帮助旅游从业者更好地掌控自己的品牌和内容。

在一个矩阵中，旅游新媒体运营者可以在不同的社交媒体平台上建立多个账号，每个账号代表不同的品牌或内容方向，这样可以更好地分散风险，避免某个账号被封禁或被删除等情况对品牌和内容造成的影响。

2. 扩大影响力

新媒体矩阵可以扩大旅游从业者的影响力和曝光率。

通过建立多个账号，旅游新媒体运营者可以在多个平台上获得更多的用户和影响力，这样可以更好地提高品牌曝光率和知名度。此外，在不同的平台上建立账号还可以更好地满足不同用户的需求，提高用户黏性和忠诚度。

3. 提高效率

新媒体矩阵可以提高旅游从业者的工作效率和数据准确性。

在一个矩阵中，旅游新媒体运营者可以在不同的平台上管理多个账号，同时还可以在不同的平台上收集和分析数据，这样可以更好地掌握自己的运营情况和用户反馈，从而更好地制定运营策略和改进工作。

4. 应对激烈的竞争

新媒体矩阵可以帮助旅游从业者更好地应对激烈的竞争。

当今社交媒体平台的竞争非常激烈，旅游新媒体运营者需要在不同的平台上建立自己的品牌形象和用户圈子，以获得更多的曝光率和用户。通过建立多个账号，运营者可以更好地应对激烈的竞争，扩大自己的品牌影响力和用户圈子。

典型案例

在新浪微博流行的年代，峨眉山景区的旅游微电影《峨眉来电》登陆各大视频网站，电影点击量短短一个月就突破300万人次。以此为契机，峨眉山携手新浪微博，把景区内30多个经营实体集合成微博矩阵，打造了全国首个景区微博发布厅样板。通过多管齐下、不断创新的网络营销方式，峨眉山旅游取得了不俗的市场效益。这是移动互联网时代下一个典型的新媒体营销矩阵案例。

图6.6 峨眉山照片

资料来源：《人民日报》

案例解析

旅游行业的营销方式已经发生根本性转变，旅游景点不能再像过去那样发布广告后便坐等顾客，而是需要主动出击，通过新媒体渠道招揽客源。从景区单一的新媒体，到景区二元结构的新媒体，然后再到形成的新媒体矩阵，这就是景区新媒体发展的道路。

三、旅游新媒体平台选择

在数字化时代，旅游行业的营销格局发生了翻天覆地的变化。新媒体平台如雨后春笋般涌现，为旅游门店提供了广阔的推广空间和前所未有的机遇。通过这些平台，旅游门店可以更精准地触达目标顾客，展示丰富多样的旅游产品，提升品牌知名度和影响力。接下来，让我们深入了解旅游门店常涉及的新媒体平台。

图6.7　湖北文旅新媒体矩阵平台

这些新媒体平台各具特色，拥有不同的用户群体和营销优势。旅游门店应根据自身的定位、目标顾客群体和营销目标，合理选择和运用这些新媒体平台，制定有效的营销策略，以提升品牌知名度、吸引更多顾客，在激烈的市场竞争中脱颖而出。

山东青州：创新“文旅直播+特展推介”模式
千年古城热度持续飙升

一场别开生面的“文旅直播+特展推介”活动，让山东青州这座千年古城的历史底蕴与文旅深度融合实践，再一次引发全网关注。作为“看见微笑——古青州地区造像艺术特展”的延伸动作，由青州市文化和旅游局主办的“青州微笑·千年之约”主题文旅推介活动在北京嘉德艺术中心成功举办。活动通过“线上沉浸式直播+线下互动体验”双线联动，全方位展现青州的文化魅力与旅游资源，助推“青州微笑”文化IP破圈传播，为青州春季文旅市场注入强劲活力。（资料来源：闪电新闻记者郑亮亮，通讯员李强报道，2024年3月）

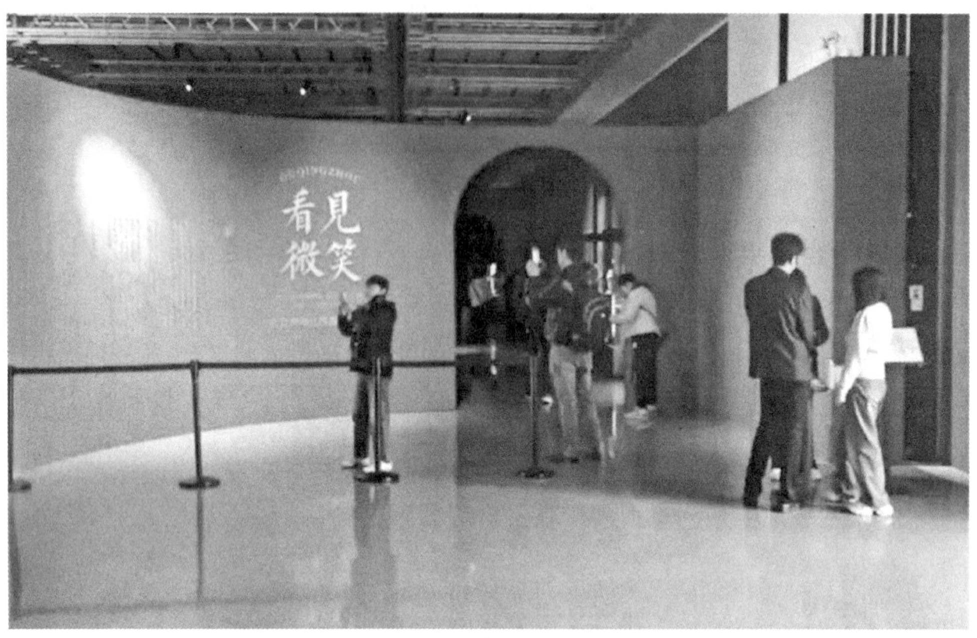

图6.8 青州红色旅游

分析提示

随着“青州微笑”文化IP的持续发酵，这座千年古城将继续挖掘自身文化底蕴，深化与互联网平台的合作，创新直播形式和内容，让青州这片美丽的土地在“云端”绽放更加璀璨的光芒，书写文旅高质量发展的新篇章。

四、旅游新媒体平台内容设计

在互联网技术日新月异的当下，旅游新媒体平台已成为旅游门店连接顾客、推广产品的核心阵地。随着信息传播速度的急剧提升，旅游消费者的决策过程被海量信息包围。在此情形下，旅游门店若想在激烈的新媒体竞争中崭露头角，设计出兼具吸引力、传播力与影响力的内容显得尤为关键。优质内容才能成功吸引消费者的注意力，进而在众多竞争对手中脱颖而出，实现业务的拓展与品牌的升华。

（一）目标受众分层解析

1. 按年龄解构消费偏好

（1）年轻群体（18～35岁）。热衷个性化、社交化体验，追求网红打卡、小众路线及沉浸式玩法，习惯通过短视频、小红书分享“旅行vlog”，重视“视觉化自我表达”。

（2）中年群体（36～55岁）。关注品质与文化内涵，偏好深度游、历史研学类产品，决策时注重服务专业性与行程安全性，倾向长图文攻略与一对一咨询。

（3）老年群体（55岁+）。以舒适休闲为核心，偏好一站式省心服务（如交通住宿全包）、慢节奏行程，重视性价比与便利性，依赖亲友推荐与口碑传播。

2. 按兴趣细分客群需求

（1）文化爱好者。聚焦历史遗迹、非遗体验，需深度景点解析（如兵马俑考古背景）、文化互动活动（如手作工坊）。

（2）美食爱好者。围绕“吃”规划行程，需地道美食地图、老字号探店攻略及特色饮食文化故事。

（3）户外运动者。关注徒步路线难度、装备租赁服务、安全保障措施，偏好极限运动实拍视频与达人经验分享。

（4）亲子家庭。需求教育性与趣味性结合，如科技馆导览、农场亲子互动，重视行程中的儿童友好设施（如推车租赁、儿童餐）。

（二）内容主题策划

1. 目的地攻略

覆盖景点开放时间、最佳路线（如故宫“中轴线+东西六宫”经典动线）、交通接驳方案，附加小众玩法（如成都人民公园鹤鸣茶馆的盖碗茶体验）；春季推出“武汉樱花季赏味地图”（含花期预测、周边民宿推荐），冬季打造“崇礼滑雪全攻略”（雪场分级、教练预约指南），强化时效性与稀缺性。

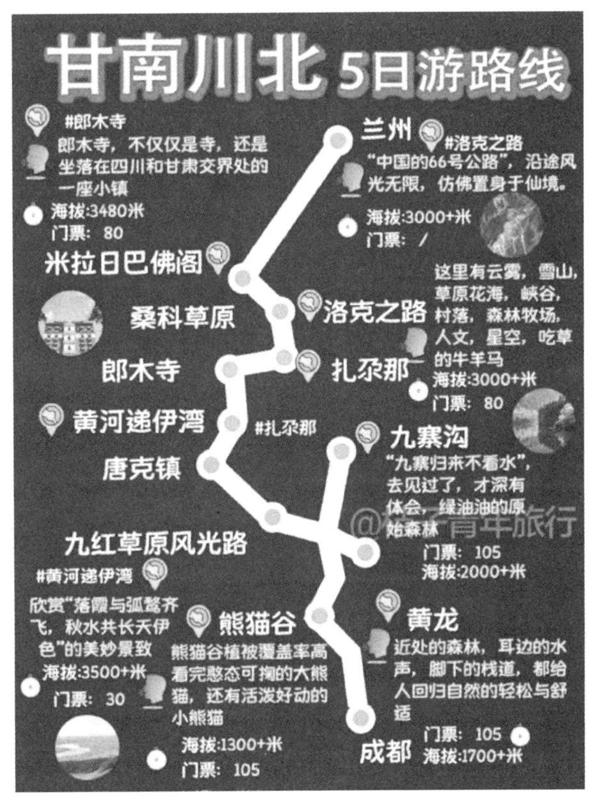

图6.9　甘南川北目的地攻略

2. 旅游产品推荐

通过短视频展示跟团游的独家秘境、自由行的精选住宿、定制游的个性化行程，如海岛线路视频聚焦“私人沙滩晚宴”“浮潜教练1对1浮潜教学”等细节。拍摄游客回访视频，记录真实体验（如“西藏团导游深夜送药”的暖心故事），或整理UGC（用户生成内容）图文游记，增强信任感。

图6.10 旅游产品海报

3. 旅游小贴士

分场景提供行李清单（如热带游必备防晒霜+防蚊喷雾）、证件办理流程图解、保险选购指南（区分高原险与海岛险）；分享省钱攻略（早鸟票抢购、景区联票优惠）、应急处理（语言不通时的翻译软件使用）、健康建议（高原反应预防措施）；标注目的地禁忌（如泰国寺庙着装要求）、礼仪规范（日本温泉入浴流程），帮助游客规避尴尬。

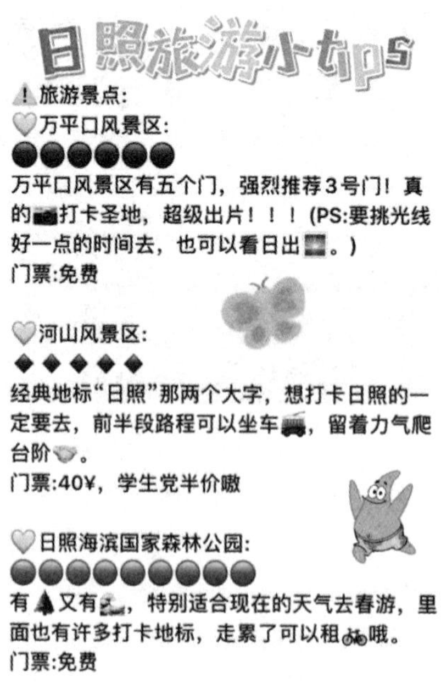

图6.11 旅游小贴士

4. 旅游故事分享

员工撰写旅途中的感动瞬间(如非洲草原偶遇象群的震撼),传递对旅行的热爱;在游客征集活动中,精选"带父母环游西北"等温情故事,配以实拍照片;以目的地为背景创作微故事(如巴黎埃菲尔铁塔下的邂逅),融入景点元素,增强趣味性与向往感。

5. 热点话题借势

及时分析签证政策调整、新景区开放等资讯,如"马来西亚电子签简化流程"攻略;结合热门影视取景地(如《长安三万里》带火的西安景点),推出"跟着电影去旅行"专题;针对定制游兴起、疗愈旅行等趋势,发布专业分析(如"2024年五大定制游新需求"),树立行业权威形象。

(三)内容形式设计

1. 图文内容

精选高清景点图(如九寨沟五花海的色彩对比)、美食特写(成都火锅的沸腾瞬间),搭配信息图表(如目的地交通路线图),提升阅读体验。

标题突出痛点(如"带父母游北京,这5个坑别踩"),正文采用"总分结构+列表化"(如"3天2夜重庆攻略:8个必打卡点+地道小吃地图"),语言兼具专业性与亲和力。

2. 视频内容

(1)短视频(15秒~1分钟)。抖音/快手发布"景点快剪"(如洪崖洞夜景+动感BGM)、"导游快问快答"(10秒讲透一个旅行冷知识),快速吸引注意力。

(2)长视频(3分钟+)。B站/视频号推出深度纪录片(如"非遗代表性传承人带你逛景德镇")、产品详解片(如"轻奢定制游的20个服务细节"),满足深度了解需求。

(3)直播互动。实时带游景区(如故宫主播讲解"延禧宫的真实历史")、解答用户提问,穿插限时优惠(如直播专属折扣券),提升转化效率。

3. 音频内容

喜马拉雅发布"旅行故事烩",分享冒险经历与文化趣闻,搭配轻量级攻略(如"10分钟听懂京都茶道"),适配通勤时段收听;同时,为历史景点制作分段讲解音频(扫描二维码即听),补充图文难以呈现的细节(如敦煌壁画的神话故事),增强游览体验。

(四)用户互动与维护

1. 社群运营强化连接

在微信/QQ建立旅游社群,通过官网、社交媒体引流,聚集兴趣用户。定期推送旅游资讯、优惠活动,组织话题讨论、经验交流等活动,增强用户黏性。专人管理社群,及时响应提问、处理反馈,营造温暖的互动氛围。

2. 激励参与扩大传播

内容中设置提问、投票、抽奖等互动环节,引导用户评论留言。推出分享奖励机制,如朋友圈集赞兑换优惠券,鼓励用户传播内容。对用户评论和反馈实时响应,无论正负面评论均认真处理,针对性改进服务,提升用户满意度与忠诚度。

任务拓展

(1)以研学为主题制定门店人设计划书。

(2)制定新媒体平台引流计划书。

任务二 旅游门店流量转化

任务导入

经过努力小王的团队成员已经成功为旅游门店打造了人设定位和内容定位，同时他们进一步分析讨论，认为仅有内容呈现是不够的，如何增加新媒体账号的粉丝量，如何让在线的流量变成门店自身的流量显得非常关键。所以，前期需要对在线账号的运营方法进行进一步的梳理，设计好流量的转化路径，才能为后续工作打下基础。

知识准备

- 公域流量与私域流量
- 公域流量平台运营策略
- 公域流量向私域流量转化策略
- 门店私域流量运营策略

任务实施

一、公域流量与私域流量的定义

（一）公域流量

1. 定义与核心平台

公域流量指公开网络平台上可共享的用户资源，覆盖旅游电商（携程、飞猪）、社交媒体（抖音、小红书）、搜索引擎（百度）、内容社区（马蜂窝）等。其核心价值在于庞大的用户基数和广泛的触达性，是门店获取新客的首要渠道。

2. 三大核心优势

1）流量规模效应

平台聚集亿级用户，如抖音日活跃量破6亿，门店优质内容可快速曝光，短视频单条播放量轻松突破百万，实现品牌的高频触达。

2）低成本获客

通过入驻平台、发布内容或基础广告投放即可接入流量，相比自建渠道，降低冷启动成本。例如携程开店流程标准化，产品可直接展示给千万搜索用户。

3）潜在客群挖掘

平台用户需求多元，小红书年轻群体对小众目的地的探索欲、马蜂窝自由行用户的深度攻略需求，均为门店差异化营销的切入点。

3. 三大运营挑战

1）竞争白热化

同品类商家在公域平台正面交锋，携程某目的地酒店搜索结果常超千条，需依赖价格战、关键词优化（SEO/SEM）、用户评价管理等手段突围。

2）用户黏性薄弱

公域用户因平台功能聚集，对单一门店忠诚度低。如抖音用户刷到门店视频后平均停留3秒，易被后续内容分流，转化链路长。

3）成本持续攀升

热门关键词竞价激烈（如“三亚酒店”单次点击成本超50元），且平台活动佣金、广告投放预算逐年上涨，压缩中小门店的利润空间。

（二）私域流量

1. 定义与核心载体

私域流量是门店自主运营、可免费反复触达的用户资源，依托微信生态（公众号、企业微信、社群）、小程序、个人号等载体，用户与门店已建立基础信任，是复购与口碑的核心阵地。

2. 四大核心价值

1）高黏性互动

用户因认同门店人设或服务主动加入，如亲子社群用户高频咨询线路、分享带娃经验，月均互动次数超10次，显著高于公域用户。

2）低成本触达

通过公众号推文、社群公告推送信息，无需额外付费。例如企业微信1对1发送产品优惠，转化率比公域广告高3～5倍。

3）精准化运营

基于用户标签分层运营，推送定制内容。如向高频消费的高端顾客定向推荐私人定制线路，转化率提升40%。

4）情感化沉淀

通过生日祝福、专属客服、会员活动（如老顾客答谢宴）深化关系，用户复购率可达公域用户的2-3倍，且更易成为“品牌代言人”。

3. 三大运营难点

1）流量积累周期长

需从公域引流（如抖音评论区引导加群）、老客转化（订单后邀请入群）、线下导流（门店扫码送福利），日均新增用户仅数十人，需3～6个月形成规模。

2）精细化运营要求高

社群需每日维护，内容需持续产出，人力成本集中在用户分层、数据复盘等环节，中小门店易出现“建群后无人管理”的情况。

3）平台规则限制

微信对社群营销有严格管控（如禁止频繁发广告、诱导分享），企业微信好友上限、社群人数限制等，需在合规框架内设计互动策略，避免账号风险。

（三）公私域协同

1. 公域引流—私域沉淀

通过公域内容（如抖音攻略视频评论区引导“加群领福利”）、活动（小红书抽奖需关注公众号）将潜在用户导入私域，完成“曝光—兴趣—留资”转化。

2. 私域运营—公域反哺

私域用户的优质UGC（如社群内分享的旅行照片）可二次剪辑成公域素材，用户的真实评价（如“管家服务超贴心”）可制作成公域广告，形成“忠诚顾客—内容裂变—新客吸引”的正向循环。

公域流量是“开源活水”，解决新客获取问题；私域流量是“蓄水池塘”，实现顾客价值深挖。旅游门店需平衡两者投入：公域侧重“爆款内容+精准投放”快速破圈，私域聚焦“分层运营+情感连接”提升LTV（用户生命周期价值）。唯有构建“公域拓新—私域留旧—协同增值”的流量体系，才能在竞争中实现可持续增长。

二、公域流量平台运营策略

在旅游市场竞争白热化的当下，公域流量作为“开源活水”，是旅游门店突破圈层、触达潜在客群的核心阵地。通过线上线下多渠道布局与整合运营，实现流量高效转化与品牌声量提升。

（一）线上公域流量：内容驱动与精准触达

1. 社交媒体平台：分层运营，内容破圈

1）平台差异化定位

（1）抖音/快手。聚焦年轻客群，以15～60秒短视频呈现视觉冲击（如航拍秘境、游客沉浸式体验），搭配热门BGM与话题标签（#小众旅行地#旅行Vlog），结合挑战赛（如“最美旅行瞬间”UGC征集）激发用户参与。

（2）小红书。针对女性及种草需求，输出精致图文攻略（如“成都3天2夜美食地图”“迪士尼亲子游避坑指南”），强化“利他性”干货（行程路线、拍照机位），引导收藏分享，同步开通商品笔记跳转预订。

（3）微信生态。公众号发布深度内容（目的地文化解析、行业趋势分析），服务号承载预订咨询、会员体系；视频号直播实时带游（如景区探路、酒店测评），边播边卖实现即时转化。

2）互动策略

实时回复评论私信，设计“人设化”话术（如亲子号用“宝妈您好，这条线路含儿童乐园接驳车，需要帮您预留吗？”）；定期举办直播抽奖、投票选题（“下一站想去海边还是雪山？”），提升用户黏性。

2. 内容与搜索平台：SEO+优质内容双轮驱动

1）视频平台（快手、B站）

打造系列IP（如“环球小众目的地探秘”“户外徒步指南”），专业剪辑凸显门店调性，片尾植入品牌LOGO与咨询入口，吸引长尾流量。

2）官网与博客

优化SEO关键词（如“重庆洪崖洞住宿攻略”“新疆包车游费用”），原创深度文章覆盖用户决策痛点；与旅游KOL合作发布体验文，同步至马蜂窝、穷游网等垂类平台，借势流量分发。

3）评论与评分网站（TripAdvisor、大众点评）

售后引导用户评价（短信提醒+评价赠券），100%回复好评（感谢并提炼亮点）、差评（致歉+改进措施公示），维护4.5+高分口碑，提升搜索排序权重。

3. 搜索引擎：精准捕捉需求流量

1）SEO（Search Engine Optimization，搜索引擎优化）

聚焦“目的地+产品”长尾词（如“稻城亚丁跟团游多少钱”“西安亲子游攻略”），优化官网标题、元描述与正文结构，确保移动端加载速度<3秒，提升自然排名。

2）SEM（Search Engine Marketing，搜索引擎营销）

针对高意向关键词精准竞价，广告文案突出差异化优势，落地页匹配用户搜索意图，降低跳失率。

（二）线下公域流量：场景渗透与资源联动

1. 户外广告：高频曝光触达出行人群

1）核心场景布局

在机场、高铁站、地铁站投放视觉化广告（如目的地风光大片+"扫码领券"二维码），公交站台/商圈LED屏聚焦"地域化产品"（如北方冬季推"海南避寒线路"），文案简洁突出卖点（"一价全包·0购物"）。

图6.12　旅游门店常见户外广告

2）内容设计

以"目的地符号+行动指令"为主（如"想去西藏？找XX旅行，专业领队护航"），附上门店地址、客服电话及小程序入口，缩短转化路径。

2. 公共事件参与：借势流量聚集地

1）行业展会

国际旅游展设主题展位（如"亲子旅行体验馆"），通过场景化陈列（儿童帐篷、研学道具）、现场签约优惠（立减500元）吸引咨询，同步收集顾客信息用于后续私域运营。

2）跨界活动

赞助音乐节、马拉松等大型赛事，设置品牌快闪店（如"打卡领旅行盲盒"），推出"赛事同款线路"（如"跟着马拉松游厦门"），精准触达运动爱好者。

3）社区地推

在商圈、集市摆台，通过互动游戏（旅游知识问答、目的地拼图）引流，扫码关注送定制礼品（旅行洗漱包、攻略手册），现场转化周边游订单。

图6.13 旅游门店线下公共事件活动

3. 合作伙伴关系：流量共享与资源整合

1）异业合作

与酒店共建“住宿+旅游”套餐（如预订合作酒店赠送当地景点门票），在大堂摆放门店宣传册，前台推荐获佣金分成；与航空公司推出“机票+行程”打包产品，航司App首页导流，共享会员权益（如积分兑换旅游券）。

图6.14 旅游门店与体育彩票开展合作

2）同业联动

与本地旅行社互补合作（国内游与出境游互推），联合开发“跨区域联游”线路（如“川藏线+尼泊尔”），共享供应商资源降低成本，扩大产品矩阵。

（三）线上线下整合：构建流量转化闭环

1. 活动联动：双向引流强化体验

1）线上导线下

社交媒体预热线下活动，开放限时免费报名，到场用户扫码入群领福利（如定制攻略包）；活动中设置打卡分享环节（发朋友圈赠景区门票），实现二次传播。

2）线下导线上

门店张贴“关注公众号领200元券”海报，导游在行程中引导游客关注抖音号获取后续行程花絮；地推活动物料印二维码，扫码跳转小程序领取专属优惠，沉淀私域流量。

2. 数据驱动：精准运营提升转化

1）全域数据整合

搭建数据中台，打通线上（网站浏览、社媒互动）与线下（门店咨询、展会留资）用户行为数据，构建用户画像（如“25～35岁女性·偏好轻奢游·关注性价比”）。

2）精准营销策略

基于画像分层触达，如向浏览过“云南线路”的用户推送雨季特惠；针对高价值顾客（年消费超2万）提供私人定制顾问服务，提升转化率与客单价。

公域流量运营的核心在于“精准触达+价值传递”：线上以内容为引擎，通过平台特性匹配客群需求，用互动活动提升参与感；线下以场景为支点，借高频曝光与异业合作扩大覆盖面；最终通过数据整合实现全域流量的高效转化。旅游门店需持续优化各渠道投入产出比，让公域流量不仅成为新客来源，更成为品牌声量的放大器，为私域沉淀与业务增长奠定坚实基础。

相关链接

外国网友带动国内旅游热潮！新春旅游要接得住流量，更要织得牢保障

随着春节前夕大批外国网友涌入国内社交软件，以及中国过境免签政策的放宽和境内停留时间的延长，外国友人对于中国的热情正在不断上升，“中国游”成为热门话题。第三方平台数据显示，2025年到中国过春节的外国游客较2024年增长了150%，创下新高。

同时，蛇年春节期间，国内消费者出游意愿也在高涨，我国传统热门旅游目的地与小众目的地春节期间旅游商品预订增速均大幅提升。这场外国游客与国内游客双向奔赴的旅行，在春节期间达到热度顶峰。

面对这“泼天的流量”，旅行过程中的安全保障也必不可少。

据了解，阳光保险集团旗下阳光财险通过风景名胜区责任保险为景区安全保驾护航。景区有了风景名胜区责任保险保障后，游客在参观游览时如因意外导致人身伤亡和财产损失，都将获得合同约定的赔偿。比如在辽宁，阳光财险为丹东凤凰山景区提供5 500万元责任险风险保障，在河南为黄河小浪底水利枢纽风景区、南阳坐禅谷景区、西霞院反调节水库风景区提供1 120万元责任险风险保障等，有效降低了旅游景区的运营风险，保障了游客的人身及财产安全。

近年来，跨国邮轮旅游正逐渐成为休闲度假的新方式。去年，我国第一艘国产大型邮轮——爱达·魔都号开始商业首航，并开启常态化运营。阳光财险作为共保险企之一，为该邮轮提供2.34亿元船舶险保障，助推我国邮轮旅游产业发展。

民以食为天，食以安为先。在餐饮消费中，阳光财险还推出食品安全责任保险，为舌尖上的美味加上一道“安全符”。

例如阳光财险山东分公司在2024年承保某餐饮企业的食品安全责任保险，为企业净菜加工、冷链物流、餐饮管理、中央厨房、用餐配送等环节提供食品安全三者保障达2 000万元，支持企业从农田到餐桌的全程食品安全质量管理，为企业分担财务风险，为消费者提供补偿保障。

据了解，2024年截至11月底，阳光财险累计为食品企业及个人提供近900亿元的食品安全保障，覆盖食品生产、经营以及餐饮行业，全力助推生产绿色、生态、无公害食品的企业健康发展，让广大消费者能够放心享受舌尖美食。

分析提示

其实，创新的旅游业态、优质的旅游产品和服务供给固然重要，但唯有和安全的旅游体验一同呈现，才能让国内外游客在旅游过程中饱览中国的锦绣山河和灿烂文明。为了让中国形象持续提升吸引力，更多举措还需推进，更多主体还需共同努力。

三、公域流量向私域流量转化策略

在竞争激烈的旅游市场中，旅游门店面临获取新顾客与提升顾客忠诚度的双重挑战，而将公域流量有效转化为私域流量是实现可持续发展的关键。私域流量对旅游门店的重要性体现在多方面：通过建立紧密联系，门店可依据用户兴趣爱好、消费习惯提供个性化服务、推送定制化旅游产品及优惠活动，并加强互动沟通，增强用户的黏性与忠诚度，使用户更倾向于重复消费；随着公域流量竞争加剧、获客成本攀升，私域流量中的用户因对门店已有认知与信任，更易通过口碑传播、会员制度等低成本方式带来新顾客，实现裂变增长；门店在私域流量中通过优质内容创作、活动策划传递品牌价值观与特色，积累良好口碑与影响力，能提升品牌知名度、美誉度及溢价能力，实现更高收益；私域流量还为门店提供丰富数据资源，通过分析用户在公众号、社群等平台的行为数据，可洞察用户需求与行为模式，优化产品服务及营销策略，提高用户满意度与购买转化率，为长期稳定的业务增长奠定基础。

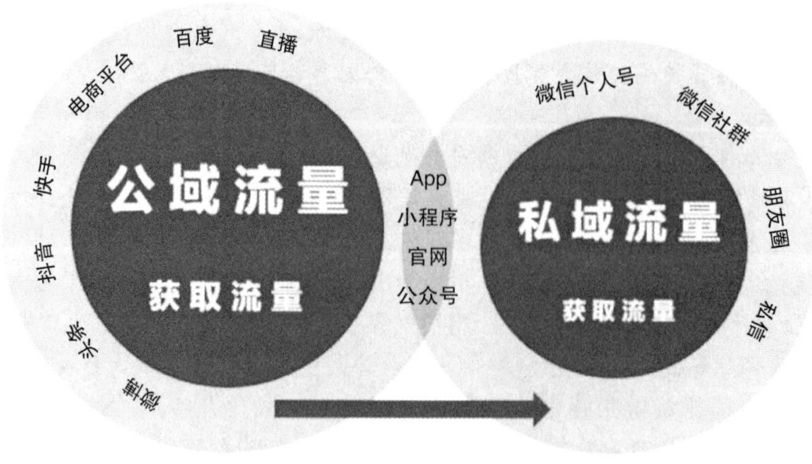

图6.15 公域流量向私域流量转化策略

典型案例 AI技术为旅行社打开新流量入口

2月28日消息，在“2025旅业发展高峰论坛”上，马蜂窝交易中心总经理绳志成在主题演讲中系统性阐述了AI技术对自由行市场的颠覆性影响。

绳志成介绍，传统“大而全”的跟团游产品吸引力持续走低，用户更愿意为“小众秘境”“在地文化体验”买单，这一趋势在近年来的旅游市场上愈发明显。Citywalk、特种兵、动漫巡礼……这些词背后是用户需求的个性化和碎片化，新一代旅行者要的不再是“必游景点清单”，而是“为我量身定制的旅行剧本”。

绳志成直言，传统旅行社若仅靠“酒店+门票+车”的打包模式，将难以生存。旅行社必须转型为新型旅行服务商，从“销售资源”到“设计体验”的转变，将成为它们在新自由行市场破局的关键。而想要让旅行社业务回归服务这一本质，将主要精力放在产品和体验的创新与打磨，以及提供更加个性化的服务上，首先要做的就是利用科技手段武装自己。

AI时代，游客从传统的被动接收信息转变为主动获取信息，借助智能体实现高质量信息精准匹配与个性化定制服务，旅游产业“资源—服务—客源”的链条得以重塑。

案例解析

AI不会取代旅行社，但会用AI的旅行社必将淘汰不用AI的旅行社。而马蜂窝的目标，则是让每个目的地都能通过AI“自我表达”，让每条小众路线、每个个性化体验都能找到它的适配者。当技术成为撬动需求的杠杆，旅行社的黄金时代或许才刚刚开始。

（一）线上渠道转化策略

1. 社交媒体平台运营

通过内容、互动与合作三重策略吸引用户进入私域：

内容营销：在微信、抖音、小红书等平台输出高质量内容，如旅游攻略、景点故事、美食推荐等，嵌入引导关注或入群的信息（如文末提示、视频字幕），以目的地的魅力激发用户兴趣。

互动营销：积极回复评论私信，策划问答、抽奖、投票等活动（如微博投票送优惠券），鼓励用户分享旅游经历，增强参与感与黏性。

合作推广：联合旅游KOL、网红体验产品并推荐，借助其粉丝影响力引导用户关注门店官方账号或加入私域社群（如抖音网红视频嵌入公众号入口）。

2. 旅游电商平台与OTA合作

（1）店铺优化。突出门店特色（优质产品、专业服务、用户评价），完善店铺信息，提升公域平台吸引力。

（2）顾客引流。在店铺页面设置微信公众号/企业微信入口（如首页二维码、专属优惠按钮），通过短信或包裹营销向已购用户发送私域邀请，提供专属福利（如会员折扣）。

（3）数据分析。利用平台工具分析用户购买行为（频率、偏好、金额），标签化用户后制定个性化私域策略（如针对高频用户推送定制线路）。

（二）线下渠道转化策略

1. 门店场景优化

通过海报、展架、视频宣传私域渠道，强调专属福利（如微信群独家优惠、公众号新品资讯），吸引进店顾客关注；员工主动推荐私域社群，介绍福利（专属折扣、会员活动），门店可设置激励政策提升员工引导积极性。

2. 线下活动营销

旅游分享会：邀请达人或顾客分享经历，现场设置引流环节（关注公众号获取攻略、入群领优惠券），增强用户连接。

促销活动：旺季或节假日推出打折、抽奖等活动，要求用户关注私域渠道方可参与（如转发朋友圈享额外折扣）。

异业合作：与商场、社区联合推广，在合作方场地设展位，展示产品并引导扫码关注（如商场旅游展搭配二维码咨询台）。

（三）转化策略实施要点

1. 设计强吸引力的价值主张

为私域用户提供专属权益，如：独家线路折扣、优先预订权、积分兑换礼品；定制旅游攻略、实时旅行贴士；会员生日福利、专属客服1对1咨询，提升用户加入动力。

2. 简化转化流程

减少用户操作成本：线上渠道确保链接直达关注/入群页面，无需复杂注册；线下扫码后快速跳转，避免卡顿或烦琐验证，提升转化效率。

3. 持续优化用户体验

（1）公域环节：保持内容更新频率，及时回复咨询，建立初步信任。

（2）私域运营：提供专业热情的服务（如快速响应需求、定制化推荐），定期收集用户反馈，迭代优化策略（如根据社群建议调整产品线路），增强用户留存。

通过线上线下多渠道协同，结合有吸引力的价值点与流畅的转化路径，旅游门店可有效将公域流量沉淀为高黏性私域用户，实现低成本获客、长期复购及品牌价值提升，在竞争中构建可持续的增长壁垒。

相关链接

以某知名旅游门店为例，该门店通过一系列有效的公域流量向私域流量转化策略，取得了显著的成效。在线上渠道，该门店在社交媒体平台上积极运营，发布了大量优质的旅游内容，吸引了众多用户的关注。同时，该门店与多位旅游KOL合作，进行产品推广和品牌宣传，进一步扩大了品牌影响力。在旅游电商平台和OTA上，该门店优化了店铺页面和顾客引流策略，通过设置专属优惠和引导入口，成功将大量平台用户转化为私域用户。在线下渠道，该门店优化了门店场景，通过店内宣传和员工引导，有效地引导进店顾客加入私域社群。此外，该门店还定期举办旅游分享会和促销活动，吸引了大量顾客参与，并将他们成功转化为私域用户。通过这些策略的实施，该门店的私域流量规模不断扩大，用户黏性和忠诚度显著提高，业务收入也实现了快速增长。

四、门店私域流量运营策略

在数字化竞争加剧的旅游市场中，私域流量运营成为旅游门店降本增效、提升顾客忠诚度的核心手段。通过构建私域流量池，门店可深度连接顾客，实现个性化服务与长效增长。

（一）选定运营载体与阵地

以微信生态为核心搭建私域矩阵。

（1）微信体系。公众号用于发布旅游资讯、产品活动，小程序提供便捷预订服务，企业微信实现顾客精细化管理，微信群和个人微信承载高频互动（如1对1咨询、社群运营）。

（2）外部平台。同步布局微博（传播热门话题、攻略）、抖音等，作为流量补充入口，引导用户向微信私域沉淀。

（二）完善顾客信息管理系统

在用户触达环节（公众号关注、小程序注册、线下扫码）收集基础信息（姓名、偏好）与行为数据（浏览记录、购买历史），通过技术工具整合数据，构建顾客画像。例如，标注“海滨度假偏好”“亲子游需求”等标签，为后续精准营销提供依据。

（三）制定私域流量留存策略

1. 分层输出优质内容

（1）定期触达。通过公众号、企业微信每周推送图文攻略、每月发布目的地短视频，保持高频互动。

（2）个性化推荐。基于顾客画像定向推送内容，如向历史文化爱好者发送古镇探秘线路，向亲子家庭推送主题乐园攻略，提升内容匹配度。

2. 构建高黏性社群生态

（1）兴趣分群运营。按摄影、户外、亲子等兴趣建立社群，组织话题讨论（如“徒步装备分享”）、线上活动（摄影比赛、达人直播），增强成员归属感。

（2）专属福利设计。提供社群限定折扣、优先预订权、积分加倍等权益，搭配抽奖、问答等趣味活动，提升社群活跃度与忠诚度。

3. 精细化顾客关怀互动

（1）情感连接。在节日、顾客生日时发送定制化问候（如企业微信私信祝福+专属优惠券），强化情感认同。

（2）服务闭环。48小时内响应顾客咨询，分类处理反馈（产品建议、售后问题），通过顾客评价优化服务流程，提升满意度。

（四）构建运营效果评估体系

1. 建立三维评估指标体系

（1）流量指标。新增用户数、留存率（反映私域规模增长）。

（2）互动指标。公众号打开率、社群发言人数、活动参与度（衡量用户黏性）。

（3）转化指标。购买转化率、客单价、复购率（体现运营实效）。

2. 数据驱动持续优化

（1）周期性分析。每周/月整理数据，对比不同渠道（如公众号vs社群）的拉新效率、不同内容（攻略vs促销）的转化效果，定位优势与短板。例如，发现社群复购率高于公众号，可加大社群专属活动投入。

（2）策略迭代。针对低活跃社群调整运营形式（如从图文分享转为直播互动），对高转化用户群体细化标签（如“高频出境游顾客”），设计定制化产品套餐。

3. 拥抱创新与动态适配

（1）关注行业趋势（如直播带货、元宇宙旅游体验），试点新玩法：抖音/视频号开展目的地直播,边看边下单。

(2)企业微信上线AI客服,24小时响应基础咨询。

(3)基于用户反馈快速迭代产品(如小众路线定制服务),保持私域运营的灵活性与吸引力。

私域流量运营是旅游门店构建竞争壁垒的关键路径。通过搭建微信生态为核心的私域矩阵,结合顾客画像实现精准留存,以数据评估驱动策略优化,门店可沉淀高价值顾客群体,降低获客成本,提升复购与品牌溢价。在未来,持续深耕私域、动态适配用户需求,将成为门店突破增长瓶颈的核心竞争力。

任务拓展

(1)列举利用微信视频号获取门店私域流量的方法。

(2)列举人工智在促进私域流量获取方面的方法。

任务三 旅游门店流量数据分析

任务导入

小王团队成员已经成功为旅游门店设计好了流量的转化路径,下一步的工作也就接踵而来。经过讨论,小王团队认为光有流量的转化路径是不够的,如何把门店的流量监控起来,以便随时可以查阅门店流量数据的各项指标,从而可以随时了解门店流量的健康度就显得非常关键。所以,需要对门店的线上线下流量进行进一步的梳理,同时设计好一套门店流量的监控指标,才能为后续工作打下基础。

知识准备

- 公域流量数据指标
- 私域流量数据指标
- 流量数据测量工具
- 流量数据使用策略

任务实施

一、认识常见公域流量数据指标

在数字化营销浪潮中,公域流量数据指标是企业洞察市场、优化策略的关键抓手。公域流量指需通过付费或推广获取的公共平台流量(如社交媒体、搜索引擎、电商平台等),其核心指标可分为四大类,助力企业精准评估流量价值与运营效果。

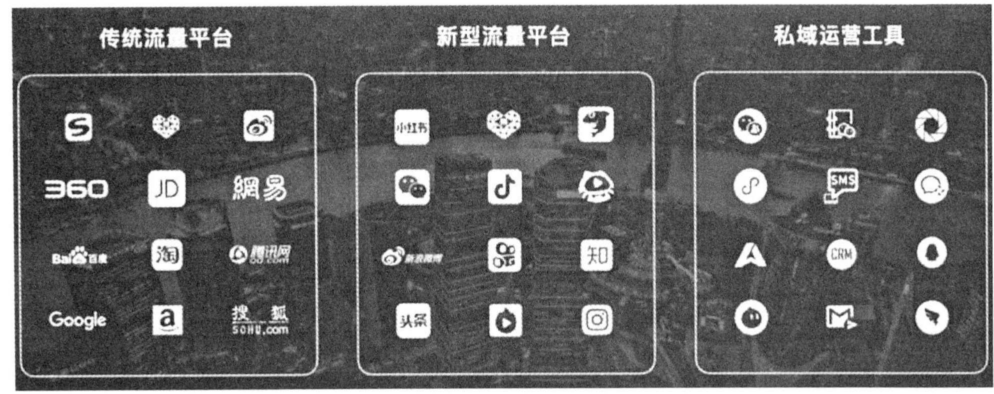

图6.16　常见公域流量平台

（一）流量规模指标：衡量触达广度

1. 曝光量

指内容在公域平台的总展示次数，反映潜在触达范围。例如社交媒体推广图文的系统推送次数。高曝光量是流量转化的基础，但仅代表展示而非实际关注，需结合其他指标综合评估。

2. 访问量（PV）

用户访问页面的总次数（含刷新），可以体现内容吸引力，如电商商品页多次浏览累积的访问量。但易受重复刷新干扰，存在数据虚高的可能，单独使用价值有限。

3. 独立访客数（UV）

统计周期内不重复的用户数量（通过IP、设备ID识别），精准反映实际参与用户。例如某平台日访问量10万、UV仅5万，说明半数用户重复访问，可分析复购或深度浏览行为。

（二）流量质量指标：评估转化潜力

1. 点击率（CTR）

点击次数/曝光量 × 100%，衡量内容吸引力与受众匹配度。如搜索引擎广告高CTR，表明关键词与用户意图契合；低CTR则需优化文案或定向策略。

2. 转化率

目标行为用户数/进入路径用户数 × 100%，核心衡量流量精准度。电商场景指购买转化率（下单用户/商品页浏览量），内容平台指注册转化率。高转化率代表流量匹配度高，产品可以满足用户需求。

3. 跳出率

仅浏览单页面即离开的访问占比，反映页面体验问题。如某网站跳出率为70%，可能因内容无吸引力、加载慢或布局混乱，需优化页面设计与内容相关性。

（三）用户行为指标：洞察互动深度

1. 停留时间

用户在页面的停留时长，通过技术监测计算。长停留时间表明内容吸引力强（如视频平台的视频观看时长），可分析用户偏好，优化内容布局。

2. 页面浏览深度

单次访问浏览的页面数量，反映用户探索意愿。如用户浏览首页→分类页→多个商品页→

购物车,深度为5。高深度说明用户兴趣浓厚,可优化导航与推荐逻辑,引导转化。

3. 分享率

分享次数/浏览量 ×100%,体现内容传播力。高分享率意味着内容具备社交价值,易引发病毒式传播(如社交媒体优质图文),可通过激励机制(如分享领券)提升传播效果。

(四)流量来源指标:追溯渠道效能

1. 直接流量

用户通过地址栏或收藏夹访问产生的流量,代表品牌忠诚度。持续增长说明用户认可度高,反之需关注品牌黏性维护。

2. 搜索引擎流量

通过搜索关键词进入的流量,分自然搜索(SEO优化)与付费广告(SEM投放)。分析来源关键词可捕捉用户需求,优化内容与关键词策略,提升自然排名或广告ROI。

3. 社交媒体流量

从微信、抖音等平台链接进入的流量,需区分平台特性(如抖音重短视频、小红书重种草)。若某平台流量转化率高,可聚焦该平台内容创作与推广。

4. 推荐流量

通过合作伙伴、论坛等推荐链接进入的流量,质量通常较高(基于推荐方信任)。分析渠道效果可优化合作策略,扩大优质流量来源。

公域流量指标是企业解码用户行为、优化营销策略的"数字罗盘"。流量规模指标奠定基础,质量指标筛选精准用户,行为指标揭示深层需求,来源指标定位高效渠道。企业需结合业务场景综合分析,避免单一指标局限,通过数据驱动实现从流量获取到转化的全链路提效,在竞争中抢占先机。

典型案例 新生代流量撬动小城

刚刚过去的蛇年春节假期,旅游可谓"热力"空前。

来自武汉的90后女生小鲁是春节出游大军的一员。因公司放假时间长,小鲁与朋友正月初二出发前往海南,正月十一才返回武汉。为了避开人潮,小鲁不执着于打卡热门景点,而是提前让海南当地和曾在海南旅行过的朋友推荐了一些特色餐饮门店和小众地点,由此串联旅行路线。她的路线以相对冷门的文昌、万宁、陵水为主,海口、三亚等热门地区未做过多停留。

即便提前规划,小鲁也未能全然避开春节假期旅游之旺带来的高昂出行成本。小鲁对此表示,她朋友为她推荐了陵水的一家五星级度假酒店,元旦时的夜间价格约为1 200元,该酒店春节时的价格却飙升到了4 810元,翻了4倍。小鲁没有选择这家酒店,且尽力在各在线旅游平台上寻找更具性价比的酒店,出行期间的住宿费用仍远高于预期。

案例解析

春节假期是2025年旅游业的序章,展现了强劲的短期热度,但关键在于如何将这一势头转化为长期的消费增长动力。想要"长红",还需要瞄准年轻人的消费需求,将舒适度、性价比与本地文化有机结合,找到文化与商业化的平衡点。

二、常见私域流量数据指标

私域流量指标是旅游门店评估用户价值、优化运营策略的关键工具，可从用户规模、活跃、转化、价值及社交传播五维度构建指标体系，实现数据驱动的精准运营。

（一）用户规模指标：衡量私域基础体量

私域用户总数

微信公众号、企业微信、小程序等平台的用户总量，反映私域覆盖范围（如半年积累5 000人）。

（1）新增私域用户数。特定周期内新加入的用户量，直观体现拉新效果（如展会一周新增300人）。

（2）用户增长率。（新增用户数 ÷ 总用户数）× 100%，展示增长趋势（如月增长12.5%）。

（3）流失用户数。取消关注、退群或沉默用户量，用于分析流失原因（如内容不匹配导致月流失100人）。

（二）用户活跃指标：评估用户黏性与参与度

日/周/月活跃用户（DAU/WAU/MAU）

周期内有互动行为（浏览、评论、社群发言）的用户数，反映长期活跃规律（如周末WAU显著升高）。

（1）用户活跃率。（活跃用户数 ÷ 总用户数）× 100%，对比行业水平评估表现（如日活跃率6%）。

（2）平均停留时长。用户单次访问私域平台的时长，体现内容吸引力（如小程序浏览线路平均3分钟）。

（3）页面浏览量（PV）与人均浏览量。PV为总浏览次数，人均浏览量=PV ÷ 活跃用户数，反映内容探索深度（如人均5次/日）。

（三）用户转化指标：量化流量变现能力

咨询转化率

咨询用户数 ÷ 浏览产品用户数 × 100%，衡量信息吸引力（如推文咨询率5%）。

（1）预订/购买转化率。预订用户 ÷ 咨询用户 × 100%（预订转化）、购买用户 ÷ 浏览用户 × 100%（直接转化），反映销售效率（如预订转化率20%）。

（2）复购率。再次购买用户 ÷ 总购买用户 × 100%，体现用户忠诚度（如年复购率20%）。

（3）推荐率。主动推荐用户占比（问卷或分享行为统计），衡量口碑传播潜力（如30%用户愿推荐）。

（四）用户价值指标：挖掘长期商业价值

客单价

总销售额 ÷ 购买用户数，反映消费能力与定价策略（如月均1 000元）。

（1）顾客生命周期价值（CLV）。用户全周期贡献总价值，综合购买频率、客单价等因素，指导资源分配（如预测3年CLV为6 000元）。

（2）首次/最近购买时间。评估购买周期与活跃度，优化营销触达（如首次购买周期70天，近期购买用户复购可能性更高）。

（五）社交传播指标：评估裂变与品牌影响力

1. 分享率

分享用户数 ÷ 活跃用户数 × 100%，衡量内容传播价值（如文章分享率10%）。

2. 裂变系数

平均每个用户带来的新用户数，评估社交裂变能力（如活动裂变系数3）。

3. 话题热度

讨论量、点赞、评论等综合指标，反映用户关注度（如社群话题周互动600次）。

4. 口碑评分

用户评价综合得分（如4.8/5分），影响新用户信任度。

私域流量指标体系需结合业务场景动态应用：用户规模指标夯实基础，活跃指标诊断运营健康度，转化指标驱动变现效率，价值指标指导资源分配，社交传播指标放大品牌声量。旅游门店应聚焦核心指标（如复购率、CLV），避免数据过载，通过精细化分析优化内容、服务与触达策略，实现从流量沉淀到价值转化的闭环增长。

三、认识常见流量数据测量工具

流量测量工具是旅游门店精准评估客流、优化运营的关键支撑，分为线下硬件设备与线上数据分析平台两类，覆盖全渠道流量监测。

（一）线下流量测量工具

1. 客云度

提供蓝牙、GPRS、视频、Wi-Fi等多版本，部署免布线，依托阿里云存储保障数据安全。核心功能：双向客流检测（进出方向识别），准确率达99%，支持手机/电脑实时查看数据。适用场景：门店选址分析、转化率优化，尤其适合对数据精度要求高的场景。

2. 双目摄像头客流计数器

采用双目视觉技术捕捉游客进出，可大幅降低统计误差（精度超95%）。优势：可对接景区票务、监控系统实现数据共享，深度分析游客来源地、游览偏好等行为。适合景区、大型门店的精细化客流管理。

3. 红外客流统计设备

基于红外感应原理，有人通过感应区域时触发计数。特点：安装简便、成本低，适用于环境简单、精度要求中等的场景（如普通门店入口）。局限：易受光线、遮挡影响，误差率约5%～10%。

4. Wi-Fi探针

通过收集周边移动设备的Wi-Fi信号统计客流，可获取停留时间、店内移动轨迹。常结合门店免费Wi-Fi部署，在提供服务的同时采集数据。不足：依赖用户开启Wi-Fi，数据完整性受影响，适合辅助分析用户动线。

（二）线上流量测量工具

1. GoogleAnalytics（GA）

功能全面的数据分析平台，支持用户来源追踪、页面浏览路径、转化漏斗等深度分析，适用于评估线上营销效果。优势：多维度数据报表、目标转化追踪；局限：国内访问稳定性欠佳，需专业团队配置。

2. Mixpanel

聚焦用户行为分析，可追踪App内点击、浏览等每一步操作，支持自定义事件和用户分群。适合旅游门店分析自有App的用户交互，优化产品功能与用户体验。

3. 百度指数&微信指数

（1）百度指数。基于百度搜索数据，分析关键词热度、地域分布及用户需求图谱，辅助旅游产品策划与SEO优化，是国内景区/门店了解百度生态用户关注度的核心工具。

（2）微信指数。微信官方工具，监测关键词在微信内的搜索和讨论热度，为微信社群、公众号运营提供数据支持，精准定位微信用户的兴趣点。

4. 神策数据（SensorsData）

一站式用户行为分析平台，支持全域数据采集（App、小程序、H5），提供漏斗分析、留存分析等模型。优势：深度挖掘用户转化路径，适合需要精细化运营的中大型旅游企业。

5. Similarweb

跨平台数据分析工具，可监测网站/App流量来源、地域分布、竞品对比等，支持国内外市场分析。旅游门店借此了解自身与竞品的流量结构，优化广告投放策略。

6. 爱站网

专注国内SEO分析，提供关键词挖掘、流量排名、竞品网站对比等功能，帮助门店提升搜索引擎自然流量，适合中小旅游企业进行基础网络营销诊断。

7. 补充工具

（1）量子恒道。淘宝等电商平台专用，提供店铺流量、访客来源、浏览路径数据，适用于线上旅游产品销售门店。

（2）51.La/51yes。轻量化流量统计工具，操作简便、功能全面，快速呈现网站访问量、用户地域等基础数据，适合中小型门店入门级分析。

线下工具侧重物理场景的客流捕捉与行为分析，线上平台聚焦数字渠道的用户轨迹与转化评估。旅游门店需结合自身规模与需求选择工具：小型门店可优先选择红外设备+百度/微信指数；中大型企业建议部署双目摄像头+神策数据，实现全渠道流量的精准测量与运营提效。

典型案例　山西文旅让“悟空效应”变成长效流量

自《黑神话：悟空》上线起，山西的旅游热度急剧攀升。美团数据显示，游戏上线当日，山西景区的旅游热度环比增长156%，其中云冈石窟、应县木塔、悬空寺等游戏取景地的旅游热度增幅最高。在携程平台上，8月20日0点至12点，山西省的搜索热度环比前一日增长超过10%，大同、朔州等城市搜索热度均环比增长两成。

以临汾为例，8月20日以来，游戏取景地隰县小西天景区接待游客人次同比增长超过300%，洪洞广胜寺接待游客人次同比增长超过128%。小西天景区工作人员告诉《中国经济时报》记者，仅8月20日至27日，景区已接待游客27 000余人次。

案例解析

一时的出圈靠机遇，持续“长红”则靠产品与服务，用好优势、强化服务，叫响“旅游满意在山西”品牌正是山西转变思想，提升文旅产业质量的发力方向。

四、流量数据使用策略

在数字化时代，流量数据是旅游门店精准营销、优化服务、提升竞争力的核心资产。通过挖掘顾客行为与需求，数据可在多维度赋能门店运营，实现可持续增长。

（一）顾客洞察与细分：精准定位需求

1. 构建立体顾客画像

整合基础信息（年龄、地域、职业）、行为数据（浏览轨迹、停留时长、搜索关键词）及消费记录，形成多维用户画像。例如，一线城市30～40岁女性高频浏览高端境外游产品，可定位为“高消费力境外游爱好者”，为精准营销提供依据。

2. 分层运营差异化服务

按年龄、偏好将顾客分为青年（个性化低价套餐）、中年（家庭游）、老年（舒适文化游）等群体。针对青年群体，通过抖音、小红书推送潮玩路线；为老年顾客设计线下讲座+慢旅行产品，提升触达效率。

（二）营销推广：提效降本的关键引擎

1. 渠道优化与精准投放

分析流量来源（搜索引擎、社交媒体、OTA）的转化率，聚焦高价值渠道。如发现小红书用户对“露营攻略”内容转化率达8%，可定制沉浸式短视频广告，突出“精致露营+在地体验”卖点，精准触达目标客群。

2. 动态评估活动效果

监测营销活动中的流量波动、参与度（点击/分享率）、转化漏斗。某门店“暑期亲子游”活动初期流量激增但转化率仅为3%，通过分析发现详情页未突出“研学课程”核心卖点，调整后转化率提升至7%，ROI增长1.5倍。

（三）产品创新：数据驱动迭代

1. 捕捉需求优化供给

通过搜索关键词（如“亲子研学”“非遗体验”）及咨询记录，识别市场热点。某门店发现“非遗手作”相关搜索量月增50%，迅速推出“古镇非遗+手工体验”线路，搭配亲子互动课程，首月订单量达200+。

2. 关联分析优化产品组合

基于购买数据挖掘关联需求，如“海岛游”顾客60%同时预订潜水项目，推出“海岛+潜水套餐”，客单价提升25%，复购率提高18%。

（四）服务升级：提升顾客体验闭环

1. 流程优化消除痛点

追踪预订环节的跳出率（如支付页跳出率超40%），简化流程并增加微信/支付宝等多元支付方式，将预订耗时从8分钟压缩至3分钟，投诉量下降60%。

2. 个性化服务增强黏性

根据顾客画像提供专属权益：为高频消费的商务顾客预设五星酒店高楼层房间、机场接送服务；为银发族推送“慢旅行攻略”及24小时管家服务，复购率提升至35%。

（五）资源调配：精细化库存与人力管理

1. 动态预测优化库存

通过历史流量数据预测旺季需求，提前3个月与酒店、景区锁定资源。如暑期三亚线路预订量同比增加30%，提前储备20%的房源，避免旺季溢价损失；淡季对冷门线路实施“买一赠一”，降低库存积压。

2. 错峰调配人力效率

根据客流峰谷（周末流量为平日3倍）动态排班，旺季增加临时客服岗，淡季组织员工参与目的地考察与服务培训，人效提升20%。

（六）竞争分析：抢占市场先机

1. 竞品流量监测与策略迭代

跟踪对手的网站流量、社交媒体互动量及产品评价，对标优势环节。如发现竞品“新疆自驾”线路月销超500单，分析其“无人机跟拍+露营装备”的增值服务，快速迭代自有产品，增加“专业领队+旅拍”套餐，3个月内订单量反超。

2. 捕捉趋势布局新品

结合行业数据（如“康养旅游”搜索量年增40%），提前开发瑜伽疗愈、森林疗愈等产品，抢占健康旅游赛道，形成差异化竞争力。

（七）数据安全：筑牢隐私保护防线

建立数据加密、访问权限控制及定期备份机制，确保顾客信息安全。收集数据前获取用户授权，仅用于优化服务，避免过度采集，合规经营守护品牌信任。

流量数据的价值在于“精准洞察—敏捷行动”的闭环应用。旅游门店需聚焦顾客画像、转化漏斗、竞品动态等核心指标，通过数据驱动产品、营销、服务的全链路优化，在降低获客成本的同时提升顾客终身价值。未来，随着大数据与AI技术的融合，门店应持续深化数据应用场景，以个性化、智能化服务领跑市场，实现从流量沉淀到价值增长的质效跃升。

任务拓展

（1）以酒旅直播为内容，以微信视频号为平台，分析常见私域流量的数据指标。

（2）举例说明人工智能及大数据分析在促进旅游新质生产力发展方面的作用。

任务四　旅游门店客户留存

任务导入

小王团队成员已经成功为门店策划设计了一套流量监控数据指标，已经可以随时监控门店线上线下流量的健康情况了。同时他们又发现了一个问题，他们认为仅有数据监控是不够的，数据只能反映门店流量的多少，但是不能服务于门店的用户留存，所以如何增加门店的客户留存就显得非常关键。经过讨论，小王团队成员需要对门店客户留存的方法进行进一步的梳理，设计好门店顾客的运维路径，才能为后续工作打下基础。

知识准备

- AARRR漏斗模型

- 线上客户留存策略
- 线下客户留存策略

任务实施

一、AARRR漏斗模型

AARRR漏斗模型(海盗指标模型)由戴夫·麦克卢尔提出,将用户生命周期划分为获取、激活、留存、推荐、收入五个阶段,形成漏斗状转化路径,为旅游门店全链路运营提供系统化指导。

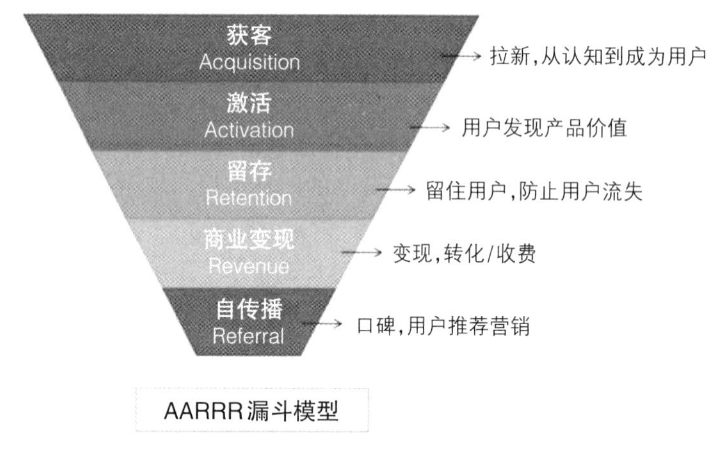

图6.17 AARRR漏斗模型

(一) AARRR模型阶段解析

1. 获取(acquisition):全域引流扩大潜客池

目标:从公域渠道吸引潜在用户接触门店(线上平台/线下门店)。

策略:线上通过官网、社交媒体(微信/抖音)内容营销、SEO/SEM投放、OTA合作提升曝光;线下在客流密集区(机场/商圈)地推、联合旅行社/酒店资源互换,低成本触达目标客群。

2. 激活(activation):触发关键行为转化活跃用户

目标:推动潜在用户完成注册、咨询、预订等核心动作。

策略:基于用户浏览/搜索数据推送个性化线路(如亲子游用户定向推荐研学产品);优化预订流程(简化步骤+多支付方式),搭配新客专属折扣、限时优惠,降低决策门槛,提升转化率。

3. 留存(retention):提升复购与用户黏性

目标:将一次性用户转化为长期顾客。

策略:行程中提供标准化服务(24小时应急响应),结束后通过回访调研、旅行回顾内容保持互动;搭建会员体系(积分兑换/专属客服/优先预订),增强归属感,驱动重复购买。

4. 推荐(referral):激发口碑实现裂变增长

目标:通过满意用户的社交传播获取新客。

策略:设计推荐奖励机制(成功推荐送优惠券/积分),简化分享路径(一键生成朋友圈图文);打造“网红打卡线路”“独家体验项目”等具备社交货币属性的产品,鼓励用户主动分享,形成病毒式传播。

5. 收入(revenue):多元变现提升商业价值

目标:挖掘用户终身价值,扩大营收。

策略:除基础产品外,叠加增值服务(保险/接送机/门票);针对高净值客群推出定制游(企业团建/私人包团);动态调整价格(旺季溢价/淡季套餐),通过数据分层运营高价值用户,提升客单价与消费频次。

(二)AARRR模型应用意义

1. 精准营销

通过各阶段用户行为分析(如获取阶段渠道转化率、激活阶段漏斗流失点),靶向投放资源,降低获客成本。

2. 体验升级

聚焦激活/留存环节的用户痛点(如预订卡顿、售后响应慢),优化服务流程,提升满意度与忠诚度。

3. 效率提升

明确各阶段核心指标(获取期关注曝光量、收入期追踪CLV),合理分配人力/预算,避免资源浪费。

4. 持续增长

借助推荐机制形成“老带新”良性循环,叠加复购与多元变现,实现用户规模与营收的双轮驱动。

AARRR模型为旅游门店提供了从流量获取到价值变现的全流程指南,通过精细化运营各漏斗环节,企业可清晰定位薄弱点,针对性优化策略,在竞争中构建以用户为中心的增长壁垒,实现可持续发展。

典型案例 AI赋能文旅产业升级提速:文旅企业、重点旅游城市竞相接入DeepSeek大模型

当一键获取定制化旅游攻略,当景区导览变身“虚拟导游”,当文旅服务拥有“智慧大脑”……眼下,以DeepSeek为代表的大模型正快速渗透到文旅行业,AI技术在文旅领域的应用进入加速阶段。

2月12日,华数传媒(000156.SZ)率先推出融合DeepSeek的艾珈智行助手,应用于“诗画浙江文旅惠民卡”产品,为用户提供个性化智能服务。同日,马蜂窝宣布其自研AI智能应用正式接入DeepSeek。随后,黄山旅游(600054.SH)、中旅国际、中青旅(600138.SH)、岭南控股(000524.SZ)、同程旅行(0780.HK)等旅游企业和文旅平台,张家界、沈阳、杭州等重点旅游城市也相继宣布全面接入DeepSeek,将其广泛应用于AI旅行助手、虚拟数字人、智能服务平台等多个领域。

案例解析

DeepSeek等AI技术的接入,有望解决文旅行业在数字化转型过程中面临的核心挑战,如信息不对称、个性化服务不足、运营效率低下等问题。通过AI技术,企业能够更好地分析用户数据,提供定制化服务,从而提升用户体验,增强竞争力。

二、线上客户留存策略

在竞争激烈的旅游市场中，线上客户留存是门店实现可持续发展的关键。通过优化体验、精准服务、社群运营、会员体系及持续互动，可构建全方位留存体系，具体策略如下。

（一）优化客户体验：降低流失的核心防线

1. 简化预订流程

精简信息填写步骤，接入微信支付、支付宝等主流支付方式，实现“一键下单”。例如，某门店将预订环节从5步压缩至3步，支付成功率提升25%，显著减少流程卡顿导致的客户流失。

2. 输出高价值内容

在官网、公众号、抖音等平台持续发布旅游攻略、景点解析、美食地图等内容，搭配高清图文与沉浸式视频，强化用户对目的地的向往。如每周更新“小众目的地探秘”系列，通过场景化内容吸引客户的长期关注。

3. 即时响应顾客咨询

搭建24小时在线客服体系，通过智能AI+人工客服组合，确保10分钟内响应咨询。针对高频问题（如退改政策、签证流程）提供标准化话术，同时记录客户反馈优化服务，提升解决效率与体验感。

（二）打造个性服务：精准满足客户需求

1. 数据驱动需求洞察

利用客户浏览记录、搜索关键词及调研问卷，构建包含兴趣偏好（如户外探险/文化体验）、消费能力的立体画像。例如，识别“亲子家庭”客群后，定向推送含研学课程的周末短途游产品，转化率提升30%。

2. 定制化行程服务

提供“一人成团”“企业包团”等定制化服务，根据客户时间、预算及特殊需求（如无障碍设施、素食餐饮）设计专属路线。某门店推出的“摄影主题定制游”，通过匹配用户拍摄偏好安排拍摄点位与时间，复购率达40%。

3. 智能推荐引擎

基于大数据与AI算法，根据用户历史行为推送个性化内容：浏览过东南亚线路的用户，优先展示新上线的清迈小众玩法；高频消费用户自动触发专属折扣券，提升推荐精准度与购买意愿。

（三）加强社群运营：构建高黏性用户圈层

1. 垂直社群搭建

在微信/QQ创建“摄影旅行群”“亲子游交流群”等兴趣社群，定期分享线路优惠、目的地攻略，组织群内问答与经验分享。例如，每周三举办“旅行故事接龙”活动，增强客户归属感与互动频率。

2. 高频活动激活

策划抽奖（如免费民宿体验）、摄影大赛、线路拼团等活动，设置社群专属福利（如群内报名立减100元）。某门店“最美旅行视频”评选活动吸引200+客户参与，带动相关线路咨询量周增150%。

3. 培养意见领袖

筛选社群内活跃用户作为“体验官”，邀请其免费体验新线路并分享真实测评，通过UGC内容影响潜在用户。如意见领袖的小红书笔记平均获赞3 000+,带动对应产品订单月增80%。

（四）建立会员体系：绑定客户长期价值

1. 分层会员特权

按消费金额/频次划分白银、黄金、钻石会员，提供差异化权益：白银会员享95折，黄金会员积分加倍，钻石会员专属客服与优先预订权。某门店高级会员复购率达60%，客单价为普通客户的2倍。

2. 积分体系驱动

用户消费、分享、签到均可累积积分，支持兑换旅游产品（如1 000积分=50元优惠券）、实物礼品或免费服务（如机场接送）。清晰的积分路径提升用户参与度，某门店积分兑换率达45%，带动关联消费增长。

3. 会员专属活动

定期举办会员日特卖、限量线路抢购、高端旅行沙龙等活动，强化身份认同感。例如，会员日推出“买一赠一”海岛游套餐，24小时内售罄并新增会员300+。

（五）持续营销与互动：巩固情感连接

1. 精准触达客户

节假日/用户生日时发送定制化短信/邮件，内容聚焦用户偏好（如“您关注的西藏线路降价15%”），避免泛化推送。某门店通过分层发送策略，使促销信息打开率提升至35%，投诉率下降60%。

2. 社交媒体高频互动

在微博/抖音回复用户评论、发起话题挑战（如#我的旅行心愿单#），鼓励客户分享UGC内容并给予曝光奖励。高频互动使品牌账号粉丝活跃度提升20%，形成良性社交传播。

3. 线上线下融合体验

举办线下旅行分享会、目的地体验日，邀请线上客户参与，通过面对面交流增强信任。如“云南非遗体验之旅”线下活动吸引150+用户报名，后续3个月内相关线路预订量增长200%。

线上客户留存需围绕“体验优化—需求满足—情感绑定”构建闭环。旅游门店应聚焦用户旅程各触点，通过技术赋能精准服务，以社群与会员体系提升黏性，最终实现从流量沉淀到价值转化的长效增长。在同质化竞争中，唯有持续提供“超预期体验”，才能让客户成为品牌的长期拥趸。

三、线下客户留存策略

在竞争激烈的旅游市场中，留存线下客户对旅游门店的长期发展至关重要。忠实客户不仅能带来稳定营收，更能通过口碑传播助力拓客，需从多维度实施留存策略。

（一）搭建顾客信息档案

门店应搭建客户信息档案库，记录旅游偏好、过往行程等关键信息，员工依据档案为客户定制专属方案，如为户外运动爱好者推荐徒步项目、为亲子家庭设计融合教育体验的线路，通过个性化服务提升用户好感与忠诚度。构建分层会员体系，按消费金额或次数划分等级，提供折扣、优先预订等差异化权益，定期举办会员专属的分享会、文化讲堂等活动，增强会员归属感与黏性。

（二）增加与顾客互动频次

注重与客户的互动沟通，行程结束后通过电话、短信等渠道回访，收集反馈并及时处理，同时介绍新品与优惠；举办面向全体客户的摄影大赛、知识竞赛等线下活动，以丰厚奖品吸引客户参与，增加互动频次。提供旅游保险、行李寄存、代订票务酒店等增值服务，解决客户出行的后顾之忧，提升服务便捷度与认可度。

（三）注重与顾客情感交流

利用社交媒体与线下结合，通过官方账号发布攻略、活动信息并互动，举办线上报名线下体验、线下扫码领券等联动活动，将客户引流至线上持续触达。员工在客户生日、节日发送祝福，分享客户旅游故事与照片，建立情感纽带，让客户感受到被重视。

此外，门店需关注行业动态，参加展会研讨会汲取经验，以客户反馈为依据，持续优化服务、产品与环境，满足多元需求。通过个性化服务、会员体系、互动沟通、增值服务、情感连接与持续创新等多维度策略，旅游门店能提升客户满意度与忠诚度，实现线下客户长期留存，在市场竞争中夯实可持续发展基础。

相关链接

行业新知：社群管理平台

在数字化时代，社群管理平台成为高效运营各类社群的核心工具，通过整合多元功能、提升管理效率，助力社群活跃与可持续发展。

社群管理平台的核心功能覆盖成员、内容、活动、互动与数据五大维度。成员管理整合用户信息，设置差异化权限，便捷处理加入与退出流程，为精细化服务奠基；内容管理支持图文、视频等多样形式，通过分类标签与审核机制维护优质生态；活动管理涵盖创建策划、报名跟踪及效果分析，线上线下活动数据化提升运营质量；互动沟通功能提供即时聊天、话题讨论、投票问卷等工具，增强成员参与感；数据分析则通过成员行为、内容表现及社群健康度评估，为策略优化提供数据支撑。

平台优势显著：自动化流程替代人工操作，大幅提升管理效率，减少重复性工作成本；便捷的交互界面与精准的内容匹配，增强成员体验，提升归属感；活动与话题驱动社群活跃，结合数据洞察持续优化内容，推动社群良性发展；企业社群可通过用户画像实现精准营销，依据反馈提供个性化服务，提升顾客满意度；完善的数据加密与隐私保护机制，确保信息安全，符合法规要求。

未来，社群管理平台将呈现五大趋势：智能化发展，借助AI实现内容推荐、智能客服及流失预警，提升运营精准度；全渠道整合，打通社交媒体、官网与App，实现数据互通与无缝体验；AR/VR技术融入，打造沉浸式活动场景，增强互动吸引力；深化社群经济支撑，提供电商、付费内容等功能，挖掘商业价值；强化个性化定制，通过模块化工具适配不同社群需求，如艺术社群侧重作品展示，技术社群聚焦文档共享，提升管理灵活性。

社群管理平台通过功能集成与技术创新，成为企业营销、兴趣交流、专业协作的重要载体。其价值不仅在于提升管理效率，更在于通过数据驱动与体验优化，激活社群潜力，助力各类组织在数字化竞争中构建用户黏性与品牌影响力。随着技术演进，平台将持续赋能社群精细化运营，推动社群从信息聚合向价值共创升级，成为数字时代连接人与资源的核心枢纽。

任务拓展

(1)以AARRR漏斗模型为基础，分别分析各新媒体平台流量引入及客户转化方面的优劣势。

(2)列举流量获取性价比最高的三种方式并说明理由。

项目小结

1. 整体任务实施

本项目主要对现代旅游门店流量引入、流量转化、流量数据分析、用户留存等四个方面进行分析和说明，本项目内容是现代旅游门店区别于传统旅游门店的重要方面，由于新媒体是现代旅游门店的重要获客途径，故本项目的学习和掌握将会为现代旅游门店的运营和管理奠定坚实的基础。

2. 课后测试与练习

(1) 阐述旅游门店打造独特人设定位的重要性，并说明如何从目标受众分析、人设元素雕琢、传播渠道选择三个方面实施。

(2)“公域流量向私域流量转化”是旅游门店运营的关键，某门店通过抖音直播展示旅游产品，引导观众关注公众号领取优惠券，实现线上到私域的转化。

请结合以上案例，说明线上和线下渠道分别有哪些具体策略可实现这一转化。

(3) 结合AARRR漏斗模型，分析旅游门店如何通过“激活”和“留存”两个阶段提升用户黏性，请举例说明具体措施。

(4) 请说明“社群管理平台”核心功能及对旅游门店的价值，并举例说明如何利用该平台提升用户留存?

项目七　现代旅游门店营销

项目导读

本项目是现代旅游门店的营销阶段，是现代旅游门店的重要营销环节。本项目以现代旅游门店营销相关活动的工作流程为主线，以现代旅游门店线上线下活动、公关等为任务，重点介绍门店常见的活动内容、活动策划方法，门店公关、门店市场拓展及异业合作等内容和形式等，并引入行业新知：旅游门店线下社交活动，引导学生学习、思考行业新变化，培养学生具备终身学习和创新意识。

学习目标

知识目标

掌握门店活动策划的核心内容与实施方法。

熟悉门店活动策划的完整流程体系。

理解门店营销活动的关键注意事项。

理解门店服务质量及安全事故危机种类。

理解并掌握外部公关资料库。

理解传统方式引流拓客和创新型引流拓客。

理解门店市场拓展及异业合作知识。

能力目标

具备独立制作活动策划文案与内容的能力。

能够与团队成员协作完成营销方案设计。

能开展好现代旅游门店外部公关工作。

能开展好现代旅游门店市场拓展及异业合作相关业务。

素质目标

具备创新营销的思维。

具备门店危机意识特别是危机公关意识。

具备异业合作思维。

情感及思政目标

培养对现代营销领域的热爱。

培养对门店信誉的责任感。

项目任务描述

任务一：现代旅游门店活动策划

能设计好门店各类营销活动。

任务二：现代旅游门店外部公关

能科学确定现代旅游门店外部公关对象和制定公关流程、能安善运用好公关资料库。

任务三：现代旅游门店市场拓展

掌握好门店异业合作及企业客户定制相关业务。

岗课赛证要求

(1) 落地销售区域内销售活动的策划和执行，完成销售任务。

(2) 确保门店公关各项工作顺利进行。

(3) 落地门市市场拓展活动。

任务一　现代旅游门店活动策划

任务导入

小王团队经过分析门店的年度销售目标，认为门店仅凭自然流量难以完成相应的销售任务，所以需要以更多的营销活动为支撑，为门店设计更多的营销活动，所以下一步工作也就接踵而来。经过讨论，小王团队认为门店营销活动分很多类型，不同类型的活动对应不同的产品和营销节点。所以，需要对门店的营销目标和顾客群体进行进一步梳理，同时设计好一整年的营销活动内容，才能为后续工作打下基础。

知识准备

- 门店营销活动
- 门店主题旅游活动
- 门店营销节点规划
- 门店营销活动策划
- 门店营销活动执行

图7.1 促 销 海 报

任务实施

一、旅游门店营销活动筹划内容与方法

在竞争激烈的旅游市场，旅游门店需通过多元的营销活动吸客引流，提升品牌声量与业绩。以下是核心活动形式及实施要点。

（一）折扣促销活动

折扣促销旨在以价格杠杆刺激消费，具体为以下两种方法。

（1）阶梯折扣与限时特惠。如淡季推出5折起热门线路，设置“周三特惠日”额外10%折扣；设计阶梯式团购优惠（如30人成团享8折），鼓励用户拉新。

（2）套餐组合优惠。打包机票、酒店、门票形成套餐，如原价1 800元的组合产品定价1 500元，强化性价比感知。

（二）主题旅游活动

结合热点打造差异化体验，如以季节/节日为主题的春季“赏花之旅”（日本樱花、婺源油菜花）、情人节“浪漫情侣游”（巴黎、马尔代夫）；借影视热度推出“影视同款线路”，如《去有风的地方》带火的大理深度游。

图7.2 促 销 海 报

典型案例 西藏面向全国游客开启第二轮消费券补贴活动

西藏自治区文化和旅游厅2月26日发布公告，宣布于2月28日开启第二轮消费券补贴活动，涵盖机票、火车票及专项人群优惠，持续到4月30日。此前，西藏自治区文化和旅游厅已于2024年12月27日公布文化旅游促消费活动细则，并于2024年12月30日开启了第一轮消费券补贴活动。

图7.3　西藏消费券补贴活动

案例解析

西藏推出第二轮消费券补贴活动，有力推动了旅游行业的发展。以某旅行社为例，活动期间，其跟团游产品销量显著增长。由于飞机往返且在藏停留4天以上的跟团游有1 000～1 800元阶梯立减补贴，吸引众多游客报名。同时，亲子游、旅友行、银发游专项补贴促使家庭、朋友及老年群体出游意愿大增。该旅行社针对这些客群优化行程，安排特色景点与舒适住宿，游客满意度提升，口碑传播又带来新客源，彰显出消费券补贴对旅游行业产品推广、客源拓展及整体发展的积极促进作用。

（三）会员制度与积分活动

通过分层权益增强用户黏性，如会员体系、积分驱动等。

（1）会员体系。按消费分级（普通/银卡/金卡/钻石会员），提供专属折扣（如银卡会员生日月9.5折）、优先预订、机场接送等特权。

（2）积分驱动。1元积1分，可兑换代金券（1 000积分抵100元）或礼品，每月“积分加倍日”刺激消费。

（四）互动营销活动

借助UGC内容扩大传播，如线上活动、情感连接等。

（1）线上活动。举办“最美旅行照片”征集大赛，投票评选获奖者赠送旅游代金券；每日发布旅游知识问答，首位答对者可获得旅行颈枕等礼品。

（2）情感连接。发起“新年旅游心愿”“我和妈妈的旅行故事”等话题互动，强化用户参与感。

（五）合作与跨界营销

整合资源互补引流，如产业链合作、跨界联动等。

（1）产业链合作。与航空公司推出“机票+线路”套餐，酒店合作赠送景点优惠券，景区内设置咨询摊位推广专属线路。

（2）跨界联动。联合运动品牌举办“运动与旅行”主题活动，互相陈列产品、共享客群（见图7.4）。

（六）线下体验活动

模拟泰国风情设置美食品尝、舞蹈表演区，邀请达人举办旅行分享会并提供个性化咨询；在商场、社区举办旅游展览，展示目的地图片、发放优惠券，吸引路人转化。

图7.4　主 题 活 动

图7.5　线下体验活动

二、门店营销节点规划

旅游行业受季节与节日影响显著，精准把握节点可提升营销效率。

（一）一季度：开年迎新与家庭出行

（1）元旦。推出周边短途游套餐，发起“新年心愿”话题抽奖送优惠券。

（2）春节。设计家庭游线路（南方海滨/古城文化），预订送家庭大礼包，举办线下展销会结合美食试吃与民俗表演。

（3）情人节。推出情侣专属线路（海岛/欧洲游），征集“情侣故事”赢旅游基金，门店布置浪漫氛围。

（二）二季度：踏青与亲子主题

（1）清明/劳动节。主推周边踏青、古镇游，五一提供早鸟折扣与团购优惠，线上问答赢礼品。

（2）母亲节/儿童节。母亲节推温泉疗养游，子女预订送鲜花；儿童节推亲子乐园/研学线路，儿童半价，门店举办亲子绘画赛。

（三）三季度：暑期狂欢与文化体验

（1）暑假。覆盖海滨度假、境外游学等产品，学生凭学生证享专属折扣，举办达人分享会。

（2）端午/七夕。端午推龙舟观赏游，送粽子礼盒；七夕推情侣星空露营线路，线上评选“最美情侣照”赢双人游。

（四）四季度：长假经济与感恩主题

（1）国庆。提供跟团/自由行/定制游多元选择，早订早优惠，门店举办抽奖狂欢节。

（2）双十一/圣诞节。双十一推出旅游产品秒杀与预售，圣诞推出冰雪主题游，线上征集“圣诞心愿”抽幸运用户。

（3）重阳。设计老年友好线路（养生/红色游），配备随团医生，发起“陪父母游重阳”故事分享。

旅游门店需以“折扣引流+主题体验+会员留存+节点营销”构建组合策略，线上线下协同触达，结合情感营销与数据反馈持续优化。通过精准把握用户需求与节日热点，既能短期提振业绩，又能长期沉淀品牌忠诚度，在竞争中实现可持续增长。

典型案例　撂荒地变身万亩大豆基地，看九龙豆腐的“湾区赶考”故事

3月1日，广东英德九龙镇高质量发展及文化旅游活动月启动大会在九龙峰林晓镇举行，会上，由广东省农业农村厅广州国家农业科创中心（以下简称“科创中心”）全链培育5年的九龙豆腐蝶变案例成为关注焦点。当天，又一5 000亩连片大豆产业基地签约启动，九龙豆腐牵手肉

图7.6　广东英德九龙镇高质量发展及文化旅游活动月启动大会

联帮走向湾区市场，九龙豆腐的“湾区赶考”故事吸引了很多人取经。阳山县农业农村局局长梁明兴表示：“九龙镇以‘科技＋文化＋生态’为主线的发展模式值得周边县镇积极借鉴，阳山县也想依托科创中心量身打造阳山农业高质量发展路径。”

案例思考

从九龙镇发展感悟奋斗与创新

在九龙镇的发展历程中，有着诸多思政育人元素。当地百姓面对喀斯特地貌和干旱困境，坚持种植耐旱作物，展现出坚韧不拔的奋斗精神，这启示学生在学习生活中遇到困难时，也要凭借顽强意志勇往直前。政府与科创中心合作，积极探索产业升级，体现出创新思维与积极作为，能引导学生培养创新意识，主动寻找解决问题的新思路。新农人返乡创业将小作坊发展成龙头企业，诠释了热爱家乡、敢于拼搏的品质，激励我们树立为家乡、为社会贡献力量的志向，在实践中实现自我价值。

三、门店营销活动策划

旅游门店营销活动策划需通过科学调研、精准目标、创意设计、高效执行与数据复盘，实现营销效果最大化。

（一）前期调研：精准把握市场与顾客需求

1. 市场分析

（1）行业趋势洞察。通过行业报告、媒体资讯捕捉生态旅游、研学旅行、定制游等热点趋势。例如，针对健康环保需求，策划“徒步＋公益”主题活动，结合热门目的地推出低碳旅行线路。

（2）竞争对手剖析。分析周边门店及线上平台的产品、价格、服务优势，挖掘差异化机会。若竞品主打常规线路，可聚焦小众深度游（如“非遗代表性传承人探访之旅”），或针对细分客群（如银发族、亲子家庭）设计专属产品。

2. 顾客调研

（1）目标顾客画像。通过问卷、访谈、会员数据，明确客群特征。据此设计“城市微度假”套餐，包含高铁往返、特色民宿与在地体验项目。

（2）需求痛点挖掘。识别顾客核心诉求，针对“行程自由度低”的痛点，推出“半自助游”产品，固定住宿与交通，灵活安排每日行程；针对“服务不透明”，强化24小时客服与全程跟拍服务。

（二）目标设定：明确量化指标与方向

1. 销售目标

（1）总额与产品分解。设定活动期销售额增长20%（如从50万到60万），按产品类型细化：国内游增长15%（30万→34.5万）、出境游增长25%（20万→25万），匹配资源重点推广高潜力线路。

（2）客单价与转化率提升。通过套餐捆绑提升客单价10%，优化报名流程使转化率从5%提升至8%。

2. 顾客增长目标

（1）新客与留存指标。计划新增顾客300人（新注册会员200人＋报名用户100人），老顾客复购率提升15%（通过会员专属折扣、积分加倍实现）。

（2）社群与私域沉淀。活动期私域社群新增500人，企业微信好友增长400人，为长期运营积累流量。

3. 品牌提升目标

（1）知名度。线上曝光量达50万次（朋友圈广告30万+小红书笔记20万），社交媒体粉丝增长1 000人；线下覆盖3个商圈、5个社区，发放传单2万份。

（2）美誉度。顾客满意度从4.2分（满分5分）提升至4.5分，通过差评实时响应、优质服务案例传播，打造"贴心旅行管家"形象。

（三）创意构思：打造差异化活动亮点

1. 主题策划

（1）热点结合。借《长安三万里》上映，推出"跟着诗词游西安"主题活动，串联兵马俑、大唐不夜城，搭配诗词讲解与汉服体验；冬奥会后策划"冰雪运动冬令营"，包含滑雪课程、冬奥场馆参观。

（2）情感共鸣。针对亲子客群设计"爸爸去哪儿"主题游，设置家庭协作任务与成长手册；针对银发族推出"时光旅行团"，重走青春回忆路线（如三线建设遗址、老厂区改造园区）。

2. 形式创新

（1）跨界合作。联合运动品牌推出"骑行川藏线"体验活动，品牌提供装备赞助，门店负责路线规划，报名即赠联名礼包；与咖啡馆合作"旅行灵感站"，消费满额送短途游优惠券。

（2）沉浸式体验。在门店搭建"VR旅行体验馆"，顾客可虚拟游览目的地，现场报名享VR体验价；目的地活动中加入"本地人带路"环节，如在成都由川菜厨师带领逛菜市场、学做火锅，增强在地化体验。

图7.7　线下活动

图7.8　互动活动

图7.9 宣传活动

（四）宣传推广：全渠道触达与精准引流

1. 线上策略

（1）微信。公众号发布深度攻略（如《3天2晚厦门亲子游避坑指南》），文末引导扫码入群领券；企业微信1对1推送“专属行程规划”，激活沉默顾客。

（2）抖音/小红书。达人探店视频突出活动亮点（如“买一送一”“儿童免单”），搭配POI定位与团购链接；发起#我的旅行盲盒#话题挑战赛，用户分享旅行照片赢大奖。

（3）合作推广。旅游KOL定制测评视频（播放量10万+），本地生活类博主转发活动海报（覆盖50万粉丝）。

（4）搜索与广告。SEO优化“深圳周边游”“暑假亲子游”等关键词，百度推广投放“旅游攻略”“特价机票”长尾词；朋友圈广告定向25～45岁、深圳/广州用户，突出“周末出发·一价全包”。

2. 线下策略

（1）场景渗透。在商场中庭设快闪展位，播放目的地VR视频，扫码关注送旅行颈枕；社区摆摊发放“家庭游优惠券”，现场预约送亲子DIY材料包。

（2）异业联动。与健身房合作“运动+旅行”会员日，健身用户购游立减200元；企业福利平台上线“员工专属旅游套餐”，附赠团建定制服务。

（五）活动执行：细节把控与风险应对

1. 筹备阶段

（1）人员培训。销售团队重点培训活动话术（如“现在报名立省500元，还能锁定暑期热门酒店”），客服团队熟悉退改政策与应急方案，全员通过模拟演练考核。

（2）物资准备。设计活动专属视觉体系（海报/传单/展架统一配色），准备抽奖礼品（无人机、行李箱、旅游代金券），确保线上报名系统流畅（支持微信/支付宝/银行卡支付）。

2. 过程监控

（1）数据追踪。每日更新销售日报（各线路报名量、客单价、渠道转化率），发现“贵州避暑游”报名低于预期，立即调整为“买贵退差+赠送黄果树VIP通道”。

（2）顾客反馈。通过客服系统实时收集咨询（如“儿童身高优惠标准”“单人房差如何处理”），24小时内优化活动详情页，补充FAQ板块。

3. 风险预案

（1）市场风险。若竞品同期降价，启动“早鸟保价”策略（活动前100名报名者享价格

图7.10 推广活动

保护)；推出差异化增值服务(如免费旅拍、保险升级)。

(2) 不可抗力。遇极端天气或疫情，提供“无损改期”“部分退款+代金券补偿”，通过短信/公众号及时告知顾客，减少投诉。

(六) 效果评估与复盘：数据驱动持续优化

1. 评估指标

(1) 销售维度。总销售额65万(超目标8.3%)，国内游占比60%(亲子线路贡献40%)，客单价提升12%(套餐销售占比达70%)。

(2) 顾客维度。新增顾客350人(超目标16.7%)，老顾客复购率18%(超目标3个百分点)，私域社群活跃度提升25%(日均发言人数达100+)。

(3) 品牌维度。线上曝光68万次(超目标36%)，小红书笔记互动量1.2万次，顾客满意度4.6分(超目标2%)，获30条优质好评用于后续宣传。

2. 复盘应用

(1) 亮点沉淀。跨界合作带来20%新客，后续固定“每月品牌联名日”；沉浸式体验活动转化率达15%，计划增设“目的地体验官”长期招募计划。

(2) 改进方向。线下传单转化率仅3%，需优化设计(突出核心优惠+视觉冲击)；部分客服响应超时，引入AI客服处理标准化问题，人工客服聚焦复杂咨询。

门店营销活动策划需以“调研为基、创意为核、执行为要、数据为镜”，通过精准定位客群、差异化主题设计、全渠道触达与动态优化，实现短期销量提升与长期品牌沉淀。未来，需持续迭代活动形式(如结合元宇宙虚拟体验、AI行程规划)，强化“活动引流—私域沉淀—会员复购”的闭环，在竞争中构建可持续的增长模型。

四、门店营销活动执行

(一) 精心筹备，筑牢活动根基

1. 明确量化目标

设定可衡量的核心指标，如活动期销售额增长30%、新增顾客500人、品牌曝光量提升50%。目标需具体且具备可行性，为后续评估与调整提供清晰方向，避免模糊表述。

图7.11　门店社区活动

图7.12　众信旅游线下活动

2. 打造差异化主题

结合季节、节庆及旅游趋势设计主题，如“春季赏花秘境游”“国庆红色文化深度体验”。主题需精准匹配客群兴趣（如亲子家庭、银发族），强化情感共鸣与稀缺性，例如融入“非遗手作体验”“星空露营”等特色元素，提升活动吸引力。

3. 优化产品组合

整合热门线路与小众目的地，推出“爆款套餐+定制服务”。

（1）性价比套餐。打包机票、酒店、门票，如“三亚5天4晚亲子套餐直降20%”。

（2）特色产品。针对深度游客群设计“川藏线骑行+藏家民宿体验”。

（3）一站式服务。附加签证代办、旅游保险、接送机等增值服务，提升产品竞争力。

4. 精细预算分配

明确宣传推广（占比60%）、物料制作（15%）、人员培训（10%）、奖品福利（15%）等开支，优先保障高转化渠道（如社交媒体广告、KOL合作），避免资源分散。

（二）多元推广：拓展活动辐射

1. 线上渠道精准触达

（1）社交媒体矩阵。微信公众号发布活动攻略与报名入口，抖音/小红书制作沉浸式短视频（如目的地实拍+优惠信息），搭配“限时折扣”“转发抽奖”等互动玩法；投放朋友圈广告，定向25～45岁、有旅游偏好的用户，提升曝光效率。

（2）旅游电商借力。在携程、飞猪等平台优化产品页，突出“活动专属价”“库存倒计时”，参与平台秒杀/满减活动，获取流量扶持；同步上线“客服1对1咨询”功能，即时解答预订疑问。

（3）邮件精准营销。筛选会员及潜在顾客，发送个性化邮件，主题突出“专属福利”（如“会员专享立减300元”），正文简洁呈现活动亮点与报名链接，提升打开率与转化率。

2. 线下渠道场景渗透

（1）门店氛围营造。门口设置活动展架，店内循环播放目的地视频，摆放线路手册与优惠海报；设计“扫码领券”互动区，顾客扫码关注公众号即可领取50元无门槛优惠券，引导流量沉淀。

（2）社区与异业合作。在周边社区、写字楼投放海报，联合物业举办“旅游分享会”；与银行、健身房合作，推出“联名优惠”（如信用卡用户立减、健身会员专属折扣），互相导流，扩大覆盖范围。

（三）高效执行：保障活动品质

1. 全员培训提能

活动前开展3轮培训，具体如下。

（1）基础层。熟悉活动内容、产品细节、优惠规则。

（2）技能层。模拟顾客咨询场景，强化“需求挖掘+方案推荐”能力。

（3）服务层。强调“微笑服务+快速响应”，明确退改政策、应急处理流程，确保专业度与体验感。

2. 全流程服务优化

（1）接待环节。主动询问顾客需求（如“您更倾向亲子游还是自然风光线路？”），结合画像推荐产品，提供3套对比方案，提升决策效率。

（2）互动设计。设置“旅游知识问答”“抽奖赢民宿体验”等现场活动，参与即赠定制礼品（如旅行便携包），增强顾客停留时间与参与感。

（3）氛围营造。播放轻旅行音乐，提供免费茶饮，打造拍照打卡点（如目的地主题背景墙），鼓励顾客分享至社交平台并@门店，实现二次传播。

（四）持续跟进：巩固活动成效

1. 分层顾客回访

（1）新客。活动结束后3天内电话回访，收集报名体验反馈，推送“下次出行专属折扣码”。

（2）老客。结合会员系统，在行程结束后发送调研问卷，针对复购意向向顾客提供“积分加倍+优先预订”权益，提升忠诚度。

2. 会员体系深耕

（1）分级管理。按消费金额划分白银/黄金/钻石会员，对应不同权益（如黄金会员享免费签证服务）。

（2）定期触达。每月发送《会员专属月刊》，包含精选线路、积分兑换指南、生日福利，保持高频互动，降低流失率。

3. 全链路复盘优化

（1）数据复盘。对比目标与实际成果（如销售额完成率、各渠道转化率），分析“高转化环节”（如抖音达人视频带来200单）与“薄弱点”（如线下传单响应率仅2%）。

（2）经验沉淀。整理优秀销售话术、爆款产品逻辑、客诉处理方案，形成标准化手册，为后续活动提供参考，避免重复试错。

门店营销活动需以“筹备精准化、推广多元化、执行精细化、跟进持续化”构建闭环。通过量化目标明确方向，借热点主题吸引关注，凭全渠道触达扩大覆盖，以优质服务提升转化，最终实现短期获客与长期留客的双重目标，为门店业绩增长与品牌建设夯实基础。

任务拓展

（1）以图表形式列举出门店运营活动策划各自的优缺点。

（2）列举门店活动效果最佳的三种方式请分别说明理由。

任务二　现代旅游门店外部公关

任务导入

小王团队成功策划了相应的门店营销活动也获得了领导的认可，经过讨论，小王团队认为营销活动执行过程中以及门店销售过程中比较容易出现客诉情况，甚至可能会出现公关事件。所以做好门店的对外公关，做好与政府、媒体的公关工作，以及提前预防公关事件的发生在门店的实际经营中就显得尤为关键。只有做好了公关工作才能为门店的经营打下良好的基础。

知识准备

- 现代旅游门店外部公关
- 现代旅游门店外部公关流程
- 现代旅游门店外部公关资料库

任务实施

一、现代旅游门店外部公关

外部公关是指旅游门店与门店外部公众如媒体、顾客、KOL、本地机构、行业组织等之间建立和维护良好关系的各类活动和策略，旨在树立良好的品牌形象；拓展本地影响力；扩大门店知名度与美誉度；增强顾客信任、引发口碑传播。

（一）旅游门店外部公关对象

现代旅游门店外部公关对象具体见图7.13。

对象类型	示　　例
媒体资源	当地生活类公众号、旅游杂志、短视频账号、广播电台
本地KOL	小红书博主、抖音探店达人、本地生活类UP主
行业合作方	OTA平台（如携程、同程）、本地酒店/景区/民宿
商圈资源	商场运营方、物业、街道办、商圈协会
政府/文旅单位	区级文旅局、街道文创机构、旅游协会等

图7.13　现代旅游门店外部公关对象

（二）旅游门店外部公关形式

1. 媒体曝光与新闻发布

（1）举办新门店开业发布会/联合媒体组织体验活动。

（2）邀请媒体采访新产品、新路线、新运营模式。

（3）在行业类或本地生活类公众号撰写“深度体验稿”。

2. KOL达人探店联动

（1）邀约小红书、抖音、本地Vlog博主进行探店体验。

（2）提供专属路线定制体验、拍摄便利、佣金激励。

（3）鼓励口碑传播与真实打卡，增加线上热度。

3. 参与本地联动与商圈活动

（1）参加节庆集市、文创市集、公益徒步、亲子游园等。

（2）门店设置互动体验区、抽奖、打卡拍照墙。

（3）提升街区曝光+获得精准线下顾客引流。

二、品牌联名合作(跨界公关)

(1)联名咖啡店、民宿、文创产品,发布“旅行×生活方式”品牌内容。

(2)举办“周末旅行美学日”“城市轻旅行Talk Show”等特色沙龙引发本地生活圈层关注,打造内容记忆点。

三、危机公关与品牌应对

应对负面评论、退单纠纷、服务争议时,需及时回应、妥善处理。通过“主动澄清+真诚致歉+解决方案”,维护门店声誉,必要时借助平台或媒体澄清、树立正面形象。

四、旅游门店外部公关流程

第一步:目标定位:是为了曝光、合作或危机应对。

第二步:对象匹配:选择合适的平台/KOL/媒体/机构。

第三步:内容策划:根据对象定制传播话术、拍摄脚本或宣传文案。

第四步:资源准备:如门店布置、产品展示、互动设置。

第五步:执行对接:负责接洽公关顾客、安排体验流程。

第六步:效果评估:曝光量、转化率、顾客反馈、品牌搜索变化。

第七步:关系维护:持续互动,建立长期公关资源池。

五、旅游门店外部公关内容与素材

(一)门店品牌介绍

可做成1页版的现代旅游门店品牌介绍。

(二)主推产品推荐

可做成电子图文/手册。

(三)门店亮点

需要包含特色服务、沉浸体验、智能设备、顾客好评截图等。

(四)合作权益说明

须包含返佣机制、联合活动支持、达人激励等内容。

(五)外部公关成功案例

外部公关成功案例见图7.14。

案例名称	形　式	合作方	成　　效
城市微旅行计划	达人探店+短视频	小红书旅游类博主3名	2天内带来15单预约,涨粉400+
解放碑旅游日集市	街区活动	本地文旅局+商圈物业	现场曝光超2 000人,门店咨询量翻倍
旅游×咖啡	联名体验日	城市独立咖啡品牌	社群增长200人,获新客户37个

图7.14　外部公关成功案例

六、门店外部公关资料库

在竞争激烈的旅游市场，构建完善的公关资料库是门店提升运营效率、应对市场变化的核心支撑。资料库涵盖多维度信息，通过科学分类与动态维护，为决策、品牌、危机管理提供全周期支持。

（一）公关资料库目标与核心价值

1. 三大核心目标

（1）决策支持。整合行业趋势、顾客需求、竞品动态，为产品设计（如定制游线路开发）、定价策略（淡旺季价格调整）、渠道选择（线上直播vs线下路演）提供数据依据。

（2）品牌赋能。收录优质顾客评价、行业奖项、成功活动案例，持续输出品牌价值；监测负面信息，快速响应声誉风险，如竞争对手恶意差评应对。

（3）危机应对。建立危机案例库，如服务投诉、安全事件处理流程等，储备媒体沟通话术、应急预案，确保突发状况下30分钟内启动响应机制。

2. 战略意义

（1）效率提升。员工平均信息检索时间从30分钟/次缩短至5分钟，避免重复收集，人力成本降低40%。

（2）市场洞察。通过行业报告、政策解读，提前6～12个月预判趋势，如银发游、碳中和旅游等，抢占产品研发先机。

（3）顾客深耕。基于消费记录与反馈，实现“千客千面”营销，如向高频顾客推送高端定制方案，向新客推送性价比套餐等，复购率提升25%。

（二）公关资料库内容体系

1. 六大核心模块

1）媒体资源库

（1）传统媒体。收录30+本地及目的地媒体（报纸/电视台/广播）的旅游板块负责人联系方式，标注受众画像（如《旅行家》杂志聚焦高端客群）。

（2）新媒体矩阵。整理200+旅游KOL（抖音/小红书/微博）的粉丝量、合作报价、过往爆款案例，按“亲子/户外/文化”标签分类，便于精准匹配推广需求。

2）行业智库

（1）趋势报告。定期更新艾瑞咨询、世界旅游组织等机构的行业白皮书，重点标注“2024年露营市场增长率35%”“Z世代研学游需求年增40%”等关键数据。

（2）政策法规。汇总文旅部、卫健委等部门的最新政策（如景区承载量限制、签证便利化措施），标注影响范围及应对建议。

3）竞品档案

（1）基础信息。记录10+主要竞品的门店地址、产品线（如A旅行社主打东南亚短线，B平台聚焦欧洲深度游）、核心优势（如24小时客服响应）。

（2）动态追踪。实时抓取携程/马蜂窝等平台的竞品评价，重点分析差评集中点，转化为自身服务改进清单。

4）合作伙伴池

（1）供应商档案。整合200+酒店、景区、交通服务商的合作协议、价格体系、服务质量评分（如五星酒店合作价较公开价低15%～20%），标注旺季资源储备情况。

（2）成功案例。收录50+联合营销案例（如与航空公司推出“机票+酒店”套餐，销量提升30%），提炼合作模式与风险控制要点。

5）顾客数据库

（1）基础信息。记录2万+顾客的姓名、年龄、联系方式，标签化分类（如“亲子家庭”“商务差旅”“银发族”）。

（2）消费洞察。分析历史订单，生成“客单价TOP10线路”“复购率最高目的地”等报表，指导产品迭代。

6）门店资产库

（1）宣传物料。存档历年宣传手册、海报、视频素材，按“季节主题”“客群定位”分类（如暑期亲子游素材库、冬季滑雪产品包）。

（2）荣誉资质。整理ISO认证、游客满意度奖项、行业排名等文件，用于合作洽谈与顾客信任背书。

2. 全渠道收集与高效整理

1）多维度信息采集

（1）主动抓取。通过爬虫工具定期下载携程攻略、马蜂窝问答板块的高频需求（如“新疆自驾注意事项”月搜索量10万+），补充产品设计细节。

（2）定向订阅。付费获取QuestMobile、易观分析等平台的行业数据，免费渠道关注文旅部官网、地方旅游局公众号，确保政策信息零时差更新。

（3）展会深耕。每年参加5+行业展会，收集供应商资料、竞品动态，现场洽谈媒体合作（如在ITB Berlin获取欧洲地接社资源）。

（4）顾客触达。通过门店问卷、电话回访收集反馈，重点记录“希望增加摄影跟拍服务”“建议优化老年团行程节奏”等高频建议。

2）标准化整理流程

（1）分类体系。采用“一级类目（如媒体资源）—二级子项（传统/新媒体）—三级标签（地域/客群）”结构，例如：媒体资源→新媒体→小红书→亲子类KOL→@萌娃旅行记（粉丝50万，合作价2万元/条）

（2）数字化管理。扫描纸质资料生成PDF，命名规范为“资料类型_主题_时间”（如“竞品分析_东南亚线路_2024Q2”），上传至云端资料库，支持关键词检索（如搜索“签证政策”秒级定位相关文件）。

（3）数据库工具。使用Notion/Excel搭建资料库，字段包含“资料名称、来源、更新时间、关联标签、摘要”，例如顾客资料库增设“最近消费时间”“累计消费金额”字段，精准定位高价值顾客。

（三）公关资料库维护与管理

1. 全周期维护机制

（1）定期更新。指定专员每日花30分钟浏览行业网站、媒体动态，每周汇总新资料，每月清理失效信息（如过时的媒体联系方式、下架的产品资料）。

（2）版本控制。重要文件（如年度营销方案、危机预案）设置版本号，记录修改日志［如“2024危机预案V3.0（新增舆情监测渠道）”］，确保追溯性。

2. 安全保障体系

（1）权限管理。通过企业云盘设置访问层级（管理层可编辑，员工仅查看），敏感数据（如供应商底价、顾客隐私信息)加密存储,下载需审批。

(2)备份策略。每日自动备份至本地服务器+云端(如阿里云OSS),季度进行异地容灾测试,确保数据丢失恢复时间<2小时。

(四)公关资料库深度应用

1. 日常运营决策

(1)产品设计。依据行业报告中“露营+研学”复合需求,开发“星空露营研学营”,结合顾客库中亲子家庭的预算区间(800～1 500元/人)定价,首月报名超预期120%。

(2)渠道选择。分析新媒体库中“抖音旅行达人@旅行大V(粉丝100万,转化率3%)”的数据,优先投放其定制视频,单个订单获客成本较传统广告降低40%。

2. 品牌建设与传播

(1)内容输出。从顾客库中提取50条优质评价,制作“游客说”系列短视频,在微信视频号播放量达10万+,带动咨询量增长25%。

(2)媒体合作。向《中国旅游报》旅游版推送门店“碳中和旅行”创新案例(如徒步线路配备环保袋、碳足迹证书),获头版报道,品牌百度指数提升30%。

3. 危机公关应对

(1)预案启动。当某景区突发安全事故导致行程取消时,立即调取危机库中“突发行程变更处理流程”。

(2)2小时内完成:① 向顾客群发短信致歉并提供改期/退款方案;② 在官网发布整改措施;③ 邀请媒体实地考察新合作景区,发布正面报道。

(3)72小时内舆情平息,顾客满意度维持4.5分(满分5分)。

公关资料库是旅游门店的“数字大脑”,其价值在于将碎片化信息转化为可行动的洞察。通过明确目标、构建体系、高效管理、深度应用,门店可实现从“经验驱动”到“数据驱动”的升级,在市场波动中保持敏捷响应,在竞争中构建不可复制的信息优势,最终实现品牌溢价与顾客忠诚度的双重提升。

任务拓展

(1)制定一份《旅游门店外部公关执行手册》。

(2)制定一套外部公关联系人表(媒体/KOL/政府单位)。

(3)制定一套公关内容模板包(海报、公众号文案、小红书话术)。

任务三　现代旅游门店市场拓展

任务导入

小王的门店已经营了一段时间,目前业务还可以,下一步打算更进一步拓大市场范围,准备采取的方法是引入新型拓客方式,加强异业合作,开展企业客户定制相关业务。

图7.15　异业合作门店

 知识准备

- 传统方式引流拓客和创新型引流拓客
- 现代旅游门店异业合作
- 企业客户开展与拓展

 任务实施

小王的旅游门店准备在未来三个月内进一步引入新型拓客方式，也准备引入二至三家异业合作伙伴，同时还准备开发三至五家企业客户，以开展好企业客户的定制旅行相关工作，更进一步地增加门店市场竞争力和占有更多的市场份额。

一、引流拓客

现代旅游门店的引流拓客是一个关键任务，需要结合传统和创新方式来吸引更多顾客，目前新型的引流拓客方式有：

（一）社交媒体营销

旅游门店通过社交媒体营销能够有效提升品牌曝光、吸引潜在顾客、增强顾客黏性，并直接推动销售转化。

1. 社交媒体营销的核心优势

（1）低成本高曝光。社交媒体的免费或低成本推广（如内容发布、互动活动）能触达海量用户，尤其适合预算有限的中小旅游门店。通过算法推荐和用户分享，优质内容可能形成“裂变传播”。

（2）精准定位目标顾客。利用平台广告工具（如微信朋友圈广告、抖音DOU+）定向投放，按地域、年龄、兴趣等筛选人群。

（3）增强用户信任与互动。通过真实用户评价、直播或短视频展示旅游体验，比传统广告更具说服力，即时互动（评论、私信）也能快速解决顾客疑问，提升转化率。

（4）提升品牌个性化形象。通过内容塑造独特品牌风格（如亲子游专家、高端定制达人），与竞争对手形成差异化。

（5）数据驱动优化策略。后台数据分析（如点击率、转化路径）可实时调整推广策略，避免资源浪费。

2. 社交媒体营销的方法

1）选对平台，匹配用户画像

（1）抖音/快手。适合短视频展示目的地亮点，吸引年轻群体。

（2）微信生态。公众号发布深度攻略，社群维护老顾客，小程序直接预订产品。

（3）小红书。通过“种草笔记”推广小众路线或特色服务，吸引女性及中高端顾客。

（4）微博。结合热点话题（如“周末去哪儿”）进行话题营销，扩大传播范围。

2）内容策划的核心方向

（1）视觉优先。发布高质量图片、短视频，如目的地实景、顾客游玩花絮、酒店、景区实拍，使用航拍、延时摄影等技巧提升质感。

（2）实用价值。制作“避坑指南”“性价比攻略”等干货内容，增加用户收藏转发。

（3）情感共鸣。讲述旅行故事，引发用户情感代入，如结合节日热点推出主题内容。

3）高效互动与转化技巧

（1）限时活动。发起“点赞抽免费体验名额”“转发集赞享折扣”等低成本活动，快速拉新。

（2）直播引流。直播目的地实况，边播边卖优惠套餐。

KOL/KOC合作：邀请本地小网红或旅游达人体验产品，发布测评内容，触达其粉丝群体。

（3）用户生成内容。鼓励顾客分享旅行照片并@门店账号，提供奖励。

4）私域流量精细化运营

（1）将公域流量（如抖音粉丝）导入微信私域，通过社群、个人号长期维护。

（2）定期推送专属福利，如会员日折扣、早鸟价，提升复购率。

利用企业微信标签功能，按顾客兴趣分组推送定制化产品。

5）数据监测与优化

（1）定期分析各平台数据，如粉丝增长、转化率、爆款内容特征等，调整内容方向。

（2）测试图、文、视频等不同形式在不同发布时间的营销效果，找到最优方案。

（二）社群营销

旅游门店通过社群营销可以更直接、高效地与顾客建立深度连接，提升用户黏性并促进转化。

1. 社群营销对旅游门店的核心价值

（1）低成本高黏性。社群通过高频互动培养用户归属感，降低顾客流失率。相比广告投放，社群维护成本更低，适合长期复购和口碑传播。

（2）精准用户分层管理。根据顾客需求划分亲子游、老年摄影、高端定制等社群，推送针对性产品。

（3）快速触达与转化。促销信息、限时活动可通过社群一键通知，缩短用户决策路径，如小程序直接下单。

（4）用户反馈与产品优化。社群内实时收集顾客需求，如目的地偏好、价格敏感度等，优化旅游产品设计。

（5）裂变获客：通过老顾客邀请新顾客入群、分享活动等方式，实现低成本拉新。

2. 社群营销的实操方法

1）社群搭建。精准定位与分层，同时明确社群目标

（1）按照功能，将社群分为：① 销售转化群：推送特价尾单、限时折扣等；② 兴趣交流群：吸引同类型用户；③ VIP服务群：针对高净值顾客提供专属定制服务。

（2）按照入群门槛设计，将社群分为① 付费会员群：消费满一定金额可加入，提供专属福利；② 邀请制社群：老顾客邀请新人入群后双方获得优惠券。

2）社群内容运营：避免“死群”

（1）每日固定内容模板。如：早间资讯：天气预报+旅行小贴士，如“今日推荐：适合雨天游玩的市内景点。”午后互动：发起话题讨论，如“你最想去的避暑胜地是哪里？”晚间福利：推送限时优惠或抽奖活动。

（2）实用价值输出。定期分享独家攻略。如“小众海岛行李清单”；邀请导游/达人直播答疑，如“如何避开国庆人潮”。

（3）用户UGC激励。鼓励群成员晒旅行照片，如评选“月度最佳游记”等活动，赠送礼品。

3）活动策划：提升活跃与转化

（1）限时闪购，每周固定时间在群内发布特价产品，仅限群成员购买。

（2）打卡裂变，发起“旅行心愿打卡”活动，用户连续分享7天旅行计划可获优惠券，邀请好友加入群聊可获得额外奖励。

（3）线下联动，组织群友线下聚会，如旅行分享会、目的地探路活动，增强信任感。

4）社群转化技巧：从互动到下单

小程序+接龙工具，用微信接龙功能发起团购报名，配合阶梯式优惠；针对询价用户，专属客服跟进，避免公开比价。

5）社群管理与维护

规则制定，明确禁止广告、刷屏，设置欢迎语和群公告。采用分层管理，大群用于信息发布，小群用于VIP深度服务。注重关键意见顾客培养，给予专属权益，鼓励其带动群内氛围。

6）数据化运营：持续优化

监测群活跃度、转化率，通过群接龙、投票等功能测试用户偏好，调整产品设计。通过精细化社群运营，旅游门店可将顾客从“一次性消费”转化为“长期忠实粉丝”，同时通过口碑裂变持续低成本获客。

二、异业合作

（一）现代旅游门店异业合作的定义

现代旅游门店异业合作是旅游门店与非旅游类品牌或服务机构之间进行战略合作，通过产品联动、客群共享、活动联营、权益互换等方式，实现互惠互利，是门店提升客源、丰富服务内容、拓展品牌影响力的一种重要手段。尤其在当前流量碎片化、顾客需求多元化的背景下，通过异业资源整合，旅游门店可以借力打力，实现双方“客源互导、资源互补、品牌互推”等方面的共赢

效果。如与银行、信用卡公司合作，推出旅游消费贷款、分期付款、会员积分等优惠，吸引更多顾客；与文化、娱乐、艺术等相关产业合作，推出文化旅游套餐、主题旅游等，吸引特定的顾客群体（见图7.16）。

合作对象	合作方式	合作价值
咖啡厅/书店	共享场地、联合沙龙活动、互挂优惠券	提升门店氛围、吸引文艺类客群
酒店/民宿	联合套餐、推荐返佣、引流互推	拓展住宿资源、提升整体服务体验
商场/美妆/服饰店	联合促销、打卡联名活动、小红书种草	获取都市白领女性客群
教育培训机构	家庭出游推荐、亲子营地推广	锁定家庭客群、提升高客单转化
健身房/瑜伽馆	联合会员权益、打造减压疗愈旅行主题	触达高质量生活方式用户群体
出行平台/网约车	免费接驳、联名优惠、机场送客	提升客户体验、增强服务闭环
新媒体/本地KOL	线下直播/探店、流量导入、产品分销	快速获取曝光、提升转化效率
写字楼物业	定点宣传、团体定制旅行、企业员工优惠	批量引流、打开B端市场入口

图7.16 现代旅游门店异业合作对象

（二）异业合作的基本模式

1. 权益互换型

双方各自拿出可提供的产品、服务进行组合，让顾客双享优惠。如旅游门店赠送咖啡券，咖啡厅顾客扫码进群领取旅行折扣。

2. 顾客引流型

通过积分、推荐码、扫码领券等方式，引导对方顾客关注、到店、消费。如健身房会员介绍至门店成功下单，给予健身房返佣或顾客礼包。

3. 联合活动型

双方共同组织沙龙、讲座、探店、小型市集等体验类活动，如与教育机构合办“亲子出游讲堂”，提供出行知识+定制路线推荐。

4. 联名产品/服务型

设计跨界产品或联合打包服务，进行定向营销，如和民宿推出“解压疗愈之旅”套餐，含住宿+定制路线+伴手礼。

（三）异业合作的落地步骤

第一步：确定目标客群画像（例如：家庭游客、Z世代女性、白领、银发群体等）；

第二步：筛选具备互补资源的合作对象；

第三步：提出合作模式与权益交换方案；

第四步：制定宣传物料与线上线下引流通道；

第五步：明确分成、成本与执行流程；

第六步：复盘数据，优化下一轮合作。

异业合作的成功案例见图7.17。

案例名称	合作对象	成 果
书店里的旅行	城市独立书店	举办5场旅行分享会,门店粉丝增长800+
轻奢出游·礼遇生活	高端美妆品牌	联合定制"周末轻旅包",转化20单私域团
家有萌娃亲子计划	幼儿园/早教机构	联合开发2条亲子主题线路,获取精准客源

图7.17 异业合作的成功案例

三、企业客户拓展

(一)现代旅游门店企业客户业务范畴

(1)团体定制:公司团建、奖励旅游、年会活动等。

(2)商务差旅:企业员工出差管理、会议会展服务。

(3)大顾客采购:长期合作协议,如企事业单位的工会福利旅游。

(二)现代旅游门店企业客户拓展作用

企业客户订单量大、复购率高,可以提升旅游门店的业务稳定性;同时通过深度服务形成顾客黏性,可抵御市场同质化竞争;最后定制化服务的利润空间相对于散客拼团会更加可观。

(三)现代旅游门店企业客户选择

1. 目标企业锁定

(1)互联网/科技公司:拥有高频团建需求,偏好创意型活动。

(2)金融/保险机构:高预算奖励旅游,高端旅游产品和服务。

(3)医药企业/银行机构:顾客奖励旅行/员工团建旅游,预算相对充足。

(4)政府机构/企事业单位:职工福利旅游,通常出行时间短,有固定预算额度。

(5)民营企业:员工团建旅游,比较在乎预算。

2. 目标企业关键决策人

一般而言,大型企业有采购部,实行集中采购;中小型企业,由行政主管或者HR负责人决定;政府机关/企事业单位,则由工会主席或者活动主管领导决定。

(四)企业客户拓展方法与途径

预约拜访企业客户是建立合作关系的关键环节,需通过系统化准备、结构化沟通、精准化跟进提升成功率(见表7.1)。

表7.1 企业客户拓展物料准备清单

类 别	内 容 示 例	作 用
身份证明	工牌、名片、企业授权合作函(盖章)	建立初始信任
案例工具	同行业合作案例册(含成本对比数据)	激发需求
方案模板	模块化报价单(含20/50/100人选项)	降低决策门槛
增值赠品	企业介绍、活动方案介绍、下午茶等	留下记忆点

现代旅游门店在开展企业客户拓展时,首先应开展顾客背景深度调研,了解顾客的基础信息,如企业规模、主营业务、组织架构、过往出行目的地等,并在此基础上明确拜访目标。登门拜

访前，通过邮件、电话、微信等方式联系预约拜访时间，注意做好拜访线路和时间规划，提前就可能出现的问题作好应急预案。

（五）现代旅游门店企业客户拜访步骤

（1）开场破冰，5分钟。通过向顾客赠送物品、共情表达等方式建立信任。

（2）需求挖掘，10～15分钟。利用SPIN提问法获取顾客需求信息（见表7.2）。

表7.2 SPIN提问法

类型	问题示例	目的
背景问题	贵公司本次员工团建计划什么时间执行？	了解现状
难点问题	员工对团建旅行的哪方面特别在意？	挖掘痛点
暗示问题	如果本次旅行体验不好，会带来什么影响？	放大问题严重性
价值问题	如果有一家供应商能提供满足你们需求的产品，对您意味着什么？	引导需求

（3）方案呈现。利用FABE法则和视觉化工具，将方案呈现给顾客（见表7.3）。

表7.3 FABE法则及应用

F（特性）	“这个5天4晚的三亚游是黄金时段的航班，三亚住宿是海边酒店，出门经过一个游泳池就是沙滩，特别舒服。”用平板或者电脑展示酒店图片、视频
A（优势）	“与其他供应商产品相比，我们除了航班是黄金时段，住海边酒店以外，我们这个产品还是全程无购物、无自费，同时还安排一顿当地有名餐厅的海鲜晚餐。”
B（利益）	“可以让员工享受更轻松的旅游、更舒适的住宿和更丰富的当地体验，让您的旅行更加轻松和充实。”
E（证据）	播放、展示体验过这款产品的合作顾客游玩照片、视频等

（4）异议处理，5～10分钟，利用LSCPA模型解决顾客问题（见表7.4）。

表7.4 LSCPA模型

L（Listen）	点头回应：“我理解您对价格的担忧。”
S（Share）	共情：“其他顾客初期也有类似顾虑。”
C（Clarify）	提问：“您是指总价超出预算，还是人均成本过高？”
P（Present）	解决：“我们可以调整一下旅游景点或者酒店标准/位置。”
A（Ask）	确认：“这样调整后，您觉得可行性如何？”

（5）促成合作，5分钟，灵活运用限时优惠、轻量级承诺等激励方式促成合作。

（6）后续跟进，离场1小时内微信发送当日沟通纪要，含下一步计划。关注顾客社交平台，针对性点赞评论，拉近与顾客的关系。

（六）现代旅游门店企业客户拓展注意事项

1. 时间管理禁忌

避免超时，45分钟未达共识则主动结束："您接下来有安排的话，我们可以另约时间细化方案。"此外避开敏感时段，如财务部门月末、月初，HR部门招聘季。

2. 沟通红线

不评价现有供应商，如"您现在的合作伙伴一定有其优势，我们更关注如何帮您补足短板。"不承诺无法兑现的条件。

3. 渠道选择

（1）朋友圈广告。定向企业主、HR、行政人员标签设置"企业规模500人以上""互联网行业""近期搜索过团建方案"。

（2）小红书等新媒体平台。分享团建成功案例、新颖团建方案、团建目的地攻略风向等，吸引有需求的企业行政人员关注、咨询。

（3）邮件推送团建产品信息。邮件标题包含接收企业名称，提升打开率，邮件正文结构按照痛点引入—解决方案—证件支撑—行动号召依次展开。

4. 其他关键注意事项

（1）合规性红线。在数据获取方面，禁止购买企业联系方式，可使用企业邮箱域名推断；宣传措辞避免绝对化表述，改用"零重大投诉记录""98%顾客续约率"等。

（2）内容专业度把控。使用企业级话术转化，如将"我们的旅游线路很好玩"改成"我们的线路设计可提升82%员工活动参与度（附调研数据）"。注意文档标准化，宣传材料需统一模板，禁用夸张表情包。

（3）节奏控制。针对新顾客，每月触达2～3次邮件、朋友圈广告、短信联系，避免过度骚扰。针对老顾客，每季度推送1次升级服务通知、1次行业报告。

（4）关注企业客户招标信息。关注政府采购网、行采家或者企业的官网、企业官方公众号等发布的采购需求，按照需求准备产品、报价，投递标书。

5. 投标全流程关键动作与注意事项

（1）标前准备。标书解读拆解，用Excel拆解招标文件评分表，量化得分点权重。

（2）标书制作。仔细阅读标书要求，如出行方式、酒店标准、用餐标准、限价要求等，严格要求标书要求提供方案和报价，确保标书格式、内容正确无误，标书制作完成后至少需另外1～2人辅助核对标书内容。

（3）现场述标。述标过程中，PPT对比表呈现"选择我方vs常规方案"的ROI差异。达标高频问题应答库见表7.5。

表7.5　述标高频问题应答库

评委问题	应对策略	辅证动作
"如何保证突发情况响应速度？"	我们公司有专业的应急团队和突发情况应急方案，已经在标书里有所展示	请看标书第**页《应急服务承诺书》
价格高于最低标的理由？	1. 我们的大巴车保证30%的空座率；2. 包含了景区内的小交通。	请看标书第**页《详细服务标准》

（4）结果转化。中标后按照约定签订旅游服务合同；未中标，则索要《评标得分明细表》，针对性改进弱项。

（1）分析传统拓客方式和创新拓客方式的利与弊，思考作为现代旅游门店，如何将这两种拓客方式相结合，使其发挥最佳的效果。

（2）客户关系维护是旅游门店很重要的工作内容，作为门店店长，请思考有什么方法既能高效、有效地维护顾客权益，又能降低门店在这方面的成本投入。

（3）学习撰写营销方案。

携程某新门店，想通过社群营销的方式，为门店迅速积累顾客，并为门店撰写了一份社群营销方案。

旅行社门店社群营销方案（样例）

一、社群营销目标

在接下来的3个月内，实现社群人数增长500人，半年内增长至1 500人，提升社群用户参与度，每月至少举办4次社群活动，活动参与率达到30%以上，通过社群营销，在半年内将旅游产品销售额提高30%。

二、目标顾客群体分析

年轻上班族：年龄在22～35岁，工作节奏快，渴望假期旅游放松。偏好具有特色体验的短途游或热门境外游，注重旅行中的社交与个性化服务。

亲子家庭：孩子年龄在3～12岁，家长希望通过旅行陪伴孩子成长，开拓孩子视野。倾向于选择适合亲子游玩的主题乐园、自然风光等目的地，关注旅行的安全性与趣味性。

中老年群体：年龄在50岁以上，退休后有充裕时间和一定积蓄。喜欢悠闲的国内长线游，对历史文化景点有较高兴趣，注重旅行的舒适度与性价比。

三、社群搭建

社群名称：根据不同目标群体设立，如“活力青年趣旅行社群”“欢乐亲子游大家庭”“悠然中老年旅行圈”。

社群平台选择：以微信为主，建立微信群。利用微信的便捷性和广泛的用户基础，方便成员交流互动。同时，在微博、抖音等平台宣传社群，吸引潜在用户加入。

社群规则制定：明确进群方式，如通过门店扫码、朋友邀请、线上活动报名等。规定群内发言规范，鼓励积极分享旅行经验、提问咨询，禁止广告、恶意刷屏等行为。设立管理员，负责日常管理和维护社群秩序。

四、社群引流策略

门店引流：在旅行社门店张贴社群二维码海报，摆放宣传展架，引导到店顾客扫码进群。为进群顾客提供小礼品，如定制的旅行钥匙扣、行李牌等。

线上推广引流：利用旅行社官方网站、微信公众号、微博、抖音等平台发布社群招募信息，介绍社群福利和活动。在热门旅游论坛、小红书等平台发布优质旅行攻略，文末附上社群二维码，吸引感兴趣的用户加入。

合作引流：与周边商家，如咖啡馆、健身房、早教中心等合作，互相宣传社群。在合作商家店内张贴社群海报，放置宣传资料，合作商家推荐顾客进群可获得一定奖励。

五、社群运营策略

（一）内容运营

每天分享旅游资讯，包括热门旅游目的地介绍、旅游小贴士、特价旅游产品推荐等。

定期发布旅行攻略，根据不同目标群体需求，提供详细的行程规划、景点介绍、美食推荐等。

邀请社群成员分享旅行经历和照片，制作成精彩游记进行展示，增强成员的参与感和归属感。

（二）活动运营

线上活动：每周举办一次线上抽奖活动，奖品为旅游优惠券、特色纪念品等。每月开展一次旅游摄影比赛，评选出优秀作品给予奖励，并在社群内展示。

线下活动：每月组织一次线下旅行分享会，邀请资深导游或旅行达人分享旅行故事和经验，提供茶点和交流机会。针对亲子家庭，定期举办亲子户外拓展活动，增强亲子关系，同时宣传亲子旅游相关产品。

顾客服务运营：安排专人负责社群内的顾客咨询和解答，及时回复用户问题，提供专业的旅游建议。收集用户对旅游产品的反馈和意见，不断优化产品和服务。

六、社群转化策略

产品推荐：根据社群成员的兴趣和需求，精准推荐旅游产品。定期推出社群专属优惠活动，如限时折扣、满减优惠、买一送一等，刺激用户购买。

团购活动：针对热门旅游产品，组织社群团购。达到一定团购人数后，给予更大幅度的优惠，鼓励成员邀请朋友一起参与，提高产品销量。

会员制度：建立社群会员体系，根据用户的消费金额和参与度，划分不同等级的会员。为会员提供专属福利，如优先预订、积分兑换、生日惊喜等，提高用户的忠诚度和复购率。

七、社群营销效果评估

定期数据监测：每周统计社群人数增长、成员活跃度（发言次数、参与活动次数等）、旅游产品咨询量和购买量等数据。

用户反馈收集：每月通过问卷调查、群内访谈等方式收集用户对社群运营和旅游产品的满意度和建议。

效果评估与调整：根据数据监测和用户反馈，每季度对社群营销方案进行评估和调整，优化运营策略和产品推荐，不断提升社群营销效果。

项目总结

1. 整体任务实施

本项目主要从传统方式引流拓客、创新型引流拓客、现代旅游门店异业合作及企业客户开展与拓展等方面进行分析和说明，是旅游门店增加业务量，扩大市场份额的重要手段。

2. 课后测试与练习

（1）现代旅游门店营销活动有哪些？

（2）现代旅游门店公关资料库包含哪些内容？

（3）现代旅游门店新拓客方式有哪些？

（4）社交媒体引流实战，要求：以“周末微度假”为主题，设计一套小红书/抖音内容矩阵（至少3篇笔记/视频），要求：内容类型差异化（攻略、探店、Vlog）；

（5）现代旅游门店异业合作的主流方式有哪些？

（6）现代旅游门店大客户（企业顾客）开拓方式有哪些？

项目八　现代旅游门店运营数据复盘

项目导读

在人工智能背景下，本项目是现代旅游门店运营的重要环节之一。本项目以现代旅游门店实际经营过程中的数据运营为主线，以现代旅游门店日常的运营数据的管理为任务，重点介绍门店常见的运营数据、数据的采集方式、数据的筛选方式、数据的管理与维护等。

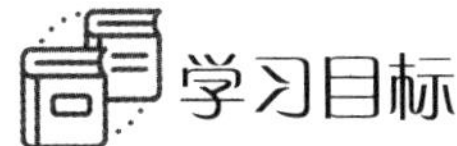

学习目标

知识目标

掌握门店运营数据采集与筛选的核心方法及技术工具。

熟悉门店数据管理的标准化流程与操作规范。

理解门店各类数据应用的重要性。

能力目标

能够独立完成门店运营数据的采集、筛选及分析工作。

能制定门店数据管理方案。

能够将数据分析结果转化为可执行的门店运营策略。

素质目标

树立诚实守信的职业操守，确保数据真实性与商业伦理。

情感及思政目标。

培养对数据分析的喜爱，通过文化赋能商业活动，践行社会主义核心价值观，助力文化强国建设。

项目任务描述

任务一：运营数据来源与筛选

对销售数据、成本数据及市场数据等抓取、归类与整理。

任务二：运营数据分析与运用

对销售数据报表、营销数据报表及客服服务数据等进行分析与运用。

岗课赛证要求

(1) 数据收集与整理：负责门店日常数据的收集、整理及分析工作，及时反馈给上级领导，帮助掌握店铺情况，制定合理的销售策略。

(2) 数据分析与报告撰写：协助完成各类数据分析报告的撰写与分享，定期提供针对性的营销建议和方案，提高销售额和顾客满意度。

(3) 客户关系维护：维护本区域的客户关系，提升顾客满意度。

任务一 运营数据来源与筛选

任务导入

小王团队接受了领导的任务之后发现门店的日常运营数据五花八门，内容非常多，而且如何去采集门店的运营数据难度也很大。所以要想门店能够标准化、数据化地运营，如何采集数据和筛选数据就显得非常重要。经过讨论，小王团队认为第一步先做好数据的采集工作和筛选工作才能为下一步的工作打下基础。

知识准备

- 门店运营数据类别
- 门店数据管理系统

任务实施

一、门店运营数据类别

在竞争激烈的旅游市场中，旅游门店要实现高效运营和持续发展，必须依赖对各类运营数据的精准把握与深度分析。这些数据类别丰富多样，从不同维度反映出门店的运营状况，为决策提供有力支撑。

(一) 运营成本数据

1. 人力成本

员工工资、奖金、福利、培训费用等构成了门店运营的人力成本。合理控制人力成本，同时确保员工的工作积极性与专业素养，是门店运营的重要课题。

2. 租金和设备成本

门店的租金、水电费、办公设备购置和维护费用等属于固定成本。在选址时，门店应综合考虑地理位置、租金水平与潜在客流量之间的关系，选择性价比高的门店位置。

3. 营销成本

广告投放费用、促销活动费用、参加旅游展会的费用等营销成本，是门店提升知名度与产

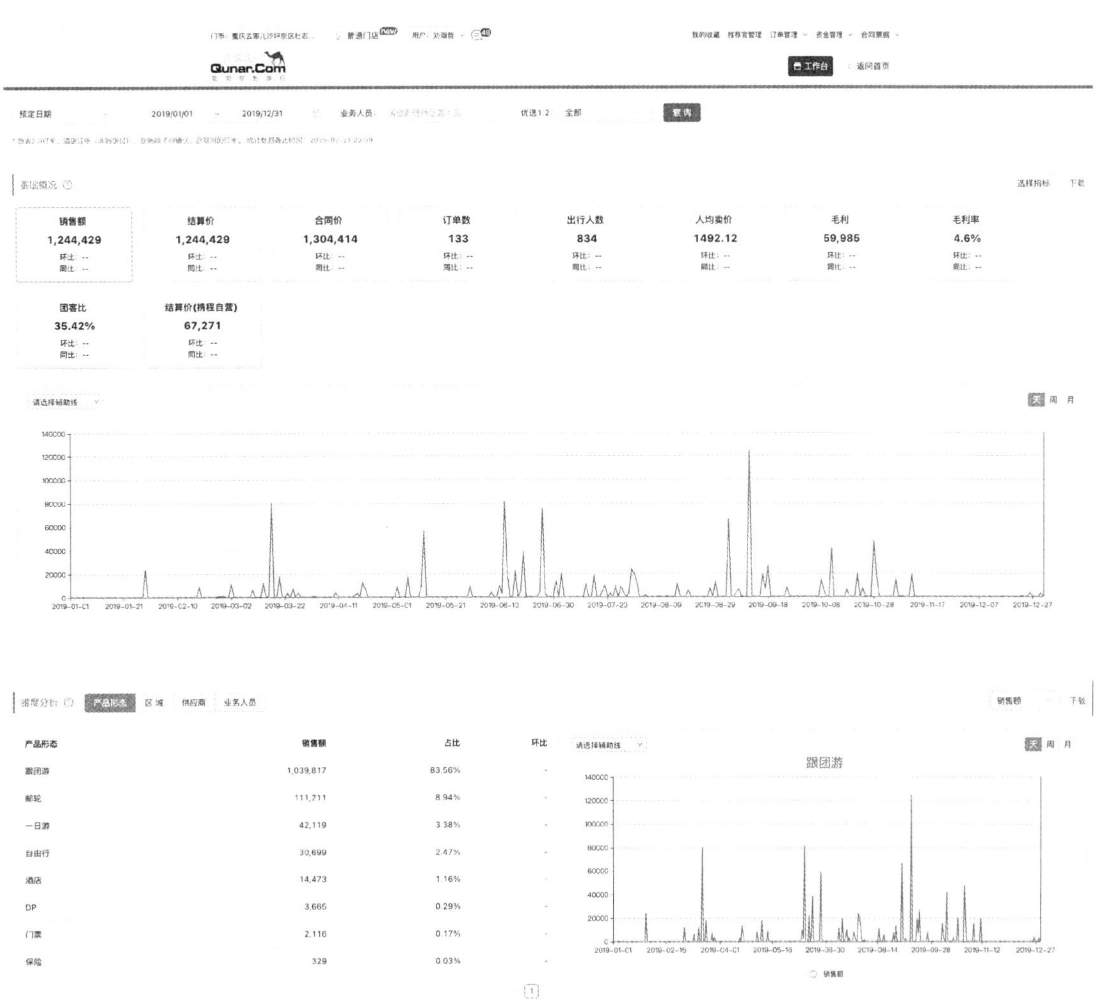

图8.1　服务数据可视化看板

品销量的必要投入。在进行营销活动时,门店应制定详细的预算计划,并对营销效果进行跟踪评估。

4. 采购成本

采购旅游产品、机票、酒店、门票等的成本直接影响产品的利润空间。门店应与供应商建立良好的合作关系,通过批量采购、长期合作协议等方式争取更优惠的采购价格。同时,加强对采购流程的管理,优化采购计划,降低采购成本与库存积压风险。例如,与酒店协商签订长期包房协议,在旅游旺季确保房源供应的同时享受更优惠的价格。

(二)市场数据

1. 行业趋势数据

关注旅游行业的整体发展趋势,如国内旅游市场规模的增长、出境游和入境游的趋势变化、新兴旅游热点地区的出现等,有助于门店及时调整战略方向。例如,随着人们对健康旅游的关注度不断提高,门店可适时推出康养旅游产品;若某一新兴旅游目的地逐渐走红,门店可提前布局,开发相关旅游线路,抢占市场先机。

2. 竞争对手数据

了解竞争对手的产品特点、价格策略、促销活动、市场份额等信息，是门店制定差异化竞争策略的关键。通过对竞争对手数据的分析，门店可以发现自身的优势与不足，借鉴竞争对手的成功经验，同时突出自身特色，吸引顾客。

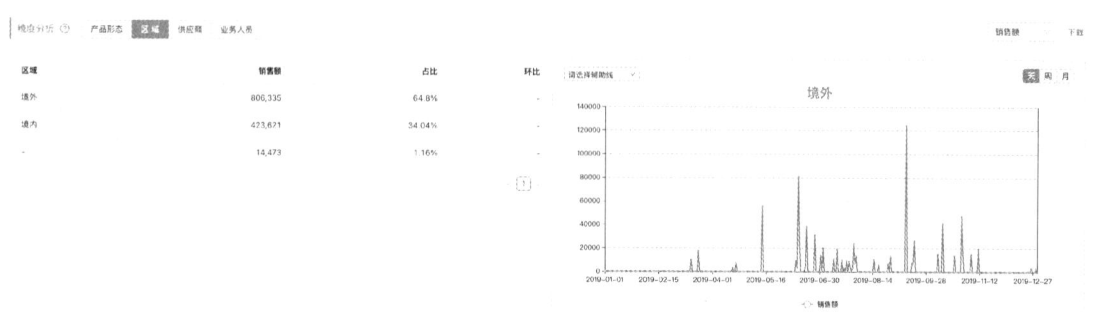

图8.2　市场数据看板

3. 市场需求数据

通过市场调研、顾客反馈等方式收集消费者对旅游产品的新需求和新期望，为门店的产品创新与服务升级提供依据。例如，随着消费者对个性化旅游体验的追求日益强烈，门店可加大对定制游产品的开发，满足顾客独特的旅游需求。同时，关注市场需求的变化趋势，及时调整产品结构与营销策略，确保门店始终能够满足顾客的需求，在市场竞争中保持领先地位。

（三）门店销售数据

1. 产品基本信息数据

旅游线路名称、行程安排、出发地和目的地、包含景点、住宿餐饮标准、交通方式等产品基本信息，是顾客了解和选择产品的核心依据。清晰、准确且富有吸引力的产品描述，能够有效提升顾客的购买意愿。

2. 产品销售数据

1）销售量

销售量直观反映了产品在市场上的受欢迎程度。通过对不同旅游产品销售量的对比分析，门店可以迅速判断哪些产品是市场的宠儿，哪些产品需要优化或淘汰。对于畅销产品，加大资源投入与推广力度；对于滞销产品，深入分析原因，从行程设计、价格策略等方面进行调整。

2）销售额

销售额不仅体现了产品的市场价值，还反映了其对门店收入的贡献。结合产品成本数据，门店能够计算出每个产品的利润，从而明确核心盈利产品与需要提升利润空间的产品。例如，通过优化产品组合，提高高利润产品的销售占比，提升门店整体盈利能力。

3）产品预订率

产品预订率是指预订该产品的顾客数量与产品库存总量的比例。这一数据能够帮助门店及时掌握产品的市场需求情况，合理调整产品库存与营销策略。当预订率较高时，可适当增加产品库存，或推出价格微调策略以提升收益；当预订率较低时，需及时采取促销活动或优化产品内容，提高产品的吸引力。

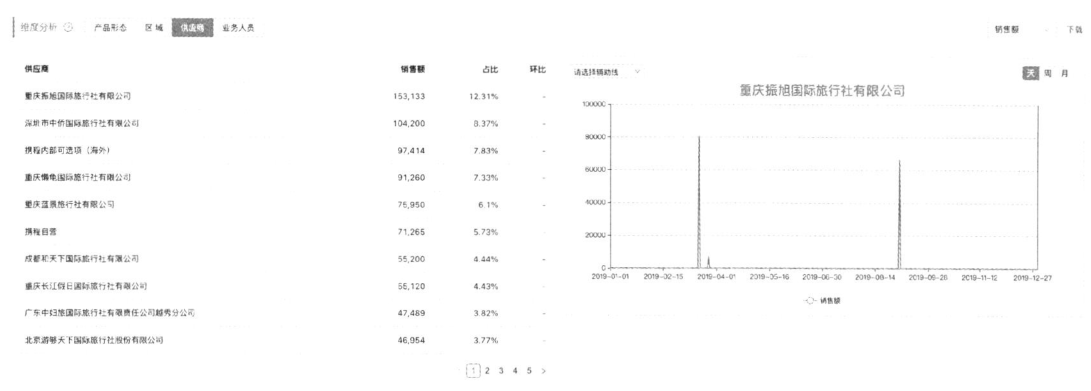

图 8.3　门店供应商(部分)产品数据

4）产品评价数据

顾客对旅游产品的满意度评价和具体反馈意见，是门店改进产品的宝贵信息来源。积极的评价可以作为产品宣传的有力素材，增强潜在顾客的购买信心；而负面评价则为门店指出了产品存在的问题，如行程过于紧凑、导游服务不到位、酒店设施陈旧等。门店应认真对待每一条评价，及时回复顾客，解决问题，并根据反馈意见对产品进行优化升级，不断提升产品质量与顾客体验。

（四）销售渠道数据

1. 渠道来源数据

明确顾客是通过线上平台(如官方网站、在线旅游平台)、线下门店、旅行社合作、社交媒体推广等哪种渠道了解并预订旅游产品，有助于门店精准评估各渠道的获客能力。例如，若发现线上平台带来的顾客数量占比持续增长，门店可加大在该平台的广告投放与产品推广力度；若线下门店的顾客转化率较高，可考虑优化门店布局与服务环境，提升线下销售的竞争力。

2. 渠道销售数据

统计不同渠道的销售额、销售量、订单量等数据，能够让门店清晰了解各渠道的销售贡献。通过对比分析，门店可以合理分配营销资源，将更多资源投入到销售业绩突出的渠道，同时对销售不佳的渠道进行优化或调整合作策略。比如，某在线旅游平台虽然订单量多，但销售额较低，可能是该平台上产品价格竞争激烈，门店可针对性地调整产品结构，推出适合该平台顾客需求的中高端产品，提升销售额。

3. 渠道转化率数据

计算各渠道从顾客咨询到最终预订的转化率，是衡量渠道有效性的关键指标。通过对转化率数据的分析，门店能够发现渠道运营过程中存在的问题，如咨询回复不及时、产品信息不清晰等，从而有针对性地进行优化。例如，若社交媒体渠道的咨询量较大，但转化率较低，可能是社交媒体推广内容与产品预订流程的衔接不够顺畅，门店可优化预订引导流程，提高转化率。

（五）财务数据

1. 收入数据

除了旅游产品销售带来的主营业务收入外，门店还可能有其他收入来源，如保险销售、旅游用品销售等。全面、准确地记录收入数据，有助于门店清晰了解收入构成，评估各项业务的盈利

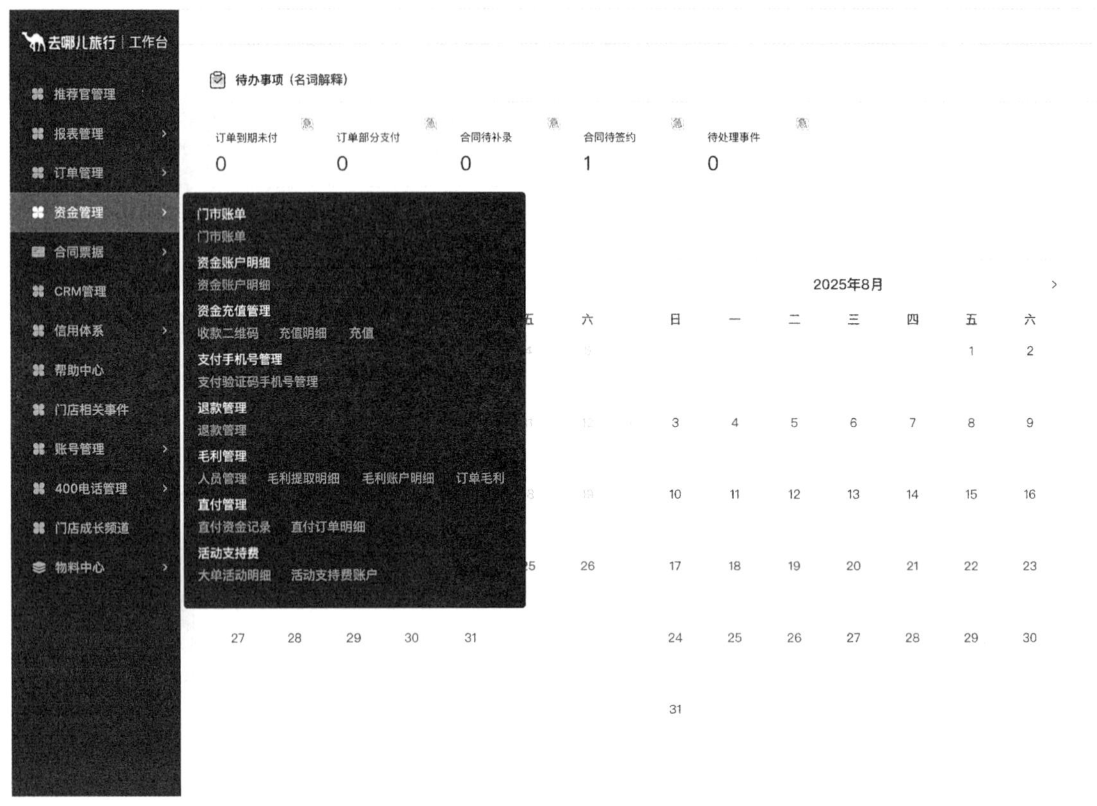

图8.4 财务数据看板

能力。对于收入贡献较大的业务，可进一步加大发展力度；对于收入较低的业务，可考虑优化业务模式或进行调整。

2. 利润数据

通过计算毛利润、净利润等指标，门店能够直观评估自身的盈利能力。毛利润反映了产品销售价格与直接成本之间的差额，是衡量产品盈利能力的重要指标；净利润则扣除了所有成本与费用，体现了门店最终的盈利水平。通过对利润数据的分析，门店可以调整产品定价策略、优化成本结构，提高整体利润水平。

3. 现金流数据

现金流数据记录了门店现金的流入与流出情况，确保门店有足够的资金维持日常运营，避免资金链断裂风险。门店应密切关注现金流状况，合理安排资金使用，如在旅游旺季来临前储备足够的资金用于采购旅游产品与支付运营成本；在淡季则合理控制支出，确保资金的稳定周转。

（六）门店顾客数据

1. 顾客基础信息

顾客姓名、年龄、性别、联系方式、家庭住址等基础信息，看似简单，却是构建顾客画像的基石。通过这些信息，旅游门店可以初步了解顾客的基本特征，为后续的个性化服务与营销活动奠定基础。例如，针对年轻顾客群体，门店在推广旅游产品时可侧重于时尚、活力的元素，如热门音乐节旅游套餐；而对于老年顾客，则更强调行程的舒适性与安全性，推荐康养类旅游线路。

2. 顾客消费行为数据

1）预订频率

频繁预订的顾客无疑是门店的忠实客户。通过分析预订频率，门店能够识别出这些核心顾客，为他们提供专属的优惠政策、优先服务或会员特权，进一步增强顾客黏性。比如，为每年预订超过三次的顾客提供积分加倍活动，积分可兑换免费旅游产品或高端酒店住宿升级。

2）消费金额

依据顾客的消费金额进行分层，可清晰划分出高净值顾客、普通顾客和潜在消费增长顾客。对于高净值顾客，门店可定制奢华旅游线路，提供一对一的私人导游服务；对于普通顾客，通过推荐性价比高的热门产品，刺激他们提升消费金额；而针对潜在消费增长顾客，则通过针对性的促销活动引导其尝试更高价位的旅游产品。

3）预订时间偏好

掌握顾客预订旅游产品的时间规律，有助于门店合理规划资源与营销节奏。若发现大部分顾客习惯提前一个月预订出境游产品，门店便可提前安排热门线路的资源采购，同时在提前一个半月左右加大出境游产品的宣传推广力度，精准触达目标顾客。

3. 偏好数据

1）目的地偏好

深入了解顾客对旅游目的地的喜好，门店能够有针对性地开发和推广相关线路。若某地区的顾客对海岛旅游情有独钟，门店可集中资源打造特色海岛游产品，如马尔代夫的一价全包奢华海岛游、巴厘岛的文化探索与海滩休闲结合游等，并通过线上线下渠道重点宣传。

2）旅游方式偏好

随着旅游市场的多元化发展，顾客在旅游方式上的选择日益丰富，包括跟团游、自由行、定制游等。门店根据顾客的偏好，为跟团游顾客提供精心策划的行程与专业导游服务；为自由行顾客提供详细的攻略、交通预订和酒店推荐；为定制游顾客量身打造个性化的旅游方案，满足其独特需求。

3）住宿偏好

不同顾客对住宿有着不同的要求，如酒店星级、民宿风格等。喜欢高端酒店的顾客注重服务品质与设施豪华，门店可为其推荐国际知名连锁五星级酒店；偏好民宿的顾客追求独特体验与当地文化融入，门店则可挖掘特色民宿资源，如具有当地传统建筑风格的民宿，为顾客提供别样的住宿体验。

二、门店数据管理系统

在数字化浪潮席卷的当下，旅游行业竞争已趋于白热化。旅游门店既要应对价格/体验敏感型客户，又要在营销策略上精准发力，还要优化运营流程，提升整体效率，可谓挑战重重。而旅游门店数据管理系统，就像一把能解锁诸多难题的“万能钥匙”，它将旅游门店日常运营中产生的各类繁杂数据进行整合，凭借强大的数据分析与处理能力，为门店管理者打造一个全方位、高精度的决策支持体系，助力门店在复杂多变的市场环境中披荆斩棘，脱颖而出。

（一）门店数据管理系统概述

旅游门店数据管理系统，是专为旅游门店量身定制的信息化解决方案。它旨在实现对旅游门店业务数据的集中管控与高效利用，涵盖顾客信息管理、产品库存管理、订单处理、财务管

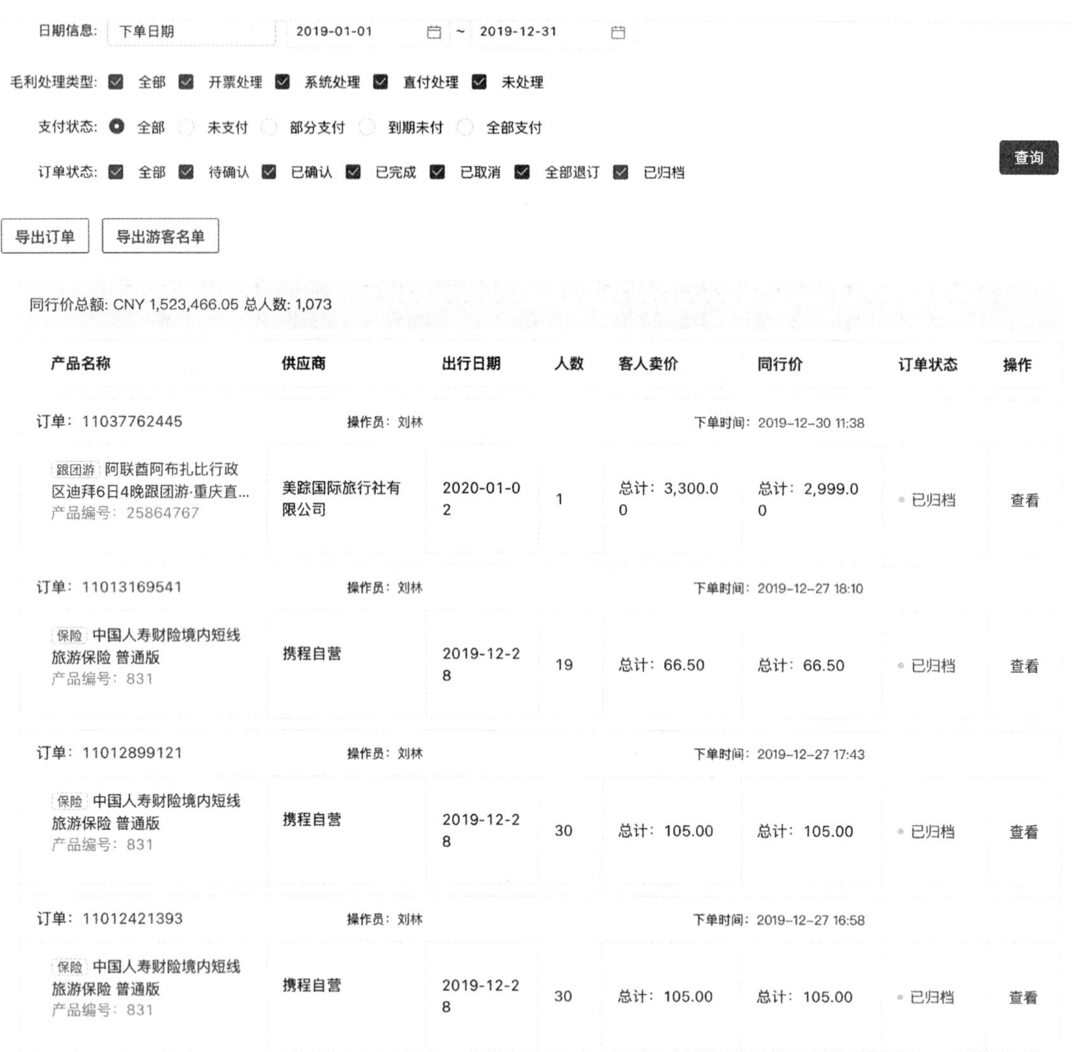

图8.5 门店数据看板

理、营销数据分析等多个核心板块。通过实时收集、存储、分析与展示各类数据，打破信息孤岛，让门店运营的各个环节实现数据的无缝对接与互联互通，为门店的精细化运营提供坚实的数据基础。

系统功能模块

1）顾客信息管理模块

（1）资料精细录入与安全存储。旅游门店工作人员可借助该模块，详尽录入顾客的基本信息，如姓名、联系方式、身份证号、家庭住址等。同时，深入挖掘顾客旅游偏好，像钟情的旅游目的地、倾向的旅游方式（跟团游、自由行等）、出行时间、预算区间等个性化内容都能一并记录。

（2）客户关系深度维护。系统会依据顾客消费记录与互动历程，自动对顾客进行分类分级，划分出普通顾客、VIP顾客等不同层级。

（3）沟通反馈高效管理。模块集成了邮件、短信、在线客服等多元沟通渠道，便于门店与顾客及时、顺畅地交流。工作人员能通过系统向顾客推送旅游产品推荐、促销活动通知等资讯。

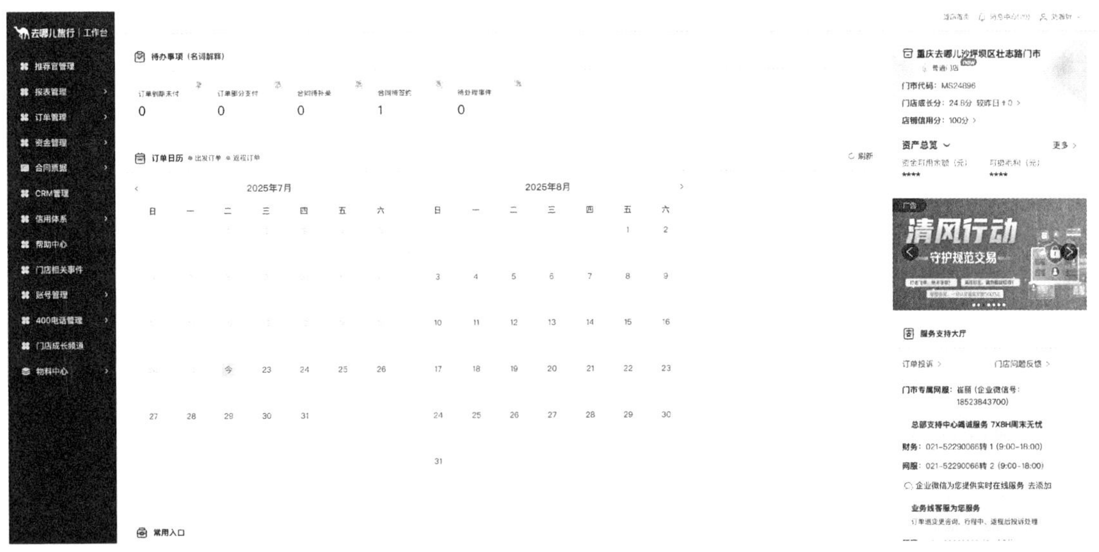

图8.6　去哪儿TDS系统看板

2）产品库存管理模块

（1）产品信息全面录入。旅游门店提供的国内外跟团游线路、自由行套餐、酒店预订、门票预订等各类旅游产品，均可在系统中详细录入产品信息。涵盖产品名称、行程安排、价格、出发日期、成团人数限制、包含项目、不包含项目等详细内容，还能上传产品图片、视频等多媒体资料，生动直观地展现旅游产品特色与优势。

（2）库存实时精准监控。系统实时追踪旅游产品库存动态，包括可预订数量、已预订数量、剩余库存数量等关键数据。

（3）产品更新下架便捷操作。鉴于旅游市场变化与产品时效性，旅游门店需及时更新与下架产品信息。

3）订单处理模块

（1）订单快速生成录入。顾客通过门店咨询、线上平台等渠道预订旅游产品时，工作人员可在系统中迅速生成订单。

（2）订单状态全程跟踪。订单生成后，系统实时跟进订单状态，包括待付款、已付款、已确认、已出行、已完成等。

（3）订单变更取消灵活处理。旅游产品预订过程中，顾客可能因各种原因需变更或取消订单。系统支持订单信息的灵活修改，如出行人数变更、行程调整等。顾客取消订单时，系统会依据门店退款政策，自动核算退款金额并完成退款流程。

4）财务管理模块

（1）财务数据无缝集成。旅游门店数据管理系统与门店所用财务软件深度集成，实现财务数据自动同步与共享。

（2）成本核算利润精准分析。系统依据旅游产品成本构成，包括采购成本、运营成本、营销成本等，自动计算每个订单的成本与利润。通过对不同旅游产品、顾客群体、时间段的成本与利润分析，门店管理者能清晰掌握门店盈利状况，明确利润贡献大的产品与顾客，为优化产品结构与营销策略提供依据。

图8.7 产品信息看板

图8.8 顾客关系管理（CRM）看板

（3）发票管理便捷高效。订单完成后，系统支持自动开具电子发票或打印纸质发票。发票信息与订单信息关联，确保发票内容准确、完整。

5）营销数据分析模块

（1）营销渠道效果精准评估。旅游门店常通过线上广告、社交媒体、线下活动、合作伙伴推荐等多种渠道推广旅游产品。系统跟踪分析不同营销渠道带来的流量、转化率、订单量、销售额等数据，助力门店评估各营销渠道效果。通过对比分析，门店可明确哪些渠道效果不佳，哪些需优化调整，进而合理分配营销资源，提高营销投入回报率。

（2）顾客行为深度分析。借助大数据分析技术，系统深入挖掘顾客在门店网站、移动端应用等平台的行为数据。通过分析顾客浏览记录、搜索关键词、停留时间、购买频率等行为信息，门店洞察顾客兴趣爱好与购买意向，为顾客提供个性化旅游产品推荐与营销服务。例如，系统发现某顾客常浏览海岛旅游产品，可针对性地向其推送海岛旅游线路优惠信息与促销活动。

（3）市场趋势洞察分析。系统收集分析旅游行业宏观数据，如旅游市场规模、旅游人数增长趋势、热门旅游目的地变化等信息。结合门店自身业务数据，门店管理者洞察旅游市场发展走向，提前调整产品策略与市场定位，顺应市场变化。比如，系统分析显示自由行旅游市场需求渐涨，门店可加大自由行产品开发推广力度。

（二）门店数据管理系统优势

1. 运营效率大幅提升

旅游门店数据管理系统借助自动化数据处理与流程管理，大幅减少人工操作的工作量与出

图8.9　门店订单处理平台

错率。以订单处理模块为例，可自动生成订单、跟踪订单状态、处理订单变更与取消，无需人工手动操作，节省大量时间和精力。同时，系统实时数据共享功能使门店各部门能快速获取所需信息，协同工作更顺畅，进一步提升运营效率。

2. 顾客服务优化升级

系统的顾客信息管理模块与顾客沟通反馈管理功能，助力门店深入了解顾客需求，提供个性化服务。通过分析顾客消费历史与偏好，门店为顾客推荐契合需求的旅游产品，提升顾客满意度。顾客反馈意见在系统中及时处理，门店快速响应顾客问题、解决投诉，优化顾客体验，增强顾客忠诚度。

3. 决策支持精准有力

旅游门店数据管理系统强大的数据分析功能，为门店管理者提供全面、精准的数据支撑。通过对顾客数据、产品数据、订单数据、财务数据、营销数据等深入分析，管理者能清晰掌握门店的运营状况，发现问题与潜在机遇。

4. 数据安全可靠保障

系统采用先进数据加密技术与安全防护措施，确保顾客信息、订单数据、财务数据等敏感信息安全。数据存储于可靠的服务器，并定期备份，防止数据丢失。同时，系统设置严格的用户权限管理，不同岗位工作人员仅能访问操作权限内的数据，保障数据的安全性与保密性。

（三）门店数据管理系统应用场景

1. 旅游门店日常运营管理

在旅游门店日常运营中，数据管理系统贯穿各个环节。从顾客咨询、产品推荐、订单处理，到财务结算、客户关系维护等，系统为门店工作人员提供便捷、高效的工作工具。门店销售人员

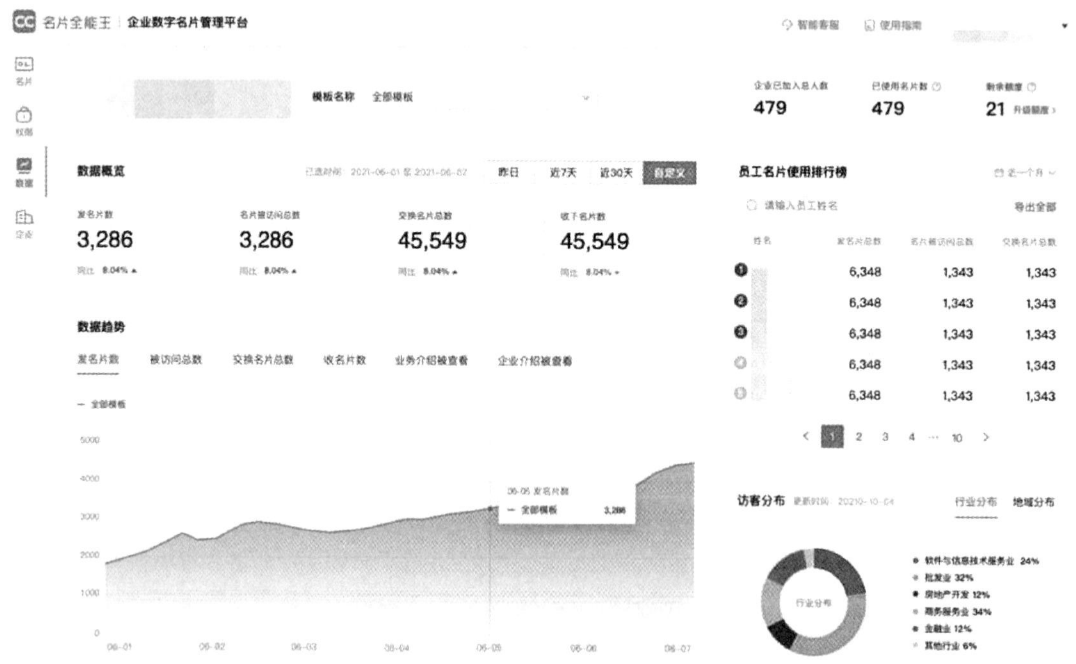

图8.10 门店数据管理系统看板

可通过系统快速查询顾客信息与旅游产品库存，为顾客精准报价、推荐产品；客服人员借助系统及时处理顾客咨询投诉，提升顾客满意度；财务人员利用系统自动生成财务报表，进行成本核算与利润分析，保障财务工作准确及时。

2. 旅游产品策划推广

旅游门店数据管理系统的数据分析功能，为旅游产品策划与推广提供有力支撑。通过分析市场趋势、顾客需求、竞争对手产品等数据，门店开发更贴合市场需求的旅游产品。例如，依据顾客行为分析结果，发现亲子旅游产品需求增长，门店针对性设计亲子旅游线路，并借助系统营销渠道效果评估功能，选择合适的推广渠道，提高产品知名度与销售量。

3. 旅游门店连锁经营管理

对于连锁经营的旅游门店，数据管理系统可实现总部对各门店数据的集中管理与监控。总部实时了解各门店运营情况，包括顾客数量、订单量、销售额、利润等关键指标，及时发现问题并统一协调管理。

任务拓展

（1）小红书后台数据获取和分析的方法是什么？请以图表的形式进行说明。

（2）CRM管理系统后面数据分析的方法是什么？请以图表的形式进行说明。

任务二　运营数据分析与运用

任务导入

门店运营数据涉及各个方面，需要分门别类地做好处理，以提高员工的经营效率，提升门店服务质量以及顺利完成各项经营指标，具体为能根据门店旅游商品销售数据报表，提出并实施旅游商品销售改进计划；能利用营销分析常用指标分类和指标内容，通过监控门店营销业绩得出营销数据分析报表，具体分析门店各类营销动作效益；能根据门店支出率、利润等相关数据的测算方法，分析经营数据，通过制作报表及展示动态数据等形式形成可视化结果，结合门店年度经营目标制定相应的优化方案；能根据各平台运营数据规则，制作在线咨询等服务响应数据报表，提出门店在线咨询等服务环节的改进措施。

知识准备

- 销售数据分析
- 营销数据分析
- 经营数据分析
- 客服数据分析

一、门店销售数据报表与应用

（一）门店部分销售数据看板

产品名称	类　别	销售人数	成交单数	客单价	退订率	好评率	备　注
三亚5日自由行套餐	国内自由行	48	22	¥2,400	2%	95%	淡季促销价
成都+九寨沟6日游	国内跟团游	33	15	¥3,100	5%	92%	多为中老年客户
泰国曼谷+芭提雅6日游	出境跟团游	12	7	¥4,800	12%	85%	安全波动影响
云南丽江4日定制游	国内定制游	16	10	¥3,600	0%	98%	小众精品，家庭为主
重庆武隆1日短线	周边短线	85	42	¥580	3%	90%	周末爆款线路
广西阳朔3日游	国内跟团游	18	8	¥1,900	6%	88%	产品更新滞后

图8.11　门店部分销售数据看板

（二）门店销售数据问题分析

1. 热卖短线表现好，但客单价低

武隆一日游销量最多，但利润有限，拉高人气但不利于盈利。

2. 出境游销售下滑，退订率偏高

泰国线因偶发安全事件、时政波动影响，退订率高达12%，需谨慎推广。

3. 定制游满意度高、零退订，转介绍潜力大

丽江定制游虽量小，但客单高，评价佳，适合重点培育为高净值增长点。

4. 跟团游整体竞争激烈，缺乏差异化

成都和阳朔线路传统，产品更新缓慢，顾客反馈一般。

（三）旅游产品销售改进计划

1. 产品结构调整

表8.1　产品结构调整说明

动　作	说　明
调整	暂缓重点推广高退订、高风险出境游，如泰国线，待恢复再推
深耕	增加丽江、呼伦贝尔、张家界等定制类产品，主打高质家庭游
上新	打造重庆出发2～3天“轻奢短线”，满足周末+小长假需求
丰富	原有线路增加小团化、可选升舱、异地接驳等定制项，拉开价差

2. 销售与推广优化

表 8.2　销售与推广优化

动　　作	说　　明
热门产品重点引流	将“武隆1日游”作为到店引流工具，设置现场咨询优惠/换购
搭配套餐营销	推出“双周边游”打包价，或1日+3日组合，刺激复购
制作口碑内容	收集丽江定制游好评客户照片/视频，制作短视频、小红书攻略笔记
场景化展示	在门店布设“目的地体验角”+地图打卡墙，提升客户沉浸感

3. 顾客分层销售策略

表 8.3　分层销售策略

客　　群	推　荐　产　品	销　售　方　式
年轻情侣/上班族	周边1～3日游、自由行套餐	小红书/抖音引流+直播转化
家庭客群	高品质定制游/学生假期主题游	门店顾问1对1服务+亲子营销内容
中老年客户	经典跟团游+养生主题游	社区合作/线下沙龙/老客转介绍
高净值客户	一线+小众定制混搭线路	私域高端群体运营+专属顾问跟进

4. 内容与营销联动

表 8.4　内容与营销联动

内容方向	平　　台	频　　次
目的地爆款笔记	小红书	每周1～2篇
线路直播带看	抖音/视频号	每周末黄金时段
客户体验故事	门店墙+公众号	每月更新1次
产品热度榜	门店屏+朋友圈	每周发布一次动态榜单

5. 数据复盘与反馈机制

表 8.5　数据复盘与反馈

频　率	内　　容	参　与　人　员
每周	销售排行+转化率+客户评价统计	店长+销售顾问
每月	线路表现评分+利润评估+复购分析	店长+运营策划
每季度	市场趋势+产品汰换+平台合作分析	区域管理+总部

二、门店营销数据报表与应用

（一）门店营销数据报表

表 8.6 门店月度销售数据

门店上月营销数据报表					
排序	营销类型	转化率	销售额（元）	单均成本（元）	ROI指标
5	门店海报	40	6 000	5	300
4	老客回访	60	48 000	6	266.67
2	朋友圈转发	28.6	23 000	8	143.75
1	小红书种草	36.4	52 000	10	130
0	直播推广	37	65 000	12	108.33
3	到店活动	38.9	46 000	15	87.62

（二）门店营销数据结论分析

（1）门店海报ROI最高，虽量小但成本极低，适合保留作为基础推广方式。

（2）老客回访转化率高达60%，ROI排名第二，建议加大跟进与福利激励。

（3）直播推广与小红书种草虽然曝光高，但ROI较低，需优化内容质量与引导话术。

（4）朋友圈转发转化率偏低，建议配合裂变活动或强化社交激励提升效果。

三、门店经营数据报表与应用

（一）门店2024年经营数据报表

表 8.7 门店 2024 年经营数据表

指标名称	数 值	说 明
营业额	￥24,000,000	全年总销售收入
毛利率	15%	毛利润/营业额
毛利润	￥3,600,000	24,000,000 × 15%
净利率	5%	净利润/营业额
净利润	￥1,200,000	24,000,000 × 5%
员工人数	4人	全年维持
人均营业额	￥6,000,000	营业额/员工数
人均净利润	￥300,000	净利润/员工数
年度支出额	￥22,800,000	营业额-净利润

（二）门店2024年月度数据报表

表8.8　门店2024年月度销售报表

月份	营业额（万元）	毛利润（万元）	净利润（万元）	主要支出估算（万元）
1月	180	27	9	171
2月	160	24	8	152
3月	200	30	10	190
…	…	…	…	…
12月	220	33	11	209
合计	2 400	360	120	2 280

（三）对比经营目标的建议

1. 2025年经营目标

营业额增长10%：￥26,400,000

净利率提升至7%

员工数不变（仍为4人）

2. 目标利润率目标

目标净利润=￥26,400,000×7%=￥1,848,000

净利润增长=￥648,000（同比增长54%）

（四）2025年优化策略

表8.9　门店2025年优化策略

方　向	措　施　建　议
降本	优化支出结构：降低房租/推广成本、用AI提升效率等
增收	推新品、开发高端客户、丰富线路结构
提效	建立绩效激励机制、培训销售技巧
数据化运营	建立月度数据看板，实时追踪偏差并动态调整策略

四、门店客服数据报表与应用

（一）门店在线咨询响应数据报表

表8.10　门店在线咨询数据报表

指 标 名 称	数据值	说　　明
咨询总数	3 200	指定周期内客户发起咨询的次数
首次响应平均时长	3分钟	平均首次回复客户的时间

（续表）

指 标 名 称	数据值	说 明
超时响应占比	18%	响应超出平台要求时间（如5分钟）的比例
转化咨询数（含预订/成交）	720	咨询后成功预订或成交的数量
咨询转化率	22.5%	成交咨询数/总咨询数
咨询满意度评分	4.3/5分	用户对咨询服务打分
服务中断投诉数	18	因响应中断、态度差等投诉记录
平均人工响应次数	2.4次	每位客户平均收到2.4次人工回复

（二）各OTA平台规则关键点

表8.11 OTA平台规则关键点

平 台	响 应 要 求	客户行为偏好
携程	5分钟内首次回复，客服在线率高于95%	快速报价、清晰行程、实时答疑
飞猪	响应率纳入店铺评分，影响排序权重	更倾向图文并茂的回答，尤其是视觉行程图
马蜂窝	多轮问答效率、专业度影响排名	喜欢个性推荐、语气亲和、有温度的服务
微信/公众号	快速人工接入能力	需要“秒回”或智能+人工结合服务

（三）门店客服数据报表关键问题识别

（1）超时响应影响平台排序和顾客体验。

（2）咨询转化率偏低，部分服务内容未能有效引导成交。

（3）投诉案例集中在节假日、客服空档期。

（4）满意度得分存在波动，人工服务专业性不稳定。

（四）门店在线咨询服务环节优化措施

表8.12 门店在线咨询服务环节优化措施

优 化 方 向	具 体 措 施
提升响应速度	✓ 配置智能客服进行首轮应答+自动引导 ✓ 设置客服排班表，节假日专岗保障
提升转化率	✓ 设计标准话术模板：首轮回应+推荐套餐+引导付款链接 ✓ 提供多元产品选择（性价比/高端/自由行）
增强满意度	✓ 增设“客户服务雷达”评分提醒系统 ✓ 定期培训客服话术与业务知识
降低投诉率	✓ 每日复盘超时/中断会话，分析原因并打标签 ✓ 强化客服绩效考核与奖惩机制

任务拓展

（1）形成本任务中各表的可视化报表。

（2）以门店销售数据及门店运营数据为基础，制定门店线上运营数据报表。

项目总结

1. 整体任务实施

本项目主要从门店运营数据涉及的门店旅游商品销售数据报表、营销数据分析报表、经营数据报表等方面入手，通过制作报表及对报表的分析，提高门店的运营效率，增加旅游门店业务量，扩大旅游门店的市场份额。

2. 课后测试与练习

（1）以本项目2024年度营业额表为基础，制作员工成本数据报表。

（2）以本项目2024年度营业额表为基础，制作新媒体营销费用报表。

（3）以本项目2024年度营业相关数据为基础，制定2025年营业额相关数据报表。

项目九　现代旅游门店风险评估与处理

项目导读

本章节旨在帮助旅游门店管理者全面识别和评估运营过程中可能面临的各类风险，涵盖市场环境、顾客服务、财务管理、法律合规及突发事件等方面。通过系统化的风险分类与评估方法，结合实际案例分析，指导门店建立预警机制与应对预案，有效降低损失概率与影响程度。同时，本章还将提出科学的处理流程与责任分工建议，助力门店提升风险管控能力与抗压韧性，为实现稳健经营和持续发展打下良好基础。

学习目标

知识目标

识别旅游门店常见风险类型及其成因（如经营、服务、法律、财务等）。

掌握风险评估的基本流程与常用方法（如SWOT分析、概率评估、矩阵法等）。

熟悉门店在面对突发事件时的处理规范与应急预案框架。

了解相关法律法规对旅游服务及门店运营的风险约束作用。

能力目标

能独立识别并分类旅游门店运营中的潜在风险点。

具备运用工具（如风险矩阵、应急流程图）进行风险分析与判断的能力。

能制定实际可行的风险防控方案与应急处理计划。

能针对具体案例快速作出合理应对策略，提高实战处置能力。

素质目标

树立风险意识与责任意识，强化底线思维。

提升团队协作与信息沟通能力，应对多变的风险场景。

树立诚信守法、顾客至上的服务理念。

具备在高压或不确定环境中保持冷静、果断决策的心理素质。

情感及思政目标

强化旅游行业责任担当意识，增强社会服务价值认同。

培养依法合规经营意识，树立法治观念与培养职业道德。

激发对行业稳定与社会安全的关注，增强危机意识。

项目任务描述

任务一：现代旅游门店风险类别

围绕现代旅游门店运营中的风险点开展全面评估，重点内容是区分出经营、服务、财务、法律及员工管理等方面的各类风险。

任务二：现代旅游门店风险处理

制定科学的风险处理方案，快速启动风险处置流程，提升门店抗风险能力与服务稳定性。

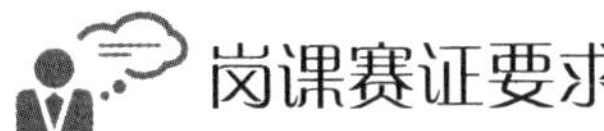

岗课赛证要求

（1）能准确识别旅游门店在经营、服务、法律、员工管理等方面存在的潜在风险，并及时发出预警。

（2）能够在风险发生时有效与顾客、团队及上级沟通，保证信息传达及时，协调各方资源共同应对。

（3）能够对门店历史风险事件进行归因分析，撰写风险评估报告及优化建议，提升门店的风险管理水平。

任务一　现代旅游门店风险类别

任务导入

现代旅游门店面临的风险来自多个方面，包括市场环境、运营管理、财务、法律法规、技术以及员工风险等。通过识别、分析和评估潜在风险，采取合适的应对措施来最小化其对门店运营的影响。

知识准备

- 现代旅游门店市场风险
- 现代旅游门店运营风险
- 现代旅游门店员工风险

任务实施

一、旅游门店风险类别

（一）市场风险

市场风险主要来源于旅游市场的变化、游客需求的波动以及竞争压力。

（1）旅游需求波动。旅游行业的需求通常受到季节性、宏观经济、政策变动、突发事件（如疫情、自然灾害等）的影响，旅游门店可能面临淡季和旺季需求不稳定的风险。

（2）竞争风险。随着互联网技术的发展，在线旅游平台（如携程、去哪儿等）对传统旅游门店的竞争压力日益加大。如果门店未能有效提升自身服务质量和用户体验，可能会失去市场份额。

（3）品牌风险。旅游门店的品牌力直接影响顾客的选择。如果品牌形象受到负面影响（如差评、服务质量问题等），可能会导致顾客流失。

（二）运营风险

运营风险涉及门店日常管理和运营过程中可能发生的风险，包括服务流程、技术系统、供应链等方面。

服务质量问题：旅游门店的服务质量直接影响顾客的满意度与忠诚度。服务不规范、员工培训不到位或管理松散，都会导致顾客不满，影响门店的声誉。

1. 导游服务问题

导游在旅游行程中扮演着至关重要的角色，其服务质量直接影响游客的旅行体验。在一些旅游门店组织的旅行团中，导游服务问题屡见不鲜。曾有这样一个案例，某旅游门店安排的导游在整个行程中态度恶劣，对游客的询问不耐烦，甚至在游客提出合理需求时，表现出厌烦情绪。在景点讲解环节，该导游只是机械地背诵事先准备好的内容，讲解缺乏生动性和趣味性，游客们听得昏昏欲睡。更为严重的是，在行程中，导游擅自更改行程，强行更改路线和带游客前往一些与行程无关的购物场所，还对不购物的游客冷嘲热讽。这种行为严重损害了游客的权益，导致游客集体向旅游门店投诉。事件曝光后，该旅游门店的口碑急剧下滑，许多潜在顾客纷纷转向其他门店。

2. 行程安排失误

精准合理的行程安排是一次美好旅行的基础，但旅游门店在这方面却容易出现差错。比如，某旅游门店在为一个旅行团预订酒店时，由于工作人员的疏忽，误将酒店预订在了距离景区较远的偏僻位置，与宣传中的"景区附近优质酒店"相差甚远。游客们抵达后，发现不仅交通不便，而且酒店周边环境嘈杂，设施陈旧。此外，在交通衔接上也出现了问题，原本计划的旅游大巴未能按时到达，游客们在机场等待了数小时，导致行程延误，错过当日的部分景点游览。这些行程安排失误让游客们的旅行体验大打折扣，他们纷纷在社交媒体上吐槽，给旅游门店带来了极大的负面影响。

3. 旅游活动安全事故

旅游活动种类繁多，其中不乏具有一定危险性的项目，如登山、潜水、漂流等。如果旅游门店在组织这些活动时，安全保障措施不到位，就极易引发安全事故。例如，某旅游门店组织了一场登山探险活动，在活动前，工作人员并未对登山路线进行详细勘查，对路线上可能存在的危险没有充分预估。同时，为游客配备的安全防护设备也存在质量问题，部分登山绳索老化磨损严重。在登山过程中，一名游客因踩到松动的石块滑倒，而老化的绳索未能起到有效的保护作用，导致游客受伤严重。这起事故不仅给游客带来了身体上的痛苦和经济上的损失，也让旅游门店陷入了严重的信任危机，其经营受到了巨大冲击。

4. 交通安全事故

交通是旅游行程中不可或缺的一环，一旦发生交通安全事故，后果不堪设想。旅游大巴作为旅游出行的常用交通工具，若司机疲劳驾驶、超速行驶或车辆未及时进行维护保养，都可能引发事故。曾有一家旅游门店，为了节省成本，长期使用一辆老旧的旅游大巴，车辆的刹车系统和轮胎都存在严重的安全隐患。在一次长途旅行中，司机因连续驾驶数小时疲劳过度，在弯道处未能及时刹车，导致车辆冲出道路，发生侧翻事故，造成多名游客受伤。这起事故经媒体报道后，引起了社会的广泛关注，该旅游门店瞬间成为众矢之的，其品牌形象一落千丈，后续业务几乎陷入停滞状态。

（三）技术风险

现代旅游门店越来越依赖于信息技术系统（如CRM系统、预订系统、支付系统等）。如果系统出现故障、数据泄露或遭到网络攻击，会严重影响业务的正常运营。

（四）供应链风险

旅游门店的产品和服务通常涉及与供应商的合作，如旅游线路、酒店、交通等。如果供应商出现问题或更换为不好的供应商（如服务不到位、价格波动、供货不及时等），会影响门店的服务质量。

（五）常规管理风险

如门店发生火灾或被盗等事件，会严重影响门店的发展。

（六）财务风险

财务风险是指门店在财务管理方面可能遇到的问题，如现金流问题、利润波动等。

（1）现金流风险。由于旅游行业的特点，旅游门店的收入可能受到季节性波动影响，旺季可能获得大量收入，但淡季时可能出现现金流不足的问题。

（2）成本控制风险。如果门店未能合理控制运营成本（如人员工资、租金、广告费用等），即使在旺季也可能面临财务压力。

（3）信用风险。旅游门店与供应商、合作伙伴之间的信用风险，包括延迟付款、违约等可能对门店财务状况产生影响。

（七）法律与合规风险

旅游门店需要遵守与旅游行业相关的法律法规，如消费者保护法、广告法、合同法等。如果门店未能及时响应政策变动或存在不合规问题，可能会遭受罚款、诉讼等法律风险。

（1）合同风险。旅游门店与供应商或顾客签订的合同如果存在漏洞，可能引发法律纠纷。

（2）政策变动风险。政府政策或行业监管变动可能影响门店运营。例如，旅游目的地的政策变动、交通法规变化等可能导致门店面临新的合规压力。

二、员工风险类别

（一）员工招聘与培训风险

（1）招聘过程中的风险。招聘不当可能导致选错人，影响门店服务质量与顾客体验。例如，招聘的员工缺乏必要的专业技能，或者性格不适合团队合作，都会影响门店的运营效率和员工之间的协作。

（2）培训不足的风险。如果员工在入职后没有得到充分的培训（如旅游产品知识、顾客服务技巧等），会导致员工无法有效完成工作，影响门店的服务质量。培训不足还可能导致员工流失率上升，因为员工可能会认为自己没有得到足够的职业发展支持。

（二）员工工作态度与工作行为风险

（1）服务态度不佳。员工的工作态度直接影响顾客的满意度。态度不好的员工不仅会导致顾客不满，还可能在同行中传递负面影响，破坏整个团队的工作氛围。

（2）员工违规行为。员工可能因工作压力、个人利益等原因做出违规行为，如泄露顾客信息、处理顾客投诉不当等，这不仅会影响顾客的信任，还可能引发法律诉讼和产生罚款。

（三）员工离职风险

（1）高流失率。旅游行业的季节性波动和工作压力可能导致员工频繁流失。高离职率意味着门店需要花费更多的时间和成本进行招聘和培训，影响门店的服务质量和团队稳定性。

（2）离职带来的资源流失。员工离职后，特别是经验丰富的员工，可能带走重要的业务资源、客户资源等。若门店没有及时培养接班人，可能会影响业务的持续性。

（四）员工福利与激励风险

（1）福利待遇不吸引。如果门店未能提供具有吸引力的薪酬福利待遇，或者未能通过有效的激励机制调动员工的积极性，员工的工作热情和忠诚度可能会下降，增加员工流失的风险。

（2）员工晋升机会有限。如果员工感觉在门店没有晋升的机会，或者公司缺乏明确的职业发展路径，可能会导致员工的积极性下降，并可能导致员工流失。

三、员工风险管理策略

制定全面的招聘与培训计划：确保招聘过程中精准选拔，并为新员工提供全面的培训，使其快速适应岗位要求，提升工作能力。

（1）优化激励机制。通过薪酬、奖金、福利、晋升机会等激励措施，提高员工的工作动力和忠诚度。

（2）提升员工工作满意度。建立良好的工作环境和企业文化，增强员工的归属感，定期进行员工满意度调查，及时解决问题。

（3）加强员工行为规范。通过员工手册、行为规范、道德培训等方式，确保员工遵守公司规章制度，减少违规行为的发生。

（4）建立高效的离职管理机制。当员工离职时，做好交接工作，并通过面谈了解离职原因，寻找潜在问题并改进。

（5）实施团队建设与凝聚力活动。通过团建活动、沟通会议等方式，增强员工之间的合作精神和集体意识。

现代旅游门店的风险评估涉及市场、运营、财务、法律、技术等多个方面，员工风险则是影响门店运营的重要因素之一。通过有效的员工招聘、培训、激励与管理，可以有效减少员工流失和工作态度问题，提升门店服务质量和整体业绩。此外，建立完善的风险管理体系并及时应对各种风险，是旅游门店稳健运营和长期发展的基础。

任务拓展

（1）分门别类建立现代旅游门店风险评分卡。

（2）列举门店风险里面排名前三的风险并说明理由。

任务二　现代旅游门店风险处理

任务导入

现代旅游门店面临的风险种类繁多，从市场波动、运营管理、财务管理到员工管理等方面都有可能影响门店的日常运营。因此，制定有效的风险处理措施和流程，建立风险管理体系，对于旅游门店的长期健康发展至关重要。

知识准备

- 现代旅游门店风险识别
- 现代旅游门店风险评估
- 现代旅游门店风险处理

任务实施

一、旅游门店风险识别

风险识别是风险管理的首要步骤，指的是通过系统地分析，识别出可能影响旅游门店运营的各类风险。以下是常见的风险识别方法：

（1）市场分析。通过行业报告、竞争对手分析、市场趋势预测等手段，识别出市场波动、竞争压力等风险。

（2）财务审计。通过对门店财务状况的审计，识别出资金流动不畅、财务管理不规范等风险。

（3）员工反馈。通过员工满意度调查、定期的沟通会议等方式，了解员工的工作状态和潜在问题，从而识别员工管理方面的风险。

（4）顾客投诉和反馈。分析顾客的投诉和反馈，发现服务质量问题或产品管理方面的风险。

（5）外部事件监测。跟踪政治、法律等外部环境的变化，识别出可能对门店造成影响的外部风险。

二、旅游门店风险定性与定量评估

识别出潜在的风险之后，需要对其进行评估，了解每个风险可能带来的影响程度及发生的概率。常见的风险评估方法包括：

（一）定性评估

根据风险对门店运营的影响程度分为高、中、低三级。

根据风险发生的可能性评估其发生的概率，通常使用“可能发生”“不太可能发生”“极不可能发生”进行分级。

（二）定量评估

对风险进行财务和业务指标的量化评估。例如，分析如果某个风险发生，可能带来的收入损失、顾客流失率增加、财务压力等。

利用数学模型（如蒙特卡罗模拟、决策树分析等）评估风险的财务损失和运营影响。

（三）SWOT分析

通过SWOT分析（优势、劣势、机会、威胁）识别和评估内外部环境中的潜在风险。

三、旅游门店风险处理

风险处理是指在识别和评估风险之后，采取相应的措施来应对这些风险，确保门店运营能够平稳进行。常见的风险处理措施包括：

（一）风险规避

通过改变计划或操作方式，避免风险的发生。具体如下。

（1）产品多样化。如果市场竞争压力过大，可以通过推出新的旅游线路或创新的旅游产品来分散或弱化风险。

（2）选择合适的市场。根据市场需求和竞争环境，调整门店的业务重心，避免进入高风险、高竞争的市场。

（二）风险转移

将部分或全部风险转移给第三方。具体如下。

（1）购买保险。为门店购买财产、责任、员工等方面的保险，以应对可能的财务损失或法律纠纷。

（2）与供应商签订合同。通过与供应商签订条款明确的合同，将产品质量、供应周期等风险转移给供应商。

（三）风险控制

通过采取措施降低风险的可能性或影响程度。具体如下。

（1）员工培训与管理。定期对员工进行服务、产品知识等方面的培训，提升员工的专业素质和服务质量，减少因员工失误带来的风险。

（2）技术保障。在技术系统中增加冗余机制，确保信息系统的稳定性与安全性，以防止技术故障或数据泄露的风险。

（3）加强财务管理。建立合理的资金管理与监控体系，定期审查财务状况，确保门店财务的健康运行。

（四）风险接受

对于一些影响较小或发生概率较低的风险，门店可以选择接受这些风险，而不采取特别的处理措施。具体如下。

（1）季节性需求波动。虽然旅游市场存在季节性波动，但对门店来说，这种波动一般是可预测且影响有限，因此可以接受并做好相应的资金安排。

（2）单一产品风险。如果门店主要依赖某一类旅游产品，而市场上并无明显的替代品，门店可能会接受这一产品的风险，但同时也可以适时调整产品策略。

四、旅游门店风险监控与评估

风险处理并不是一次性的，而是一个持续的过程。在门店运营过程中，需要对各项风险进行持续监控和评估，以确保处理措施的有效性并及时作出调整。

（一）定期审查风险管理效果

定期回顾和分析风险管理措施的执行情况，检查是否达到了预期效果。

根据评估结果对风险处理措施进行调整和优化。

（二）建立风险预警机制

设立专门的风险监控部门，定期对市场、财务、员工等各方面的风险进行监测，及时发现潜在的风险。

引入数据分析和人工智能技术，对历史数据进行分析，预测未来可能的风险。

（三）建立沟通和反馈机制

通过与员工、顾客、合作伙伴等的沟通，收集关于风险的反馈信息，及时发现新的风险源。

建立员工、顾客等的意见箱，随时了解门店运营中的潜在问题，并进行及时改进。

五、旅游门店风险处理流程

（一）风险识别

通过市场调研、员工反馈、顾客投诉等渠道，识别潜在的风险。

（二）风险评估

对已识别的风险进行量化和定性评估，估计风险的发生概率和可能带来的影响。

（三）制定风险处理策略

根据评估结果，选择适当的风险处理措施（规避、转移、控制或接受）。

（四）实施风险处理措施

根据制定的策略，实施相应的风险处理措施。

（五）监控与反馈

对风险处理的效果进行跟踪和评估，及时调整措施，确保风险得到有效管理。

（六）持续改进

根据监控结果和反馈，不断优化风险管理流程和措施，确保门店始终处于稳健的运营状态。

任务拓展

1. 数字化风险识别与监测任务

面向智慧旅游与门店数字化转型，拓展任务内容至智能客服、在线舆情监测、大数据辅助风险预测等新型风险场景，引导学生掌握技术赋能下的风险识别手段。

2. 复合型突发事件应对演练

结合全球气候变化、突发公共卫生事件、地缘政治等不确定性因素，设计多重风险叠加的情境模拟任务，如自然灾害+订单中断+顾客投诉复合场景，训练快速决策与协调应变能力。

3. 跨平台运营风险分析任务

拓展至抖音、微信小程序、OTA多平台运营的安全与合规风险，任务内容涵盖账号安全、顾客数据保护、内容合规处理等，强化多平台下的风险管理意识与技巧。

4. 绿色与可持续运营风险任务

紧跟低碳旅游与可持续发展趋势，引导学生识别门店在节能减排、环保服务、生态旅游推广等方面的潜在合规风险，培养环保型门店管理思维。

5. 基于AI辅助决策的风险应对设计

融入AI技术应用趋势，执行如“使用AI工具生成风险预案”或“基于智能数据分析优化服务应急处理流程”等任务，提升学生面向未来数字门店的系统处理能力。

项目小结

1. 整体任务实施

现代旅游门店在日常运营中面临多方面的风险，涵盖了市场、财务、运营、法律、技术等多个层面。通过有效的风险识别、评估、处理和监控，可以在最大程度上减少风险对门店运营的影响。特别是在员工管理、市场竞争、供应链等方面，门店应采取主动的风险处理措施，如招聘优化、员工培训、财务管理和技术保障等。此外，持续的风险监控和改进是确保旅游门店能够长久稳定运营的关键。

2. 课后测试与练习

（1）请结合实际案例，分析旅游门店在运营过程中可能面临的三类主要风险，并提出相应的防控措施。

（2）试述门店员工管理中可能存在的风险类型，并结合岗位职责，提出一套有效的员工风险防控方案。

（3）某旅游门店在节假日期间因客服响应不及时引发大量投诉，导致平台评分下降。请从风险处理的角度，设计一套应急响应流程并说明各环节职责。

（4）请结合当前旅游行业的发展趋势，分析未来旅游门店在数字化运营中可能面临的新型风险，并提出针对性的管理建议。

（5）你认为建立旅游门店风险评估机制的核心要素有哪些？如何通过制度建设提升门店整体的抗风险能力？

参 考 文 献

[1] 朱丽,孙斐."互联网+"时代旅行社门店转型模式研究[J].中国商论,2017(25):71-73.

[2] 王颂,隋丽.互联网+时代烟台嘉华旅行社门店转型浅析[J].现代商业,2018(9):68-69.

[3] 贾东丽,罗清.旅游服务质量研究[M].北京:旅游教育出版社,2020.

[4] 傅东升.旅行社业务实用指南[M].北京:中国旅游出版社,2022.

[5] 李天元.旅游学概论(第七版)[M].天津:南开大学出版社,2023.

[6] 杜江.旅行社经营与管理(第二版)[M].天津:南开大学出版社,2011.

[7] 王振玥.5%毛利旅游门店要维护生存底线[EB/OL].旅业资讯微信公众号,2024-08-29. https://mp.weixin.qq.com/s/1039876521.

[8] 环球旅讯.旅游零售渠道3.0:从获客到留客的全周期运营[EB/OL].环球旅讯网,2025-01-14. https://www.traveldaily.cn/article/185602.

[9] 中国移动通信.智慧旅游旗舰店建设白皮书[EB/OL].中国移动官网,2024-05-19.https://www.10086.cn/aboutus/news/groupnews/index_detail_49820.html.

[10] 王磊,张敏."智慧旅游"驱动下旅行社门店服务升级路径研究[J].旅游科学进展,2020(12):89-91.

[11] 李雪,陈涛.旅行社门店顾客体验优化实证研究[J].中国旅游研究,2021(18):123-125.

[12] 赵阳,周萌.新零售视角下旅行社门店空间重构研究[J].商业经济研究,2022(24):76-78.

[13] 刘芳,张伟.后疫情时代旅行社门店生存策略[J].旅游论坛,2023(30):65-67.

[14] 陈锋仪.旅行社数字化转型实务[M].北京:旅游教育出版社,2021.

[15] Sun Fei, Zhu Li. Research on the Transformation Model of Travel Agency Stores in the "Internet+" Era[C]. 2017 International Conference on Tourism and Hospitality Management, 2017: 71-73.

[16] 张涛.旅游服务创新与门店管理[M].天津:南开大学出版社,2022.

[17] 李红.智慧旅行社门店建设指南[M].上海:上海交通大学出版社,2023.

[18] 沈阳旅行社协会.基于SWOT分析的沈阳门店转型策略[EB/OL].沈阳文旅局官网,2021-11-14. http://whhlyj.shenyang.gov.cn/zcfg/202111/t20211114_6378210.html.

[19] HTC Vive. VR旅游云数据平台应用报告[EB/OL]. HTC Vive官网,2023-01-22. https://www.vive.com/cn/news/2023/01/22/vr-travel-cloud-platform.

[20] 中国旅游研究院.旅行社门店服务质量评估标准[R].北京:中国旅游研究院,2020.